领导干部应知应会党内法规和国

总主编　付子堂　林

行政法重点条文
理解与适用

主　编　喻少如

副主编　马立群　王　志　黄德胜

撰稿人（以姓氏笔画为序）

于健豪　马立群　王　志　王锐有　尹子轩
冯清瑞　刘任吉　刘善博　李金洋　肖宇航
吴雯悦　何恩瑶　张荣耀　张得玉　陈萦波
周秀芳　郑耀冰　唐成余　黄禹杰　黄德胜
彭虎虎　董琪琰　喻少如　解文远　鲜翰林

中国人民大学出版社
·北京·

领导干部应知应会党内法规和国家法律丛书
编 委 会

总主编 付子堂　林　维

编委会成员（以姓氏笔画为序）

　　　　　王怀勇　邓　斌　石经海　张　震

　　　　　周尚君　郑志峰　喻少如　温泽彬

　　　　　谭宗泽

总 序

两千多年前，亚圣孟子就曾提出"徒善不足以为政，徒法不能以自行"[①]。在全面落实依法治国基本方略、加快推进法治中国建设进程中，领导干部肩负着重要责任，是社会主义法治建设的重要组织者、推动者、实践者，是全面依法治国的关键，在很大程度上决定着全面依法治国的方向、道路、进度。习近平总书记强调："各级领导干部要坚决贯彻落实党中央关于全面依法治国的重大决策部署，带头尊崇法治、敬畏法律，了解法律、掌握法律，不断提高运用法治思维和法治方式深化改革、推动发展、化解矛盾、维护稳定、应对风险的能力，做尊法学法守法用法的模范。"[②] 2023年，中共中央办公厅、国务院办公厅印发了《关于建立领导干部应知应会党内法规和国家法律清单制度的意见》，并发出通知，要求各地区各部门结合实际认真贯彻落实。领导干部应知应会党内法规和国家法律清单制度对于推动领导干部带头尊规学规守规用规、带头尊法学法守法用法具有重要作用。

为更好地学习贯彻习近平法治思想，增强领导干部的法治观念，提升领导干部的法治思维能力，抓住领导干部这个"关键少数"，西南政法大学组织编写了这套"领导干部应知应会党内法规和国家法律丛书"，旨在依托西南政法大学优秀的法学师资队伍汇编、解读相关法律法规，引导领导干部把

---

① 孟子·离娄上．
② 习近平谈治国理政：第4卷．北京：外文出版社，2022：298．

握应知应会法律法规的核心要义以及依法行政的工作要求，深刻理解习近平法治思想的丰富内涵，带头做习近平法治思想的坚定信仰者、积极传播者、模范实践者。

本套丛书精准把握文件要求，在编写过程中坚持抓住关键、突出重点，充分考虑领导干部的实际工作需要和学习效果，精选与领导干部履职密切相关的重点条文进行讲解、导学，致力于提升领导干部学习的精准性、科学性、实效性，进而推动领导干部学法用法常态化、规范化，增强领导干部学法用法的示范效应。为提升学习效果，本套丛书基本按照如下体例设置：在各章正文前设"导学"板块，重点介绍该章涉及的相关法律法规的立法背景、主要意义，概述相应法律法规与领导干部履职的关系，提示领导干部应关注的重点内容。正文部分采取"条文解读＋案例引入"的形式，通过专家解读和真实案例介绍的方式，增强内容的可读性和专业性。

西南政法大学是新中国最早建立的高等政法学府，办学七十余年来，为国家培养了各级各类人才达三十余万，是全国培养法治人才最多的高校，同时也是法学专业招生规模最大的高校，在法学教育、法治人才培养等方面有着丰富的经验和深厚的积淀。西南政法大学以"政"字挂帅，用党的创新理论凝心铸魂；以"法"字当头，抓好习近平法治思想研究阐释、教育引导和宣传宣讲，创新构建中国自主的法学学科体系、学术体系、话语体系；同时继续发挥特色优势，争创一流水平，更好服务国家重大战略，努力为经济社会高质量发展提供人才支撑、法治保障和智力支持。本套丛书由西南政法大学十余位资深专家学者领衔主编，融汇西南政法大学七十余年的法学教学、科研积淀于一体。期待本套丛书能够对领导干部带头尊规学规守规用规、带头尊法学法守法用法发挥积极作用，期待本套丛书能够为推动全面依法治国提供助力和保障。

是为序。

付子堂　林　维
2024 年 6 月

目 录

导论 ··· 001

第一章 《行政许可法》重点条文理解与适用 ················ 011

第二章 《行政处罚法》重点条文理解与适用 ················ 067

第三章 《行政强制法》重点条文理解与适用 ················ 118

第四章 《公务员法》重点条文理解与适用 ··················· 156

第五章 《行政复议法》重点条文理解与适用 ················ 196

第六章 《行政诉讼法》重点条文理解与适用 ················ 238

第七章 《国家赔偿法》重点条文理解与适用 ················ 290

导　论

习近平总书记在党的二十大报告中对"坚持全面依法治国，推进法治中国建设"作了专题论述和整体部署，并明确提出"扎实推进依法行政"。党的二十大报告指出，我们要坚持走中国特色社会主义法治道路，建设中国特色社会主义法治体系、建设社会主义法治国家，围绕保障和促进社会公平正义，坚持依法治国、依法执政、依法行政共同推进，坚持法治国家、法治政府、法治社会一体建设，全面推进科学立法、严格执法、公正司法、全民守法，全面推进国家各方面工作法治化。习近平总书记强调："天下之事，不难于立法，而难于法之必行。"[1]推进法治体系建设，重点和难点在于通过严格执法、公正司法、全民守法，推进法律正确实施，把"纸上的法律"变为"行动中的法律"。在我国，行政机关是执行法律的主要国家机关，约80%的法律、90%的地方性法规和几乎所有的行政法规是由行政机关执行的。习近平总书记指出："行政执法工作面广量大，一头连着政府，一头连着群众，直接关系群众对党和政府的信任、对法治的信心。要推进严格规范公正文明执法，提高司法公信力。"[2]建设法治政府是建设法治国家的关键，建设法治政府首先要扎实推进依法行政。领导干部是社会主义法治建设的重要组织者、推动者、实践者，是全面依法治国的关键。在 2020 年中央全面依法

---

[1]　习近平：《坚持走中国特色社会主义法治道路　更好推进中国特色社会主义法治体系建设》，载《求是》2022 年第 4 期。

[2]　习近平：《坚定不移走中国特色社会主义法治道路　为全面建设社会主义现代化国家提供有力法治保障》，载《求是》2021 年第 5 期。

治国工作会议上，习近平总书记强调，各级领导干部要坚决贯彻落实党中央关于全面依法治国的重大决策部署，"带头尊崇法治、敬畏法律，了解法律、掌握法律，不断提高运用法治思维和法治方式深化改革、推动发展、化解矛盾、维护稳定、应对风险的能力，做尊法学法守法用法的模范"[①]。各级领导干部深入贯彻党的二十大精神，必须坚持习近平法治思想，扎实推进依法行政，不断提升依法行政能力和水平。

一、法治政府建设是全面依法治国的重点任务和主体工程

党的二十大报告在"扎实推进依法行政"部分提出，"法治政府建设是全面依法治国的重点任务和主体工程"。依法治国是党领导人民治理国家的基本方略，法治是党治国理政的基本方式。党的十八大以来，以习近平同志为核心的党中央高度重视全面依法治国。推进法治政府建设，在全面依法治国工作布局中具有示范带动作用。党的十八大报告明确提出，法治是治国理政的基本方式，加快建设社会主义法治国家，全面推进依法治国；推进依法行政，切实做到严格规范公正文明执法。党的十八届四中全会通过的《中共中央关于全面推进依法治国若干重大问题的决定》就全面推进依法治国、建设社会主义法治国家作出了全面部署，并对坚持严格规范公正文明执法提出了具体要求。中共中央、国务院印发的《法治政府建设实施纲要（2015—2020年）》为加快建设法治政府作出了具体规划和部署。党的十九大报告指出，建设法治政府，推进依法行政，严格规范公正文明执法。党的二十大报告进一步强调"扎实推进依法行政"，并围绕转变政府职能、优化政府职责体系和组织结构、深化行政执法体制改革、强化行政执法监督机制等内容进行了部署和要求，为新时代法治政府建设提供了根本遵循。《法治政府建设实施纲要（2021—2025年）》为在新发展阶段持续深入推进依法行政、全面建设法治政府确立了具体的实施要求。

党的二十大报告提出，坚持依法治国、依法执政、依法行政共同推进，坚持法治国家、法治政府、法治社会一体建设。法治政府建设要求必须扎实推进依法行政，加快构建职责明确、依法行政的政府治理体系，为实现国家

---

① 《坚定不移走中国特色社会主义法治道路 为全面建设社会主义现代化国家提供有力法治保障》，载《人民日报》2020年11月18日，第1版。

治理体系和治理能力现代化提供基础支撑。习近平总书记强调,"法治是国家治理体系和治理能力的重要依托"[1]。各级政府承担着推动经济社会发展、管理社会事务、服务人民群众的重要职责,政府依法行政和治理的能力水平,是影响国家治理体系和治理能力现代化的关键因素。法治政府建设是深化行政体制改革、转变政府职能的重要着力点。

我国法治政府建设的一个鲜明特点就是坚持以人民为中心。法治政府建设,基本要求在于使政府职权法定、依法履职,各项行政行为于法有据。法治政府建设的根本目的是依法保障人民的权益,人民满意是法治政府建设的出发点和落脚点。人民满意不满意,是检验我们党一切工作成效的试金石。《法治政府建设实施纲要(2021—2025年)》明确把"人民满意"列入法治政府建设的核心目标。习近平总书记强调,"全面依法治国最广泛、最深厚的基础是人民,必须坚持为了人民、依靠人民。要把体现人民利益、反映人民愿望、维护人民权益、增进人民福祉落实到全面依法治国各领域全过程"[2]。因此,牢固树立以人民为中心的发展理念,要求一切行政执法机关必须为人民服务、对人民负责、受人民监督,坚持执法为民,切实做好严格规范公正文明执法这道"必答题",保障和促进社会公平正义,"努力让人民群众在每一项法律制度、每一个执法决定、每一宗司法案件中都感受到公平正义"[3]。《中华人民共和国宪法》(以下简称《宪法》)第2条第1款规定:"中华人民共和国的一切权力属于人民。"2022年修改的《中华人民共和国地方各级人民代表大会和地方各级人民政府组织法》新增第62条提出了地方各级人民政府建设法治政府的基本要求:"地方各级人民政府应当维护宪法和法律权威,坚持依法行政,建设职能科学、权责法定、执法严明、公开公正、智能高效、廉洁诚信、人民满意的法治政府。"行政机关行使公权力的行为与人民群众的日常生活和切身利益息息相关。只有以人民为中心扎实推进依法行政,建设"职能科学、权责法定、执法严明、公开公正、智能高效、廉洁诚信、人民满意"的法治政府,才能依法保障人民权益,不断提高人民群众的

---

[1] 习近平:《关于〈中共中央关于全面推进依法治国若干重大问题的决定〉的说明》,载《人民日报》2014年10月29日,第2版。
[2] 习近平:《坚定不移走中国特色社会主义法治道路 为全面建设社会主义现代化国家提供有力法治保障》,载《求是》2021年第5期。
[3] 习近平:《推进中国式现代化需要处理好若干重大关系》,载《求是》2023年第19期。

获得感、幸福感、安全感。

二、扎实推进依法行政是法治政府建设的关键

全面依法治国是国家治理领域一场广泛而深刻的革命。习近平总书记强调，"依法治国、依法执政、依法行政是一个有机整体，关键在于党要坚持依法执政、各级政府要坚持依法行政"①。当前，我国法治政府建设还存在一些薄弱环节和不足，如依法行政观念不牢固、行政执法体制不够完善、领导干部依法行政意识不强等。依法行政是现代政府的基本要求，是建设法治政府的核心。扎实推进依法行政必须牢牢坚持党的全面领导、坚持以习近平法治思想为根本引领和根本遵循、坚持以人民为中心。党的二十大报告对扎实推进依法行政提出了以下几个方面的基本任务。

其一，转变政府职能，优化政府职责体系和组织结构，推进机构、职能、权限、程序、责任法定化，提高行政效率和公信力。习近平总书记指出，"政府职能转变到哪一步，法治建设就要跟进到哪一步"②。要发挥法治对转变政府职能的引导和规范作用，既要重视通过制定新的法律法规来固定转变政府职能已经取得的成果，引导和推动转变政府职能的下一步工作，又要重视通过修改或废止不合适的现行法律法规为转变政府职能扫除障碍。

其二，深化事业单位改革。深化事业单位改革是行政体制改革的重要组成部分，也是推进依法行政的内在要求。深化事业单位改革，应当持续推进政事分开、事企分开、管办分离。采用制度化措施巩固行政类、经营类事业单位改革成果，将行政类事业单位纳入依法行政工作体系与机关统筹管理，利用扎实推进依法行政的组织和体制优势，提升行政执法的效能。

其三，深化行政执法体制改革，全面推进严格规范公正文明执法。深化行政执法体制改革、全面推进严格规范公正文明执法是法治政府建设的关键环节。习近平总书记指出，"全面推进依法治国的重点应该是保证法律严格实施"③。"世不患无法，而患无必行之法。"党的十八大报告明确提出"推

---

① 《加强党对全面依法治国的领导》，载《求是》2019年第4期。
② 《扎实推进依法行政（认真学习宣传贯彻党的二十大精神）》，载《人民日报》2022年11月17日，第6版。
③ 习近平：《关于〈中共中央关于全面推进依法治国若干重大问题的决定〉的说明》，载《人民日报》2014年10月29日，第2版。

进依法行政，切实做到严格规范公正文明执法"。党的十九大报告指出，"推进科学立法、严格执法、公正司法、全民守法"，"建设法治政府，推进依法行政，严格规范公正文明执法"。党的十八届四中全会通过的《中共中央关于全面推进依法治国若干重大问题的决定》强调要"严格规范公正文明执法"，并对法律的实施和行政执法作出了整体部署。《法治政府建设实施纲要（2021—2025年）》对"健全行政执法工作体系，全面推进严格规范公正文明执法"作出了整体要求和具体实施措施。

其四，完善行政执法程序，健全行政裁量基准。完善行政执法程序，健全行政裁量基准，是扎实推进依法行政的重要抓手。党的十八大以来，构建行政裁量基准制度成为我国法治政府建设的重要路径和重要抓手。党的十八届四中全会通过的《中共中央关于全面推进依法治国若干重大问题的决定》明确提出，要"建立健全行政裁量权基准制度，细化、量化行政裁量标准，规范裁量范围、种类、幅度"。党的十九届四中全会通过的《中共中央关于坚持和完善中国特色社会主义制度 推进国家治理体系和治理能力现代化若干重大问题的决定》强调，"严格规范公正文明执法，规范执法自由裁量权"。2021年，中共中央、国务院印发的《法治政府建设实施纲要（2021—2025年）》明确指出，"全面落实行政裁量权基准制度，细化量化本地区各行政执法行为的裁量范围、种类、幅度等并对外公布"。2022年，国务院办公厅出台了《关于进一步规范行政裁量权基准制定和管理工作的意见》，对建立健全行政裁量权基准制度作出全面、系统的规定，明确了各地区各部门在划定行政裁量权边界时所要遵循的指导思想和基本原则，提出在2023年底前普遍建立起行政裁量权基准制度，基本实现行政裁量标准制度化、行为规范化、管理科学化等目标。

其五，强化行政执法监督机制和能力建设，严格落实行政执法责任制和责任追究制度。行政执法监督机制、行政执法责任制和责任追究制度在预防和纠正行政权违法行使、落实行政责任、保障人民合法权益等方面发挥着重要的作用，构成法治政府建设的重要组成部分。行政执法监督机制包括内部监督和外部监督，前者主要是上级行政机关对下级行政机关的执法监督、行政复议监督等，后者包括人民法院监督、检察监督、人大监督等。《法治政府建设实施纲要（2021—2025年）》明确要求，加强行政执法监督机制和能力建设，充分发挥行政执法监督统筹协调、规范保障、督促指导作用，2024年年底前基本建成省市县乡全覆盖的比较完善的行政执法协调监督工作体系。

其六，完善基层综合执法体制机制。综合行政执法体制改革是行政执法体制改革的重要内容，从性质上讲，属于行政执法体制的一种创新形式。党的十八届四中全会通过的《中共中央关于全面推进依法治国若干重大问题的决定》提出："推进综合执法，大幅减少市县两级政府执法队伍种类，重点在食品药品安全、工商质检、公共卫生、安全生产、文化旅游、资源环境、农林水利、交通运输、城乡建设、海洋渔业等领域内推行综合执法，有条件的领域可以推行跨部门综合执法。"《法治政府建设实施纲要（2021—2025年）》提出：继续深化综合行政执法体制改革，坚持省（自治区）原则上不设行政执法队伍，设区市与市辖区原则上只设一个行政执法层级，县（市、区、旗）一般实行"局队合一"体制，乡镇（街道）逐步实现"一支队伍管执法"的改革原则和要求。稳步将基层管理迫切需要且能有效承接的行政执法事项下放给基层，坚持依法下放、试点先行，坚持权随事转、编随事转、钱随事转，确保放得下、接得住、管得好、有监督。建立健全乡镇（街道）与上一级相关部门行政执法案件移送及协调协作机制。

三、行政法规范是扎实推进依法行政的基础和保障

行政法规范体系是中国特色社会主义法治体系的重要组成部分，是扎实推进依法行政的制度基础和保障。中国特色社会主义法治体系的科学内涵是："形成完备的法律规范体系、高效的法治实施体系、严密的法治监督体系、有力的法治保障体系，形成完善的党内法规体系。"虽然在改革开放之初我国就在环境保护、中外合资经营企业所得税等领域制定了单行法律规范，但行政法规范体系的建立肇始于1989年制定《中华人民共和国行政诉讼法》（以下简称《行政诉讼法》）。该法不仅确立了我国的"民告官"制度，而且对后来推动行政立法以及监督行政机关依法行政产生了深远影响。基于《行政诉讼法》"合法性审查"原则，催生了我国行政法上游规范和中游规范。譬如，该法明确将"行政机关对行政机关工作人员的奖惩、任免等决定"规定为不予受理的事项，由此推动我国相继制定了《国家公务员暂行条例》、《中华人民共和国公务员法》（以下简称《公务员法》）、《行政机关公务员处分条例》。《行政诉讼法》明确将行政处罚、行政许可、行政强制、行政不

作为等纳入行政诉讼的受案范围,并首次将"适用法律、法规正确""符合法定程序"等作为合法性审查标准写入立法。在此推动下,我国于1996年、2003年、2011年先后公布了《中华人民共和国行政处罚法》《中华人民共和国行政许可法》《中华人民共和国行政强制法》(以下分别简称《行政处罚法》《行政许可法》《行政强制法》)三大行政行为领域的支架性法律,被称为我国行政行为领域的"立法三部曲"。此外,《中华人民共和国行政复议法》《中华人民共和国国家赔偿法》(以下分别简称《行政复议法》《国家赔偿法》),也在《行政诉讼法》的影响和推动下制定出来。《行政诉讼法》首次将行政机关裁决行政争议的法律制度统称为行政复议。为与其衔接,国务院专门制定了《行政复议条例》,标志着我国行政复议作为一项自成体系、独立完备的行政救济制度正式确立。1999年《行政复议法》的颁行,进一步完善了我国行政复议制度。《行政诉讼法》还专章规定侵权赔偿责任,由此催生了1994年《国家赔偿法》的出台[1]。这些法律规范从行政组织法、行政行为法、行政救济法三个维度搭建了我国行政法律体系的基本框架。此外,2021年修订《行政处罚法》时将行政执法制度改革的重要成果以法律的形式加以确定。在新时代新征程,行政执法是行政机关执行法律、履行政府职能的重要方式,法治政府建设的"最后一公里",必须恪守执法理念,遵守法律规定和法治原则。

其一,职权法定原则。行政执法权的行使必须有法律依据或者符合法律的规定,不得与法律相违背。习近平总书记指出,"各级政府必须依法全面履行职能,坚持法定职责必须为、法无授权不可为"[2]。例如,《行政许可法》第12条明确规定了可以设定行政许可的事项,禁止行政机关越权或变相设定行政许可事项。习近平总书记指出:"我们推进法治政府建设,大幅减少行政审批事项,非行政许可审批彻底终结,建立政府权力清单、负面清单、责任清单,规范行政权力,推动严格规范公正文明执法。"[3]根据《行政诉讼法》第70条规定,超越职权作出的行政行为属于违法行为,法院应判决撤销。

其二,合理行政原则。行政机关在行政执法过程中应当遵循公正、公平、合理的原则,避免滥用职权,注重保护当事人的合法权利。《行政处罚

---

[1] 周佑勇:《中国行政法学学术体系的构造》,载《中国社会科学》2022年第5期。
[2] 《加快建设社会主义法治国家》,载《求是》2015年第1期。
[3] 《加强党对全面依法治国的领导》,载《求是》2019年第4期。

法》第 34 条规定：行政机关可以依法制定行政处罚裁量基准，规范行使行政处罚裁量权。行政处罚裁量基准应当向社会公布。行政机关制定行政处罚裁量基准的目的是规范行政处罚裁量权，减少执法随意性，提高执法公信力，增强行政执法透明度。根据《行政诉讼法》第 70 条规定，行政执法行为存在滥用职权的，法院应判决撤销。

其三，正当程序原则。正当程序原则是指行政机关在实施行政执法行为的过程中，必须遵循法定的步骤、顺序、方式以及时限。行政法规定的正当程序的基本制度包括行政公开制度、行政回避制度、行政听证制度、行政告知制度、行政说明理由制度等。正当程序的基本要求包括严格履行告知制度，依法保障行政相对人陈述、申辩、提出听证申请等权利，为相对人预留合理期限，限制人身自由及时通知家属或单位，等等。此外，根据中央和国务院的政策要求，行政机关应该按照行政执法类型，制定完善行政执法程序规范，全面严格落实行政执法公示、执法全过程记录、重大执法决定法制审核制度，实现行政执法信息及时准确公示、行政执法全过程留痕和可回溯管理、重大行政执法决定法制审核全覆盖。根据《行政诉讼法》第 70 条规定，违反法定程序作出的行政行为属于违法行为，法院应判决撤销。新修订的《行政处罚法》第 38 条第 2 款规定："违反法定程序构成重大且明显违法的，行政处罚无效。"

其四，权责一致原则。权责一致是社会主义法治理念的要求，也是行政法的基本原则。这一原则的基本要求是行政权力和法律责任的统一，即执法有保障、有权必有责、用权受监督、违法受追究、侵权须赔偿。这一原则分为两个方面：

一是行政效能原则，行政机关依法履行经济、社会和文化事务管理职责，要由法律、法规赋予其相应的执法手段，保证政令有效。二是行政责任原则，行政机关违法或者不当行使职权，应当依法承担法律责任。习近平总书记强调："要着力推进行政执法透明、规范、合法、公正，不断健全执法制度、规范执法程序、创新执法方式、加强执法监督，全面提高执法效能，推动形成权责统一、权威高效的行政执法体系，切实维护人民群众合法权益。"[①]

[①]《深刻总结改革开放伟大成就宝贵经验 不断把新时代改革开放继续推向前进》，载《人民日报》2018 年 11 月 15 日，第 1 版。

其五，高效便民原则。行政机关执行法律应当遵守法定时限，积极履行法定职责，运用现代互联网、大数据、人工智能等技术手段提高办事效率，为人民群众提供高效便捷的服务。例如，《行政许可法》第6条明确规定，实施行政许可，应当遵循便民的原则，提高办事效率，提供优质服务。提升行政效能、优化行政服务是提高政府执法公信力的必然要求，对维护社会和谐稳定具有重要意义。习近平总书记强调，要全面推进政务公开，强化对行政权力的制约和监督，建立权责统一、权威高效的依法行政体制。

其六，诚实守信原则。诚实守信原则是指行政机关对自己作出的行为或承诺应守信用，不得随意变更，不得反复无常，以保持行政行为的明确性和可预测性。诚实守信原则要求，行政机关公布信息应当全面、准确、真实，增强公众对行政机关的信任度；行政机关非因法定事由并经法定程序，不得撤销、变更已经生效的行政决定；行政机关在行政执法过程中不得为了自身的利益而欺骗行政相对人，不得进行"钓鱼执法"或"养鱼执法"，必须依法行政。习近平总书记强调，"要用法治给行政权力定规矩、划界限，规范行政决策程序，健全政府守信践诺机制，提高依法行政水平"[1]。

法律的生命在于实施。习近平总书记强调，"全面推进依法治国，必须大力提高法治工作队伍思想政治素质、业务工作能力、职业道德水准，着力建设一支忠于党、忠于国家、忠于人民、忠于法律的社会主义法治工作队伍"。要牢固树立为人民服务的思想，健全法律法规体系和执法制度，特别是要建设一支过硬的执法队伍，真正做到依法、规范、文明执法。2023年，国务院办公厅印发《提升行政执法质量三年行动计划（2023—2025年）》，从政治能力、业务能力等方面对全面提升行政执法人员能力素质提出具体任务。各级领导干部作为具体行使党的执政权和国家立法权、行政权、司法权的人，在很大程度上决定着全面依法治国的方向、道路、进度。习近平总书记指出，领导干部要"做学法的模范，带头了解法律、掌握法律。学法懂法是守法用法的前提。在那些违法乱纪、胡作非为的领导干部中，相当多的人是长期不学法、不懂法"[2]。行政法规范是扎实推进依法行政的基础和保障，各级领导干部应带头学习、遵守、执行行政法规范，带头建设"职能科学、

---

[1] 习近平：《坚定不移走中国特色社会主义法治道路 为全面建设社会主义现代化国家提供有力法治保障》，载《求是》2021年第5期。

[2] 习近平：《论坚持全面依法治国》，北京：中央文献出版社2020年版，第137页。

权责法定、执法严明、公开公正、智能高效、廉洁诚信、人民满意"的法治政府。

  本导论部分作为全书的"导学",旨在为领导干部理解与适用行政法提供总体指引,全书将围绕《行政许可法》《行政处罚法》《行政强制法》《公务员法》《行政复议法》《行政诉讼法》《国家赔偿法》等七部行政法律,从条文解读、典型案例、案例解读、习近平法治思想指引等四个方面对重点法条进行阐释和解读。条文解读,在于精准阐释法条原意,系统解析规范目的、重要法律概念和法律制度。典型案例,在于通过对实践中案例的提炼总结,帮助理解重点法条。案例解读,在于通过以案释法的方式帮助领导干部进一步理解法律的适用要点,同时指明领导干部履职中的注意事项。习近平法治思想指引,在于推动领导干部在学法用法的同时,深入学习领会习近平法治思想的精髓要义,全面提升领导干部运用法治思维和法治方式的能力。

第一章 《行政许可法》重点条文理解与适用

▏▎重点法条▕▏

《行政许可法》第五条　设定和实施行政许可,应当遵循公开、公平、公正、非歧视的原则。

有关行政许可的规定应当公布;未经公布的,不得作为实施行政许可的依据。行政许可的实施和结果,除涉及国家秘密、商业秘密或者个人隐私的外,应当公开。未经申请人同意,行政机关及其工作人员、参与专家评审等的人员不得披露申请人提交的商业秘密、未披露信息或者保密商务信息,法律另有规定或者涉及国家安全、重大社会公共利益的除外;行政机关依法公开申请人前述信息的,允许申请人在合理期限内提出异议。

符合法定条件、标准的,申请人有依法取得行政许可的平等权利,行政机关不得歧视任何人。

▏▎条文解读▕▏

本条是关于设定和实施行政许可公开、公平、公正、非歧视原则的规定。理解与适用本条内容应着重考虑以下三个方面:(1)实施行政许可的公开范围包括主体公开、内容公开、过程公开、结果公开。(2)未经申请人同意不得公开的内容：商业秘密、未披露信息和保密商务信息。其中，关于"商业秘密"、"未披露信息"和"保密商务信息"的内涵，可以分别参考《中华人民共和国反不正当竞争法》《与贸易有关的知识产权协议》《中华人民共和国政府和美利坚合众国政府经济贸易协议》的规定。（3）行政机关在实施行政许可时，必须平等地对待所有许可申请人。对于符合法定条件、标准的，申请人有依法取得行政许可的平等权利，行政机关必须一视同仁，不得歧视或厚此薄彼。

||| 典型案例 |||

1998年6月，赵某因建厂占用某县某村集体土地，并办理用地手续。2009年某县政府作出行政决定，以赵某在2004年申请补办用地手续时隐瞒事实为由，撤销赵某补办的用地手续。赵某认为该决定事实不清，没有举办听证，程序违法，起诉该县政府。法院经审理认为，虽然《行政许可法》没有规定撤销行政许可的具体程序，但根据第5条、第7条规定可知，设定和实施行政许可所应当遵循的原则、程序和利害关系人享有的法定程序权利。本案中，该县政府作出的撤销决定，对赵某造成不利影响，其作出该具体行政行为时应当遵循公开、公平、公正、非歧视的原则，听取行政相对人的陈述和申辩。最终，法院判决撤销该县政府作出的行政决定。

||| 案例解读 |||

上述案例的核心在于行政机关在实施行政许可行为时，出现法律并未作出明确规定的程序性事项，应当以行政许可的基本原则为根本遵循，坚持公开、公平、公正、非歧视原则，尊重和保护行政相对人的合法权利。《行政许可法》第5条规定了设定和实施行政许可的基本原则之一，是正当程序原则这一行政法基本原则在行政许可领域的体现，也是规范行政机关行使自由裁量权的重要手段。

党的十八大以来，习近平总书记强调领导干部要带头尊崇法治、敬畏法律，了解法律、掌握法律。领导干部需要重视法律原则的作用，具体到行政许可领域，领导干部需要充分理解"公开、公平、公正、非歧视的原则"的内涵，并结合具体规定，在设定和实施行政许可时做到既满足规则也符合原则。

习近平法治思想指引

各级领导干部要坚决贯彻落实党中央关于全面依法治国的重大决策部署，带头尊崇法治、敬畏法律，了解法律、掌握法律，不断提高运用法治思维和法治方式深化改革、推动发展、化解矛盾、维护稳定、应对风险的能力，做尊法学法守法用法的模范。

——习近平：《坚定不移走中国特色社会主义法治道路 为全面建设社会主义现代化国家提供有力法治保障》，载《求是》2021 年第 5 期。

重点法条

《行政许可法》第六条　实施行政许可，应当遵循便民的原则，提高办事效率，提供优质服务。

条文解读

本条是关于行政许可便民原则的规定。该原则的确立试图寻求从制度上解决行政许可程序烦琐、环节众多、效率低下等问题的途径。相对集中许可权改革和"最多跑一次"审批改革等就是具体落实便民原则的重要举措。理解和适用本条内容应着重考虑以下两个方面：（1）便民原则具体体现为申请方式灵活多样、申请处理当场及时、申请材料公示公开以及受理机构集中统一。（2）效力原则具体体现为严格遵守程序和时效、机构设置精干、分工明确以及重视行政行为成本。

典型案例

2010 年 8 月，宓某向某市某街道办事处提交建房申请材料，街道办事处将宓某建房申请的材料报送某市规划建设局进行审批。同年 9 月 9 日，该市规划建设局作出了不予规划许可决定。宓某不服该决定，提起诉讼。其中案件的争议焦点之一是宓某是否符合某政发〔2003〕19 号第 14 条规定的可以建房的"除外"情形。经法院审理认为，该市规划建设局受理宓某规划许可申请后作出不予规划许可决定前，明知某政发〔2003〕19 号第 14 条规定了可以建房的"除外"情形，却没有告知宓某可以补充提交符合"除外"情形的材料,有违《行政许可法》第 6 条规定的便民原则,程序上存有瑕疵。

▌案例解读 ▌

上述案例反映出行政机关在实施行政许可时存在不作为或拖延的情况,导致行政行为存在瑕疵。《行政许可法》第 6 条规定了行政许可便民原则,是高效便民这一行政法基本原则在行政许可领域的体现。行政机关在实施行政许可时不仅要依法行政,更要高效行政,避免办事拖沓敷衍。

国务院发布的《关于进一步优化政务服务提升行政效能推动"高效办成一件事"的指导意见》中提出,深入推动政务服务提质增效,在更多领域更大范围实现"高效办成一件事",进一步提升企业和群众获得感。在实践中,行政机关在实施行政许可的过程中存在官僚主义,办事机构之间相互推诿、相互扯皮、相互耽搁,或存在未对申请人尽充分的告知义务等情况,导致行政机关作出的行政裁决存在瑕疵或无效。行政审批制度改革要求坚持以人民为中心,提高行政效能也充分体现"高效便民"这一基本原则。这也要求领导干部在行政决策过程中正确处理公平与效率的关系,将效率视为行政之存在要素与生命,杜绝懒政庸政怠政的发生。

▌习近平法治思想指引 ▌

为民服务解难题,重点是教育引导广大党员干部坚守人民立场,树立以人民为中心的发展理念,增进同人民群众的感情,自觉同人民想在一起、干在一起,着力解决群众的操心事、烦心事,以为民谋利、为民尽责的实际成效取信于民。

——《守初心担使命找差距抓落实 确保主题教育取得扎扎实实的成效》,载《人民日报》2019 年 6 月 1 日,第 1 版。

▌重点法条 ▌

《行政许可法》第八条 公民、法人或者其他组织依法取得的行政许可受法律保护,行政机关不得擅自改变已经生效的行政许可。

行政许可所依据的法律、法规、规章修改或者废止,或者准予行政许可所依据的客观情况发生重大变化的,为了公共利益的需要,行政机关可

> 以依法变更或者撤回已经生效的行政许可。由此给公民、法人或者其他组织造成财产损失的，行政机关应当依法给予补偿。

‖ 条文解读 ‖

本条是关于行政许可信赖利益保护原则的规定。信赖利益保护原则的确立对于我国建立法治政府、诚信政府具有重要意义。理解和适用本条内容应着重考虑以下两个方面：(1) 公民、法人或者其他组织依法取得的行政许可应当受到法律保护。除特殊情况外，行政机关不得撤销或者变更已生效的行政许可。(2) 行政机关依法撤销或变更已经生效的行政许可，由此给公民、法人或者其他组织造成财产损失的，应当依法给予补偿。给予补偿的前提条件有二：一是对公民、法人或者其他组织的财产造成了损失，二是财产与撤销或者变更行政许可有直接的、必然的因果联系。

‖ 典型案例 ‖

2004年6月，某市规划局向××公司颁发了建设工程规划许可证，核准其建房。××公司即在其商业用房南侧建房，同年8月底竣工。同年9月，该市规划局作出撤销行政许可决定，撤销上述建设工程规划许可证。2004年12月，某市某区政府强制拆除了上述房屋。××公司诉至法院。法院经审理认为，涉案房屋系在该市规划局颁发建设工程规划许可证后所建，根据信赖利益保护原则，应当保护行政相对人对建设工程规划许可证的信赖利益，确认该市规划局所作撤销行政许可决定违法，涉案房屋应作为合法建筑予以赔偿。

‖ 案例解读 ‖

上述典型案例中的行政机关在相对人取得行政许可的情况下，作出撤销行政许可决定，有违《行政许可法》第8条中所规定的信赖利益保护原则，行政机关应当基于信赖利益保护原则给予相对人赔偿或补偿。信赖利益保护原则不仅是一项行政法的原则，也是一项在国家治理中必须遵循的治理原则。中共中央印发的《法治社会建设实施纲要（2020—2025年）》强调，"建立健全产权保护统筹协调工作机制，持续加强政务诚信和营商环境建设，将产权保护列为专项治理、信用示范、城市创建、营商环境建设的重要内容"。信赖利益保护原则体现了政府诚信建设的基本要求，是诚信政府构建的重要内容。

对于领导干部而言，践行诚信要做到清正廉洁、恪尽职守、敢于担当。要建立健全守信践诺机制，准确记录并客观评价各级人民政府和领导干部对职权范围内行政事项以及行政服务质量承诺、期限承诺和保障承诺的履行情况。各级人民政府在债务融资、政府采购、招标投标等市场交易领域应诚实守信，严格履行各项约定义务，为全社会作出表率。

重点法条

《行政许可法》第十二条　下列事项可以设定行政许可：

（一）直接涉及国家安全、公共安全、经济宏观调控、生态环境保护以及直接关系人身健康、生命财产安全等特定活动，需要按照法定条件予以批准的事项；

（二）有限自然资源开发利用、公共资源配置以及直接关系公共利益的特定行业的市场准入等，需要赋予特定权利的事项；

（三）提供公众服务并且直接关系公共利益的职业、行业，需要确定具备特殊信誉、特殊条件或者特殊技能等资格、资质的事项；

（四）直接关系公共安全、人身健康、生命财产安全的重要设备、设施、产品、物品，需要按照技术标准、技术规范，通过检验、检测、检疫等方式进行审定的事项；

（五）企业或者其他组织的设立等，需要确定主体资格的事项；

（六）法律、行政法规规定可以设定行政许可的其他事项。

条文解读

本条是关于行政许可的设定事项的规定。本条主要规定了普通许可、特许、认可、核准、登记五种许可类型以及兜底条款：（1）普通许可，主要适用于生态环境保护、金融市场准入、国家安全、公共安全和公民人身健康财产安全等领域。（2）特许，包括国有土地使用权出让、公用事业经营许可等。(3) 认可，如法律职业资格、注册会计师资格、建筑企业资质等。(4) 核准，包括消防验收、工程竣工验收、屠宰检疫等。(5) 登记，包括工商登记、社团登记等。(6) 兜底条款，兜底条款目的有三：一是确保现行法律、行政法规对其他行政许可事项的规定仍然保留、有效；二是确保以后的法律、行政法规可以根据实际情况在《行政许可法》明确规定的上述五类行政许可事项外设定其他行政许可事项；三是确保地方性法规、地方性规章、国务院决定都不得设定上述五类许可事项以外的行政许可，已经设定的，要予以清理。

典型案例

2016年10月，某区住建局与某公司签订《区域管道燃气特许经营协议》。2017年3月，该区住建局要求该公司退出经营。该公司提起诉讼，请求判令该区住建局继续履行特许经营协议。经法院查明，该区住建局与该公司签订特许经营协议未经过招标程序。法院认为，根据《行政许可法》和《基础设施和公用事业特许经营管理办法》规定，对基础设施和公用事业特许经营，政府应当采用招标、竞争性谈判等竞争方式选择特许经营者，授予特许经营权。而该区住建局未采用竞争性方式签订特许经营协议，违反法律强制性规定，应属无效协议。

案例解读

上述典型案例中，涉及公共资源配置的市场准入属于特许，应当采用招标、竞争性谈判等方式选择特许经营者，授予特许经营权。在实践中，行政机关会混淆不同种类的行政许可，从而采取了不当的许可程序，导致行政行为不符合法定程序而无效。因此，领导干部在履职的过程中，需要准确把握行政许可的种类，采取对应的行政许可程序，从而确保行政行为合法有效。

《行政许可法》第12条规定了可以设定行政许可的事项。行政许可设定的本质是国家可以干预的法定范围，这体现了公权力对于某一领域的介入与干预，对该领域的公民权益将会产生重要影响。本条明确可以设定行政许可的事项，旨在规范公权力的介入范围和行政机关的职权范围，领导干部在履职时应以此作为行权的范围。党的十八大以来，行政审批制度改革遵循全面依法治国决策部署，坚持推动行政审批权力边界明显，以清单管理明晰行政审批权力边界，坚持"法定职责必须为、法无授权不可为"。

||| 习近平法治思想指引 |||

我们推进法治政府建设，大幅减少行政审批事项，非行政许可审批彻底终结，建立政府权力清单、负面清单、责任清单，规范行政权力，推动严格规范公正文明执法。

——《加强党对全面依法治国的领导》，载《求是》2019 年第 4 期。

||| 重点法条 |||

> 《行政许可法》第十三条　本法第十二条所列事项，通过下列方式能够予以规范的，可以不设行政许可：
> （一）公民、法人或者其他组织能够自主决定的；
> （二）市场竞争机制能够有效调节的；
> （三）行业组织或者中介机构能够自律管理的；
> （四）行政机关采用事后监督等其他行政管理方式能够解决的。

||| 条文解读 |||

本条是关于不设定行政许可的事项的规定。本条采用"否定式"的立法模式可以防止行政权对公民、法人和其他组织的私权自治领域进行干预，促进行政机关向服务型政府转变。理解和适用本条内容应着重考虑以下四个方面：（1）关于"自主决定"，公民、法人或者其他组织在符合法律规定的情况下，无须行政机关干涉、能够按照自己的意愿处理且不会危及他人或社会公共利益的事项，行政机关不能对该领域的事项进行干预。（2）关于"市场竞争机制调节"，政府应当尊重市场规律，进行宏观调控，尽可能避免在微观层面介入市场运行。（3）关于"行业组织自律管理"，目前我国已经存在的行政组织、中介机构主要有律师协会、消费者协会等。这类组织能够对成员资格等事项进行自律管理，行政机关不宜再介入，防止行政权的滥用。

（4）关于"事后监督"，行政机关变"前置性许可"为"监督"，以其他可替代性行政手段代替行政许可，不仅有利于防止行政机关权力寻租，而且也符合比例原则的要求。

▍典型案例 ▍

2002年，××出租车有限公司获批在某市从事出租汽车客运业务。2009年，因车辆报废××公司向某市道路运输运管局提出车辆更新申请，在办理车辆更新过程中，发生民事纠纷。因此，2010年1月，某市出租车管理办作出注销通知，决定注销××公司部分出租车的经营权。同月，出租车管理办作出调整通知，将原属××公司部分出租车经营权调整到另一家出租汽车公司。××公司就此向法院提起诉讼。法院认为，根据《行政许可法》第13条规定，市场竞争机制能够有效调节的，可以不设行政许可。市政府划转出租公司的车辆经营权有违公共资源配置原则。

▍案例解读 ▍

上述典型案例中，行政机关利用行政手段干预出租车市场的资源配置，有违《行政许可法》第13条中"否定式"列举的可以不设定行政许可事项的规定。在实践中，行政机关为了达成一定的管理目标，可能首先考虑运用行政手段实现，在行政许可领域表现为随意增设行政许可、增加行政许可条件等，并不考虑该事项是否是公民能够自主决定的、市场竞争机制能够有效调解的、行业组织能够自律管理的，或是否是可以采用事后监管的。这种对行政权力的滥用在一定程度上破坏了市场的公平竞争环境。

领导干部在履职过程中要尊重市场的客观规律、行政相对人的自主性。行政审批制度改革也要求，深挖行政审批管理事项背后的管理逻辑和相互关系，通过创新管理理念和审管衔接机制，把办事服务理念融入审批管理实践。政府部门不再只盯审批、卡着入口，而是通过事前咨询指导服务、事中及时预警纠偏、事后部门联合奖惩等举措，逐步实现从"以批代管"向"事中事后监管"的职能转变。

‖ 习近平法治思想指引 ‖

要最大限度减少政府对微观事务的管理。对保留的审批事项，要推行权力清单制度，公开审批流程，提高审批透明度，压缩自由裁量权。对审批权力集中的部门和岗位要分解权力、定期轮岗，强化内部流程控制，防止权力滥用。

——中共中央文献研究室：《习近平关于全面依法治国论述摘编》，北京：中央文献出版社2015年版，第63-64页。

‖ 重点法条 ‖

> 《行政许可法》第十四条　本法第十二条所列事项，法律可以设定行政许可。尚未制定法律的，行政法规可以设定行政许可。
>
> 必要时，国务院可以采用发布决定的方式设定行政许可。实施后，除临时性行政许可事项外，国务院应当及时提请全国人民代表大会及其常务委员会制定法律，或者自行制定行政法规。

‖ 条文解读 ‖

本条是关于法律、行政法规、国务院决定的行政许可设定权的规定。法律可以设定各种形式的行政许可，但也会受到一定限制，如《行政许可法》第12条和第13条的限制。除法律绝对保留的事项外，尚未制定法律的，全国人大及其常委会可授权国务院制定行政法规。在立法权限尚未被分配的立法事项中，国务院认为有必要时，在没有形成法律之前，可以制定行政法规。对于临时性、紧急的且尚未制定法律、行政法规的事项，国务院可以决定形式设定行政许可。

‖ 典型案例 ‖

2012年6月，郑某在某县生态园内建房用于生态农业经营。某县国土资源局认为郑某所建板房硬化土地未经依法批准，向郑某下达《责令停止土地违法行为通知书》，并拆除郑某用于培育菌种的活动板房。郑某就此向法院提起诉讼。法院经审理认为，根据《行政许可法》第14条、第15条规定，行政许可的设立应当由法律法规设立或授权。该县国土资源局主张在该园区内的农用设施建设行为还应当再次单独申报审批，不符合设立农业科技示范园的本意和用途，且就该项建设行为需单独获得行政许可审批的前置条件，该县国土资源局未提交明确的法律或法规依据，故确认被诉行政行为违法。

‖ 案例解读 ‖

上述典型案例中，行政机关在未有行政许可设定权的情况下，擅自设立行政审批事项，要求对农用设施建设行为单独申报审批，违反了《行政许可法》第14条、第15条的规定。根据《行政许可法》第14条规定，原则上只有法律、行政法规、国务院决定才能设定行政许可。根据《行政许可法》第15条规定，地方性法规在法律、行政法规没有设定行政许可的情况下，可以补充设定；省级政府规章在法律、行政法规和地方性法规没有设定行政许可的情况下，可以临时设立行政许可，并对临时性行政许可有着严格的程序限制。

在实践中，有的行政机关通过规范性文件设定或者变相设定行政许可，并不考虑上位法是否已经设定行政许可或者规范性文件是否能够设定行政许可，这是行政机关"乱作为"的一种表现。因此，领导干部在履职过程中要理解和学习各层级所规范的权限，了解行政决策可能造成的影响，避免出现变相设定行政许可。

‖ 重点法条 ‖

《行政许可法》第十六条　行政法规可以在法律设定的行政许可事项范围内，对实施该行政许可作出具体规定。

地方性法规可以在法律、行政法规设定的行政许可事项范围内，对实施该行政许可作出具体规定。

规章可以在上位法设定的行政许可事项范围内，对实施该行政许可作出具体规定。

法规、规章对实施上位法设定的行政许可作出的具体规定，不得增设行政许可；对行政许可条件作出的具体规定，不得增设违反上位法的其他条件。

条文解读

本条是关于行政许可规定权的规定。理解和适用本条内容应着重考虑以下两个方面：（1）行政许可的规定是对现有规范的具体化，不创制新的行为规范，是从"粗"到"细"。（2）法规、规章在对上位法设定的行政许可作具体规定时，主要是对行政许可的条件、程序等作出具体规定，但应当注意两点，即一是不得增设行政许可，二是不得增设违反上位法规定的其他条件。

典型案例

2013年11月，金某向B市A县运输管理所递交开办驾校的申请。同月，A县运输管理所依据《B市机动车驾驶人培训市场发展规划》，以"目前B市驾培市场已处于供大于求的状态，在规划期内不宜再增加驾校数量及教学车辆"为由，作出不予交通行政许可决定书。金某就此向法院提起诉讼。法院经审理认为，根据《行政许可法》第16条第4款规定，道路交通运输管理部门应当依照《中华人民共和国道路运输条例》（2012年）、《机动车驾驶员培训管理规定》（2006年）的规定，对于符合条件的申请人依法予以行政许可，而不得增设其他许可条件。本案中，《B市机动车驾驶人培训市场发展规划》的规定属于违反上位法的规定增设行政许可条件，不应作为行政行为合法的依据。

案例解读

上述典型案例中，行政机关以地方政府发布的"市场发展规划"文件为依据，增设驾培市场的准入条件，违反了《行政许可法》第16条的规定，即行政法规、地方性法规和规章可以对实施行政许可作出具体规定，其属于违法增设行政许可条件。

党的十八大以来，习近平总书记多次强调，要进一步推进简政放权，深化行政审批制度改革，放宽市场准入，创新监管方式，最大限度减少政府对微观事务的管理，进一步激发市场活力和社会创造力。实践中，仅仅具有规定权的行政机关、行业组织存在滥设行政许可的行为，导致行政许可范围的不当扩大，这种自我设定、自我规定、自我实施的行政许可，成为行政许可申请人的负担。这就要求领导干部在履职过程中准确把握行政许可设定权和规定权二者之间的关系和内涵，不能以设定代替规定，严肃清查整治变相许可。领导干部同时也要准确把握上位法的规定，避免规定与上位法冲突，实现依法依规实施行政许可。

‖ 习近平法治思想指引 ‖

各级政府一定要严格依法行政，切实履行职责，该管的事一定要管好、管到位，该放的权一定要放足、放到位，坚决克服政府职能错位、越位、缺位现象。

——《正确发挥市场作用和政府作用 推动经济社会持续健康发展》，载《人民日报》2014年5月28日，第1版。

‖ 重点法条 ‖

> 《行政许可法》第十七条　除本法第十四条、第十五条规定的外，其他规范性文件一律不得设定行政许可。

‖ 条文解读 ‖

本条是关于其他规范性文件不得设定行政许可的规定。关于"其他规范性文件"的判断，可以从以下两个方面进行：一是对于不享有法律、法规和地方性规章制定权的国家机关，其制定发布的具有普遍约束力的决定、文件等均属于"其他规范性文件"。二是对于国务院以及享有地方性规章制定权的地方政府，只有根据《中华人民共和国立法法》（以下简称《立法法》）规定的行政法规和地方性规章的制定程序制定通过的规范性文件才属于行政法规和地方性规章，可以设定行政许可或临时性行政许可。除此之外的其他具有普遍约束力的决定、命令等只能属于"其他规范性文件"的范围。

‖ 典型案例 ‖

2014年9月，梅某向某市民政局申请殡葬专用服务车辆许可证。2015年5月，该市民政局依据《关于规范全市殡葬车辆营运管理的意见》第3条"依据市相关规定，所有殡葬专用车须按所属镇（区、场）划定的区域服范围并报民政局审定后从事营运"的规定作出了答复。梅某就此向法院提起诉讼。经法院审理认为，根据《行政许可法》第17条和《民政部门实施行政许可办法》第2条规定，本案被告应当依照《行政许可法》《民政部门实施行政许可办法》《殡葬管理条例》《江苏省殡葬管理办法》等相关规定进行审批，而不得增设其他许可条件。本案中，《关于规范全市殡葬车辆营运管理的意见》的规定，并无上位法的依据，属于违反上位法规定增设的行政许可条件，被诉答复适用法律、法规错误。

案例解读

党的十八大以来，行政审批制度改革遵循全面依法治国决策部署，坚持法治理念，用法治思维和法治方式推进行政审批制度改革和规范行政审批行为，建立从权力到边界、从行为到程序、从内容到形式、从审批到运行的全流程法治治理格局，让行政审批权力在法律框架内运行，大大提升政府依法治理的水平。上述典型案例中，某市《关于规范全市殡葬车辆营运管理的意见》属于《行政许可法》第17条中所规定的"其他规范性文件"，是没有权限设定行政许可的，因此依据该意见对殡葬车辆进行审批属于违反上位法的规定增设行政许可条件。

在实践中，行政机关出于行政管理的需要，通过发布规范性文件的方式设定行政许可，造成越权设定。这种情况产生的原因有二：一是行政机关明知该规范性文件无权设定行政许可，而越权设定的滥权行为；二是行政机关无法判断该规范性文件是否有权设定行政许可，而错误设定的失职行为。因此，领导干部要准确把握"其他规范性文件"的内涵和判断标准，明确履职的边界，在作出行政决策时能够准确判断，保证行政行为的合法性。

习近平法治思想指引

法治是国家治理体系和治理能力的重要依托。只有全面依法治国才能有效保障国家治理体系的系统性、规范性、协调性，才能最大限度凝聚社会共识。

——习近平：《坚定不移走中国特色社会主义法治道路 为全面建设社会主义现代化国家提供有力法治保障》，载《求是》2021年第5期。

重点法条

《行政许可法》第十八条 设定行政许可，应当规定行政许可的实施机关、条件、程序、期限。

条文解读

本条是关于行政许可应当明确规定的事项的规定。理解和适用本条内容应着重考虑以下四个方面。（1）关于行政许可的实施机关。行政许可的实施机关主要有两种：一是行政机关，二是法律、法规授权的具有管理公共事务职能的组织。（2）关于行政许可的条件。条件既是对行政许可申请人的限制，也是对行政机关的限制。（3）关于行政许可的程序。《行政许可法》有专章对行政许可的程序进行规定。其他法律、法规、规章设定行政许可的，其程序不得与《行政许可法》相冲突。对行政许可的程序有特别要求的，应当明确规定，同时特别的程序规定不应给申请人造成负担。（4）关于行政许可的期限。《行政许可法》对行政许可程序中的各种期限已有明确规定，其他法律、法规、规章设定行政许可，在期限上没有特别规定的，均应当遵守《行政许可法》关于期限的规定。

典型案例

1996年11月开始，某市政府开始实行经营权有偿使用，有关部门对客运人力三轮车收取了相关的规费，但并未告知许可期限。1999年7月，市政府针对有偿使用期限已届满两年的客运人力三轮车，发布关于整顿城区小型车辆营运秩序的公告，要求重新登记并缴纳经营权有偿使用费。张某等182名经营者不服，提起诉讼。最高人民法院针对本案认为，行政许可的期限是行政许可合法性的重要组成部分。本案被诉行政行为以及被诉行政行为的前续行政行为发生时，行政许可法尚未制定和实施。但是，行政机关在设定和实施行政许可过程中，行政许可的期限是一个必备的合法性要件。如果行政机关未告知许可期限，应当认定该许可缺乏合法性。

案例解读

《行政许可法》第18条规定了行政许可应该明确规定的事项,其中包括实施机关、条件、程序、期限。这是依法行政和行政公开、公平、公正、非歧视原则在行政许可设定上的要求。上述典型案例中,行政机关在实施行政许可过程中,未告知许可期限,违反正当程序。规定期限,增强行政决定的可预期性,既是行政效率的要求,也可以防止行政许可机关故意拖延,有利于保护申请人的权利。

在实践中,存在一些行政许可在设定时没有期限的情况,什么时间作出决定,完全由行政机关工作人员自己掌握,导致行政效率低下,许多该发的许可证行政机关拖着迟迟不发,有的甚至以此来索取不正当利益。因此,行政审批制度改革需要推进政务公开,扩大公开的范围,提高工作透明度,最大限度方便基层、企业和人民群众办事,进一步完善行政审批项目清理审核机制、新设行政审批项目审查论证机制和行政审批廉政风险防控机制,加强对行政审批权力行使的监控,建立健全行政审批权力监督体系,完善行政审批责任追究制度,防止利用行政审批权"设租""寻租"。

习近平法治思想指引

法治政府建设是全面依法治国的重点任务和主体工程。转变政府职能,优化政府职责体系和组织结构,推进机构、职能、权限、程序、责任法定化,提高行政效率和公信力。

——习近平:《高举中国特色社会主义伟大旗帜 为全面建设社会主义现代化国家而团结奋斗》,载《求是》2022年第21期。

重点法条

《行政许可法》第十九条 起草法律草案、法规草案和省、自治区、直辖市人民政府规章草案,拟设定行政许可的,起草单位应当采取听证会、论证会等形式听取意见,并向制定机关说明设定该行政许可的必要性、对经济和社会可能产生的影响以及听取和采纳意见的情况。

▌▍条文解读 ▍▌

本条是关于设定行政许可应当听取意见、说明理由的规定。理解和适用本条内容应着重考虑以下两个方面。（1）关于听取意见。起草法律、法规、规章草案应广泛听取意见是立法民主的体现，也是提高立法质量的重要保障。《立法法》《行政法规制定程序条例》《规章制定程序条例》对起草时听取意见的程序都有明确规定。（2）关于说明理由。起草单位向制定单位上报草案送审稿时必须说明以下事项：一是行政许可的必要性。二是对经济和社会可能产生的影响。三是听取和采纳意见的情况。

▌▍典型案例 ▍▌

2016年2月，黄某、杨某向某市公安局、交警支队、车管所等有关部门提出申请，申请机动车转入该市。该市车管所以"该车不符合排放标准，不予以办理转入业务"为由，拒绝办理申请。黄某、杨某诉至法院，并要求附带审查《广西壮族自治区机动车排气污染防治办法》是否符合《行政许可法》第19条、第20条的规定。法院以本案被诉主体不适格为由驳回黄某、杨某的起诉。

▌▍案例解读 ▍▌

上述典型案例中，涉及行政法规设定行政许可的程序合法性的讨论。《行政许可法》第19条规定了行政许可设定需听取意见和说明理由两项重要内容。实践中，我国行政管理性法律、法规大都是由各部委或厅局等执法部门起草的，加之行政机关对设定许可拥有积极性，因此需要在草案起草阶段进行控制。

党的十八大以来，习近平总书记强调要推进科学立法、民主立法、依法立法。设定行政许可听取意见和说明理由内容就是科学立法、民主立法的重要体现。而领导干部具体行使国家立法权、行政权，是全面依法治国的关键少数，这就要求领导干部在实践中践行科学立法、民主立法、依法行政的基本要求。具体到行政许可领域，行政机关在拟增设行政许可时，应当严格遵守程序要求，充分论证，广泛听取意见，以确保拟新增的行政许可符合规定，符合社会经济发展的需求。

▎习近平法治思想指引 ▎

要抓住立法质量这个关键，深入推进科学立法、民主立法、依法立法，统筹立改废释纂，提高立法效率，增强立法系统性、整体性、协同性。各级立法机构和工作部门要遵循立法程序、严守立法权限，切实避免越权立法、重复立法、盲目立法，有效防止部门利益和地方保护主义影响。

——《坚定不移走中国特色社会主义法治道路 更好推进中国特色社会主义法治体系建设》，载《人民日报》2021年12月8日，第1版。

▎重点法条 ▎

《行政许可法》第二十二条　行政许可由具有行政许可权的行政机关在其法定职权范围内实施。

▎条文解读 ▎

本条是关于行政许可实施主体的一般规定。理解和适用本条内容应着重考虑以下三个方面：（1）行政许可实施主体必须是履行外部行政管理职能的行政机关。行政机关的办公机构、人事机构等，一般不具有外部行政管理职能，不能行使行政许可权。（2）行政许可实施主体必须有法律、法规的明确授权。（3）行政许可实施主体必须在法定职权范围内实施。

▎典型案例 ▎

2020年5月，某市交警支队核查到曾某正在执行社区戒毒，遂作出《吸毒驾驶人驾驶证注销告知书》，同年6月，市交警支队作出《注销机动车驾驶许可决定书》。曾某不服提起诉讼。法院审理认为，根据《中华人民共和国道路交通安全法》（2011年）第5条的规定"……县级以上地方各级人民政府公安机关交通管理部门负责本行政区域内的道路交通安全管理工作"及《行政许可法》第22条的规定，并参照《机动车驾驶证申领和使用规定》第2条的规定"……直辖市公安机关交通管理部门车辆管理所、设区的市或者相当于同级的公安机关交通管理部门车辆管理所负责办理本行政辖区内机动车驾驶证业务"可知，市交警支队作为本市交通管理及车辆管理部门，具有注销机动车驾驶证的行政职权。

▍案例解读 ▍

《行政许可法》第 22 条规定了行政机关应当在法定职权范围内实施行政许可，对于职权之外的事项不能实施行政许可。上述典型案例中，法院重点对行政机关实施行政许可是否超越职权范围进行了审查，由此可见该条规定对于实施行政许可的重要性。

中共中央办公厅、国务院办公厅印发的《关于推行地方各级政府工作部门权力清单制度的指导意见》指出，通过建立权力清单和相应责任清单制度，进一步明确地方各级政府工作部门职责权限，大力推动简政放权，加快形成边界清晰、分工合理、权责一致、运转高效、依法保障的政府职能体系和科学有效的权力监督、制约、协调机制，全面推进依法行政。实践中，判断行政行为的合法性要件之一就是判断是否超越法定职权，对实施行政许可行为的合法判断同样如此。这就要求领导干部清醒认识到本机关的职权范围，了解自身履职行权的边界，坚持"法无授权不可为"的基本原则，更要求领导干部了解法律制度，具有底线意识，明确"可为"与"不可为"之间的界限，在行为上做到遵从法律。

▍习近平法治思想指引 ▍

执法是行政机关履行政府职能、管理经济社会事务的主要方式，各级政府必须依法全面履行职能，坚持法定职责必须为、法无授权不可为，健全依法决策机制，完善执法程序，严格执法责任，做到严格规范公正文明执法。

——《加快建设社会主义法治国家》，
载《求是》2015 年第 1 期。

▍重点法条 ▍

《行政许可法》第二十三条　法律、法规授权的具有管理公共事务职能的组织，在法定授权范围内，以自己的名义实施行政许可。被授权的组织适用本法有关行政机关的规定。

条文解读

本条是关于法律、法规授权的组织实施行政许可的规定。理解和适用本条内容应着重考虑以下四个方面：（1）授权组织必须具有管理公共事务职能。（2）社会组织要享有行政许可权，必须有法律、法规的授权作为依据。（3）被授权的组织以自己的名义实施行政许可。法律、法规授权的具有管理公共事务职能的组织具有与行政机关同等的法律地位，能够以自己的名义实施行政许可，并独立地承担法律责任。（4）经授权的组织只能在法律、法规授权的范围内实施行政许可，不得超越授权范围。

典型案例

2016年1月，某新能源科技有限公司向某市特种设备检验中心申请政府信息公开，公开相关检验报告书，特检中心在某公司起诉前未作出答复。经法院审理认为，根据《行政许可法》第23条、《特种设备安全监察条例》第41条以及《最高人民法院关于特种设备监督检验所出具的〈电梯验收检验报告〉是否属于可诉行政行为问题的答复》，特检所是经国务院特种设备安全监督管理部门核准的从事特种设备检验检测的资质机构，是法律、法规授权的组织；特种设备检验中心出具的检验报告可以作为行政许可行为对待。

案例解读

上述典型案例中，某市特种设备检验中心属于法律、法规授权的组织，可以在授权范围内，以自己的名义实施行政许可，其出具检验报告的行为属于行政许可的范围。

当前，随着行政管理专业性、技术性的日益加强，现有的行政机关难以满足行政管理的需要，如对设备、设施、产品、物品的检验、检疫、检测等，由专业技术组织实施比由行政机关实施可能效率更高。虽然行政机关及其人员有不断扩张的需求，但行政机关也不能无限制地膨胀。受机构设置的制约，行政机关有一个相对的稳定性，不能立一部法就增加一项管理权限，就增加机构和人员数量。授权专业技术组织实施可能是今后的一个发展方向，这就要求领导干部，针对专业性、技术性较强的行政许可事项，不能过分干预，应当尊重授权组织的专业性，审慎行政。

▍习近平法治思想指引 ▍

法治建设需要全社会共同参与，只有全体人民信仰法治、厉行法治，国家和社会生活才能真正实现在法治轨道上运行。

——《推进全面依法治国，发挥法治在国家治理体系和治理能力现代化中的积极作用》，载《求是》2020年第22期。

▍重点法条 ▍

> 《行政许可法》第二十四条　行政机关在其法定职权范围内，依照法律、法规、规章的规定，可以委托其他行政机关实施行政许可。委托机关应当将受委托行政机关和受委托实施行政许可的内容予以公告。
>
> 委托行政机关对受委托行政机关实施行政许可的行为应当负责监督，并对该行为的后果承担法律责任。
>
> 受委托行政机关在委托范围内，以委托行政机关名义实施行政许可；不得再委托其他组织或者个人实施行政许可。

▍条文解读 ▍

本条是关于委托实施行政许可的规定。理解和适用本条内容应着重考虑以下四个方面：（1）委托实施行政许可的委托主体与受托主体必须是行政机关。（2）委托实施行政许可的法律依据必须是法律、法规、规章的规定。（3）实施委托的行政机关应当及时将委托实施行政许可的受托主体和内容公开，确保受委托客体和事项及时为公众所知。（4）委托行政机关应当监督受委托行政机关实施行政许可的行为，并对该行为的后果承担法律责任；受委托行政机关对外实施行政许可时，不得超越委托范围，并要以委托行政机关名义实施行政许可。此外，已经受委托的行政机关不得再委托其他组织或者个人实施行政许可。

典型案例

方某、张某、黄某申请设立旅行社,该市旅游局以其名义在法定期限内作出批复,批准三人设立旅行社的申请。根据《旅行社条例》第7条以及省政府令第142号,该事项属于委托事项,应当以委托机关省旅游局的名义作出行政许可决定。本案中,该市旅游局受省文旅厅委托行使该职权,依据《行政许可法》第24条第3款规定,该市旅游局应当以省文旅厅名义作出行政许可决定,而非以自己的名义作出行政许可决定。因此,该案中执法主体不适格。

案例解读

以习近平同志为核心的党中央高度重视基层治理工作,反复强调"基层强则国家强,基层安则天下安,必须抓好基层治理现代化这项基础性工作"。基层治理关键在于领导干部要依法监督行政机关正确履行职权,对于委托实施行政许可要严格依法执行,不能渎职、失职或滥用权力。在上述典型案例中,该市旅游局作为受委托机关,不得以自己的名义对外作出接受委托实施的行政许可,而应当以委托机关的名义实施。但是,事实上,该市旅游局却以自己的名义作出行政许可,系主体违法。

《行政许可法》第24条对委托实施行政许可的有关事项作了较为详细的规定。在基层治理工作中,领导干部应当依法对委托实施行政许可的主体、客体、内容等做好严格把关,这样才能在法治政府建设,特别是基层法治治理中取得良好成效。

习近平法治思想指引

要规范行政许可、行政处罚、行政强制、行政征收、行政收费、行政检查、行政裁决等活动,提高依法行政能力和水平,依法严肃处理侵犯群众合法权益的行为和人员。

——习近平:《充分认识颁布实施民法典重大意义 依法更好保障人民合法权益》,载《求是》2020年第12期。

重点法条

《行政许可法》第二十七条　行政机关实施行政许可，不得向申请人提出购买指定商品、接受有偿服务等不正当要求。

行政机关工作人员办理行政许可，不得索取或者收受申请人的财物，不得谋取其他利益。

条文解读

本条是关于行政机关实施行政许可及行政机关工作人员办理行政许可不得谋取不正当利益的规定。本条的核心内容在于确保行政许可的公平、公正，防止行政机关及其工作人员在行使行政许可权时滥用职权，进行不正当的牟利。这一规定对于维护行政许可制度的严肃性、公正性和公信力具有重要意义。党的十八大以来，习近平总书记对领导干部尊法守法提出了更高的要求，他强调：领导干部在各个方面都要坚持以身作则、以上率下，这是一种有效的领导方法和工作方法。

典型案例

2018年3月，陈某向某市建设局申请建筑许可，该市建设局工作人员在办理过程中，私下向申请人索要财物，并承诺加快审批进度。申请人陈某感觉不妥，于是向监督机构举报。经查，该工作人员的行为已经构成了受贿，严重违反了《行政许可法》第27条以及其他相关法律的规定。最终，该工作人员被开除公职，并受到法律追究。同时，该市建设局也加强了对工作人员的监督和管理培训，确保类似事件不再发生。

案例解读

习近平总书记要求："发挥领导干部示范带头作用，努力使尊法学法守法用法在全社会蔚然成风。"领导干部尊法守法是维护社会公平正义、推动法治建设的关键。作为公职人员，领导干部应当以身作则，严格遵守法律法规，维护法律的尊严和权威。只有这样，才能树立起良好的法治风尚，引领全社会形成尊法学法守法用法的良好氛围。同时，职权法定是法治政府的基本要求，各级政府必须严格依法办事，做到"法定职责必须为、法无授权不可为"。要按照党和国家机构改革精神要求，进一步理顺部门职责关系、优化政府组织结构，使机构设置更加科学、职能更加优化、权责更加协同，着力构建边界清晰、分工合理、权责一致、运行高效、法治保障的政府机构职能体系。

上述案件中，某市建设局工作人员的行为严重违反了法律法规，损害了公职人员的形象和公信力。这不仅是对个人职业道德的败坏，更是对公共权力的滥用和亵渎。因此，对于这种违法行为，必须依法严惩。

‖ 习近平法治思想指引 ‖

发挥领导干部示范带头作用，努力使尊法学法守法用法在全社会蔚然成风。

——习近平：《高举中国特色社会主义伟大旗帜 为全面建设社会主义现代化国家而团结奋斗》，载《求是》2022 年第 21 期。

‖ 重点法条 ‖

《行政许可法》第三十条　行政机关应当将法律、法规、规章规定的有关行政许可的事项、依据、条件、数量、程序、期限以及需要提交的全部材料的目录和申请书示范文本等在办公场所公示。

申请人要求行政机关对公示内容予以说明、解释的，行政机关应当说明、解释，提供准确、可靠的信息。

‖ 条文解读 ‖

本条是关于行政许可的申请和受理程序中行政机关公开义务的规定。行政公开的目的在于提升行政的透明度，加强公众对行政的监督，防止行政腐败，维护公民的合法权益。理解和适用本条内容应着重考虑以下两个方面：（1）行政机关在实施行政许可过程中的透明度和公开性。通过公示信息，行政机关确保了公众对于行政许可制度的了解和参与，同时也增强了行政决策的可预见性和正当性。（2）行政机关在面对申请人对公示内容的询问时，有义务进行说明和解释。这一规定确保了申请人在申请过程中能够获得准确、可靠的信息，从而保障了申请人的知情权，增强了公众对行政许可制度的信任。

典型案例

黎某雄、黎某婵和黎某耀的房屋并排。2009年，黎某雄获批拆旧建新，调整了原有用地。2013年，黎某婵和黎某耀向某市城市规划管理局申请拆旧建新，该局公示了规划方案。黎某雄提出异议后，规划作了部分调整。黎某婵和黎某耀的规划方案经过公示无异议后，该市城市规划管理局分别作出了他们的地块规划条件。事后，黎某雄不服，提起行政诉讼，要求撤销黎某婵和黎某耀房屋的规划方案许可。一审法院认为该市城市规划管理局适用法律与公示正确。黎某雄不服，提起上诉，主张第二次公示所提供的现场照片无法确认公示地点是某巷附近。因此，他认为仅凭一张照片不足以认定已进行了相应的公示。二审法院认为一审法院认定无误，依法驳回上诉。

案例解读

随着我国法治建设的不断推进，行政许可公示制度在保障公民、法人和其他组织的合法权益，促进政府职能转变，建设法治政府等方面发挥了积极作用。党的十八大以来，习近平总书记高度重视行政公开制度，提出了许多开创性、科学性的理论思想，为行政许可公示制度提供了坚实的理论基础和实践指导。

首先，行政许可公示是保障公民知情权、参与权和监督权的重要途径。上述案例中，某市城市规划管理局对涉及权利人的行政许可进行依法公示，有力保障了相对人的合法权益。其次，行政许可公示是推进政府职能转变、建设法治政府的重要手段。我们强调要推进政府职能转变，创新行政管理方式，提高政府公信力和执行力。行政许可公示制度的实施，推动了政府决策的透明化和规范化，提高了政府工作的效率和公信力，有利于建设法治政府和服务型政府。最后，行政许可公示是防止权力滥用、保障公平公正的有效措施。我们强调要加强对权力的监督和制约，防止权力滥用和腐败现象的发生。行政许可公示通过公开决策过程和结果，接受社会监督，有效防止了暗箱操作和权力寻租现象的发生，保障了行政决策的公平公正。

习近平法治思想指引

阳光是最好的防腐剂。权力运行不见阳光，或有选择地见阳光，公信力就无法树立。执法司法越公开，就越有权威和公信力。涉及老百姓利益的案件，除法律规定的情形外，一般都要公开。

——中共中央宣传部：《习近平总书记系列重要讲话读本》，北京：学习出版社2016年版，第95-96页。

重点法条

> 《行政许可法》第三十二条　行政机关对申请人提出的行政许可申请，应当根据下列情况分别作出处理：
>
> （一）申请事项依法不需要取得行政许可的，应当即时告知申请人不受理；
>
> （二）申请事项依法不属于本行政机关职权范围的，应当即时作出不予受理的决定，并告知申请人向有关行政机关申请；
>
> （三）申请材料存在可以当场更正的错误的，应当允许申请人当场更正；
>
> （四）申请材料不齐全或者不符合法定形式的，应当当场或者在五日内一次告知申请人需要补正的全部内容，逾期不告知的，自收到申请材料之日起即为受理；
>
> （五）申请事项属于本行政机关职权范围，申请材料齐全、符合法定形式，或者申请人按照本行政机关的要求提交全部补正申请材料的，应当受理行政许可申请。
>
> 行政机关受理或者不予受理行政许可申请，应当出具加盖本行政机关专用印章和注明日期的书面凭证。

条文解读

本条是关于行政许可申请处理的规定。本条涉及对于申请人权益保障的处理，是保障行政机关实施行政许可高效便民的体现，保证申请人在申请行政许可时不多跑、尽可能只跑一次，这是行政机关的重要职责之一。根据职权法定原则，行政机关必须根据《行政许可法》的规定依法履行职责。本条通过明确行政机关在处理行政许可申请时的具体职责和操作规范，旨在保障申请人的合法权益，提高行政许可制度的运行效率，促进政府依法行政和透明治理。《法治政府建设实施纲要（2021—2025年）》提出：加快建设服务型政府，提高政务服务效能。全面提升政务服务水平，完善首问负责、一次告知、一窗受理、自助办理等制度。

典型案例

李某于2021年1月向某市环保局提交了一份开设餐馆的行政许可申请。该市环保局在收到申请后审查发现，李某所提交的申请材料中缺少了环保影响评估报告。根据《行政许可法》第32条第4款的规定，该市环保局在五日内书面通知了李某，明确指出缺少环保影响评估报告，并要求其在规定时间内补正。李某随后按照要求补齐了相关材料，该市环保局依法受理了他的行政许可申请。

案例解读

党的二十大报告强调"扎实推进依法行政"，对转变政府职能、深化行政执法体制改革、强化行政执法监督机制和能力建设等作出重点部署、提出明确要求，为新时代法治政府建设提供了根本遵循。

上述典型案例展示了依法行政在公共管理和服务中的重要性。某市环保局的做法不仅体现了行政机关的严格执法，也展现了其对申请人权益的尊重和保护。通过依法告知和补正程序，不仅提高了行政效率，也确保了行政许可的公正性和合法性。领导干部尊法守法在行政许可过程中发挥着重要作用，应知晓行政许可办理的具体内容，做到依法行政。依法行政不仅是法治建设的核心要求，也是提升政府治理能力和水平的必由之路。只有领导干部带头尊法守法，才能推动全社会形成尊法学法守法用法的良好氛围，共同建设法治社会。

习近平法治思想指引

要紧紧抓住全面依法治国的关键环节，完善立法体制，提高立法质量。要推进严格执法，理顺执法体制，完善行政执法程序，全面落实行政执法责任制。

——《加强党对全面依法治国的领导》，载《求是》2019年第4期。

重点法条

> 《行政许可法》第三十四条　行政机关应当对申请人提交的申请材料进行审查。
>
> 申请人提交的申请材料齐全、符合法定形式，行政机关能够当场作出决定的，应当当场作出书面的行政许可决定。
>
> 根据法定条件和程序，需要对申请材料的实质内容进行核实的，行政机关应当指派两名以上工作人员进行核查。

条文解读

本条是关于行政机关对行政许可申请材料进行审查和调查程序的规定。本条涉及行政许可的重要程序性规定，要求行政机关从形式审查和实质审查两个方面审查材料，是《行政许可法》的重要内容之一。本条强调了行政机关在审查申请材料时的职责和程序，确保了行政许可制度的公正、透明和高效。

典型案例

香港A公司因接受境外委托方委托去某地临时执行审计业务，于2020年4月20日在"财政会计行业管理系统"上传相关材料，向某市财政局申请办理境外会计师事务所临时执行审计业务许可。经审查，该市财政局发现A公司报送材料不齐全不完整，并于第一时间与A公司相关工作人员取得联系，一次性告知还需补充完善的材料，退回申请人材料。申请人于2020年4月22日再次上传经修改完善的材料，经审查，申请材料齐全，符合法定形式。根据《行政许可法》第32条的规定，该市财政局于2020年4月

22 日向申请人出具行政许可受理通知书,予以受理,办理许可证业务。该市财政局于 2020 年 4 月 23 日依法出具《某市财政局关于同意 A 公司来内地临时执行审计业务的批复》和《境外会计师事务所临时执行审计业务许可证》。

‖ 案例解读 ‖

习近平总书记指出,要规范行政许可等活动,提高依法行政能力和水平。行政机关依法对行政相对人申请的行政许可材料进行核查,如若行政相对人提交的申请材料在形式要件与实质要件上均同时符合《行政许可法》第 34 条的规定,行政机关应当依法予以行政许可。

上述案例中,某市财政局正是通过依法核查的方式实施行政许可。审查行政许可材料是行政许可流程中的核心环节,它涉及对申请人提交的各类文件、资料的系统性、规范性和实质性审核。这个过程旨在确保申请人满足获得行政许可的所有法定条件和标准,从而维护行政秩序。审查行政许可材料的目的是多方面的。一方面,通过审查可以确认申请人是否具备从事特定活动或行业的法定资格和条件,例如,对于医疗、法律或金融等高度专业化的领域,审查能够确保从业者具备必要的专业知识和技能。另一方面,审查也有助于防止不合格或不合规的申请人进入市场,从而保护消费者和其他市场参与者的利益。

在审查过程中,行政机关通常会关注申请材料的完整性、准确性和合法性。完整性要求申请人提交所有必要的文件和资料,以支持其申请;准确性则强调这些文件和资料的内容必须真实、无误,不得存在虚假或误导性信息;合法性则是指申请材料必须符合相关法律、法规和政策的规定。

‖ 习近平法治思想指引 ‖

国务院和地方各级人民政府作为国家权力机关的执行机关,作为国家行政机关,负有严格贯彻实施宪法和法律的重要职责,要规范政府行为,切实做到严格规范公正文明执法。

——习近平:《在首都各界纪念现行宪法公布施行 30 周年大会上的讲话》,北京:人民出版社 2012 年版,第 9 页。

▍重点法条 ▍

《行政许可法》第三十六条　行政机关对行政许可申请进行审查时，发现行政许可事项直接关系他人重大利益的，应当告知该利害关系人。申请人、利害关系人有权进行陈述和申辩。行政机关应当听取申请人、利害关系人的意见。

▍条文解读 ▍

本条是关于直接关系他人重大利益的行政许可审查程序的规定。这一条款充分体现了行政许可制度中的公正、公平和透明原则，旨在保护利害关系人的合法权益，确保行政许可决定的正当性和合理性。理解和适用本条内容应着重考虑以下三个方面：（1）行政机关在审查行政许可申请时，如果发现该行政许可事项直接关系他人的重大利益，有义务及时告知这些利害关系人。（2）申请人、利害关系人享有陈述和申辩权利。在行政许可过程中，申请人和利害关系人有权就行政许可申请提出自己的意见和看法。（3）行政机关必须听取申请人、利害关系人的意见。通过听取各方意见，行政机关可以更加全面地了解行政许可申请的影响和后果，从而作出更加符合实际情况和公共利益的决定。

▍典型案例 ▍

2006年12月，被申请人为第三人颁发了建设用地规划许可证，因该商铺房屋所有权属申请人所有，申请人认为被申请人没有履行告知义务，故向某市政府申请行政复议。该市政府受理该案后，通知商铺的出让人即原开发商作为第三人参加行政复议。申请人认为，被申请人在申请人拥有商铺房屋所有权的情况下，仅根据第三人的申请即将原商业用地改为商住用地，并为第三人颁发了建设用地规划许可证，该行为直接关系申请人重大利益，侵犯了申请人的知情权，属于没有履行告知义务，违反了《行政许可法》第36条的规定，应予撤销。行政复议机关认为，被申请人作出的颁发建设用地规划许可证的具体行政行为合法、适当。行政复议机关维持了该发证行为。

案例解读

习近平总书记强调：依法治国、依法执政、依法行政是一个有机整体，关键在于党要坚持依法执政、各级政府要坚持依法行政。法治国家、法治政府、法治社会相辅相成，法治国家是法治建设的目标，法治政府是建设法治国家的重点，法治社会是构筑法治国家的基础。

行政行为关系他人重大利益在实践中是一个难以定性的问题。上述案例中，申请人认为行政行为关系自身重大利益，但是复议机关和人民法院均认为该行为不会影响申请人重大利益，故驳回了行政复议申请和行政诉讼请求。《行政许可法》第36条是关于行政机关在审查行政许可申请时如何处理涉及他人重大利益情况的重要规定。它确保了利害关系人的及时知情、参与和表达意见的权利，促进了行政许可制度公正、公平和透明运行，但其并不必然影响行政机关的行政行为。

习近平法治思想指引

要坚持把实现好、维护好、发展好最广大人民根本利益作为一切工作的出发点和落脚点，我们的重大工作和重大决策必须识民情、接地气。

——习近平：《在庆祝中国人民政治协商会议成立65周年大会上的讲话》，载《人民日报》2014年9月22日，第2版。

重点法条

《行政许可法》第四十二条　除可以当场作出行政许可决定的外，行政机关应当自受理行政许可申请之日起二十日内作出行政许可决定。二十日内不能作出决定的，经本行政机关负责人批准，可以延长十日，并应当将延长期限的理由告知申请人。但是，法律、法规另有规定的，依照其规定。

依照本法第二十六条的规定，行政许可采取统一办理或者联合办理、集中办理的，办理的时间不得超过四十五日；四十五日内不能办结的，经本级人民政府负责人批准，可以延长十五日，并应当将延长期限的理由告知申请人。

▌▌▌ 条文解读 ▌▌▌

本条是关于行政机关在受理行政许可申请后作出行政许可决定的期限的规定。理解和适用本条内容应着重考虑以下两个方面：（1）对于不能当场作出行政许可决定的情况，行政机关需要自受理行政许可申请之日起20日内作出决定。如果案件复杂或存在其他原因，行政机关可能无法在20日内作出决定，则经本行政机关负责人的批准，可以延长10日。但延长决定必须告知申请人，并且要说明延长的理由。这是为了保障申请人的知情权，同时也体现了行政决策的透明性。（2）对于依照本法第26条规定，行政许可采取统一办理、联合办理或集中办理的情况，办理的时间限制是45日。如果在这个期限内无法完成办理，那么经本级人民政府负责人的批准，可以延长15日。同样，延长决定必须告知申请人，并说明理由。

▌▌▌ 典型案例 ▌▌▌

2019年7月，某矿业公司向某省自然资源厅提出采矿权延续登记申请。2020年3月，某省自然资源厅出具行政事项受理通知书，承诺审批答复时限为14个工作日。但在2020年9月，该省自然资源厅才作出行政事项不予批准通知书，对该矿业公司提出的采矿权延续登记申请不予批准。该矿业公司收到通知书后，向自然资源部申请行政复议，自然资源部于2021年2月作出行政复议决定书，撤销行政事项不予批准通知书。该省自然资源厅于当日收到了行政复议决定书，但仍未在《行政许可法》第42条规定的最长行政许可时限即60日内就采矿权延续登记申请作出答复决定，故该矿业公司诉至法院。

▌▌▌ 案例解读 ▌▌▌

行政许可一般期限的设定，不仅是对行政机关行使权力的一种约束，防止行政权力的滥用和拖延行使，同时也是对行政相对人合法权益的一种保障，确保其在合理的时间内获得行政许可的结果。从更宏观的角度看，行政许可的一般期限反映了现代国家治理体系中的效率原则。在复杂多变的社会经济环境中，行政机关需要及时、有效地作出决策，以回应社会需求和维护公共利益。行政许可期限的明确，有助于推动行政机关提高工作效率，减少不必要的行政成本，从而更好地服务于社会和经济发展。

上述案例中，某省自然资源厅未在法律规定的期限内作出行政许可，侵害了行政相对人的合法权益，使其可预期结果落空。领导干部在实践中应当严格遵守法律规定，监督行政机关在法定期间办结行政许可，避免对行政相对人造成不必要的侵害。

‖ 习近平法治思想指引 ‖

合理配置宏观管理部门职能，深入推进简政放权，完善市场监管和执法体制，改革自然资源和生态环境管理体制，强化事中事后监管，完善公共服务管理体制，提高行政效率。

——《中共中央举行党外人士座谈会和民主协商会》，载《人民日报》2018年3月2日，第1版。

‖ 重点法条 ‖

《行政许可法》第四十六条　法律、法规、规章规定实施行政许可应当听证的事项，或者行政机关认为需要听证的其他涉及公共利益的重大行政许可事项，行政机关应当向社会公告，并举行听证。

‖ 条文解读 ‖

本条是关于行政机关主动举行听证的行政许可事项的规定。理解和适用本条内容应着重考虑以下两个方面：（1）本条明确了两种情况下应当举行听证。一是法律、法规、规章规定实施行政许可应当听证的事项。行政机关在作出行政许可决定之前必须举行听证。二是行政机关认为需要听证的其他涉及公共利益的重大行政许可事项。行政机关在处理其他涉及公共利益的重大行政许可事项时，如果认为有必要进行听证，则可以主动举行听证。（2）本条规定了听证程序的基本要求。一是行政机关应当向社会公告。在决定举行听证之后，行政机关应当通过适当的方式向社会公众发布公告，告知听证的时间、地点、事项等相关信息，以便公众了解并参与听证。二是举行听证。在公告发布后，行政机关应当按照规定的程序和要求举行听证会，听取各方意见和建议，确保行政许可决定的公正性和合理性。

▌典型案例▌

2008年3月，原告邱某、黄某、曾某诉称，他们在购买××花园商场时，××公司承诺赠送夹层，但交房后发现夹层被计入建筑面积并要求支付巨额面积差价款。他们认为规划调整未举行听证，且该公司未就规划调整内容告知原告并征得同意，因此请求撤销批复及其所核定的施工图。被告××市规划局答辩称，该批复是为了让业主尽快办理房屋产权，在开发商承诺已向业主告知且无异议的前提下作出的，批复内容符合法规规定，且未对原告造成重大影响，因此未举行听证不违反法律规定。法院经审理认为，被告未依法举行听证即作出本案被诉的批复，在程序上存在错误。

▌案例解读▌

上述案例凸显了行政许可制度中行政机关主动举行听证的重要性，特别是涉及土地规划和房地产开发等领域时，行政机关在作出决策时，应严格遵守法定程序，确保各方利益得到充分考量和保护。行政机关在实施行政许可的过程中主动举行听证，不仅是法律程序上的要求，更是现代法治精神的具体体现。它确保了行政决策的公正性、透明性和民主性，从而能够有效维护公民、法人和其他组织的合法权益。同时，举行听证也有助于提升行政机关的公信力和执行力，因为通过公开、透明的程序，行政机关的决策更容易获得公众的认同和支持。此外，举行听证还能在一定程度上预防和化解行政争议，维护社会的和谐稳定。因此，行政机关在实施行政许可的过程中主动举行听证，对于推进依法行政、建设法治政府、实现社会公平正义具有深远的意义。

▌习近平法治思想指引▌

各级政府要以保证民法典有效实施为重要抓手推进法治政府建设，把民法典作为行政决策、行政管理、行政监督的重要标尺，不得违背法律法规随意作出减损公民、法人和其他组织合法权益或增加其义务的决定。

——习近平：《充分认识颁布实施民法典重大意义 依法更好保障人民合法权益》，载《求是》2020年第12期。

重点法条

《行政许可法》第四十八条　听证按照下列程序进行：

（一）行政机关应当于举行听证的七日前将举行听证的时间、地点通知申请人、利害关系人，必要时予以公告；

（二）听证应当公开举行；

（三）行政机关应当指定审查该行政许可申请的工作人员以外的人员为听证主持人，申请人、利害关系人认为主持人与该行政许可事项有直接利害关系的，有权申请回避；

（四）举行听证时，审查该行政许可申请的工作人员应当提供审查意见的证据、理由，申请人、利害关系人可以提出证据，并进行申辩和质证；

（五）听证应当制作笔录，听证笔录应当交听证参加人确认无误后签字或者盖章。

行政机关应当根据听证笔录，作出行政许可决定。

条文解读

本条是关于行政许可听证程序的具体规定。理解和适用本条内容应着重考虑以下三个方面：（1）在行政许可决策过程中，行政机关通过举行听证，让申请人、利害关系人有机会陈述意见、提出证据并进行申辩和质证，确保他们在行政决策中的参与权和表达权。（2）听证应当公开举行，除非有法定理由需要保密。同时，通过公告、通知等方式，确保申请人、利害关系人能够及时知晓和参与听证，增强行政决策的透明度和公信力。（3）行政机关在作出行政许可决定时，应当根据听证笔录充分考虑和采纳听证会上的合理意见和建议。这体现了行政机关在决策过程中必须遵循法律、法规和规章的规定，确保行政决策的合法性和正当性。

典型案例

2015年1月，某县国土资源局就徐某涉嫌在非法占用土地上新建建筑物的相关情况进行询问调查。2015年5月14日，该县国土资源局作出行政处罚告知书、行政处罚听证告知书，告知徐某拟作出的行政处罚类型、处罚幅度以及所依据的违法事实、法律依据,并告知徐某享有陈述、申辩和听证的权利。2015年5月15日,徐某向该县国土资源局提交听证申请书申请听证。2015年6月5日,该县国土资源局在其办公大楼三楼会议室举行听证,并形成听证笔录,该听证笔录所记载的内容显示:该县国土资源局在听证过程中没有出示拟作出行政处罚所依据的证据。

案例解读

依法行政是各级政府活动的基本准则,是全面依法治国的关键,必须牢牢把握坚持党的全面领导、坚持以人民为中心、坚持问题导向、坚持改革创新、坚持统筹推进等重要原则,以更高标准、更大力度扎实推进。习近平总书记指出:"必须牢牢把握社会公平正义这一法治价值追求,努力让人民群众在每一项法律制度、每一个执法决定、每一宗司法案件中都感受到公平正义。"

上述案例是行政许可制度中听证程序的实践体现,行政机关通过制作听证笔录,充分发挥法律程序的规范作用,确保程序正义价值得以实现。《行政许可法》第48条关于听证程序的规定在宏观层面体现了程序正义、公开透明和依法行政等行政法治的核心理念和原则,对于推进我国行政法治建设具有重要意义。

习近平法治思想指引

要坚持以人民为中心,坚持从实际出发,坚持尽力而为、量力而行,以规范的程序、科学的决策维护重大公共利益、维护人民合法权益,促进社会公平正义,不断增强人民群众获得感、幸福感、安全感。

——《完善法治建设规划提高立法工作质量效率
为推进改革发展稳定工作营造良好法治环境》,
载《人民日报》2019年2月26日,第1版。

重点法条

《行政许可法》第五十三条　实施本法第十二条第二项所列事项的行

政许可的,行政机关应当通过招标、拍卖等公平竞争的方式作出决定。但是,法律、行政法规另有规定的,依照其规定。

行政机关通过招标、拍卖等方式作出行政许可决定的具体程序,依照有关法律、行政法规的规定。

行政机关按照招标、拍卖程序确定中标人、买受人后,应当作出准予行政许可的决定,并依法向中标人、买受人颁发行政许可证件。

行政机关违反本条规定,不采用招标、拍卖方式,或者违反招标、拍卖程序,损害申请人合法权益的,申请人可以依法申请行政复议或者提起行政诉讼。

‖ 条文解读 ‖

本条是关于通过招标、拍卖作出行政许可决定的规定。理解和适用本条内容应着重考虑以下两个方面:(1)行政机关应当采用招标、拍卖等公平竞争的方式对"本法第十二条第二项所列事项"作出行政许可决定。公共资源的有限性决定了必须限制其开发与使用数量。(2)行政机关通过招标、拍卖等方式作出行政许可决定应当遵循相关法定程序,不得损害申请人的合法权益。虽然本法没有对具体程序作规定,但行政机关在具体实施过程中应当按照《中华人民共和国招标投标法》《中华人民共和国拍卖法》和其他相关法律、行政法规的规定办理,择优选择从事上述行政许可事项活动的申请人,并依法作出准予行政许可的决定以及颁发行政许可证件。

‖ 典型案例 ‖

2018年7月4日,金某、张某竞得A省B市公共资源交易中心于2018年6月4日挂牌出让的国有建设用地使用权,并与该市公共资源交易中心签订了成交确认书。2018年7月9日,金某、张某向该市C县商务粮食局提交新建竞得地块的加油站经营资格申请。7月11日,C县商务粮食局以曾某、陶某已于2018年1月26日分别向其提交该地段加油站项目新建申报表,同年2月5日A省商务厅在该表上签署同意,且规划确认文件仍处于有效期为由,对金某、张某的申请不予受理。金某、张某为此提起行政复议。

▌案例解读 ▐

　　习近平总书记指出："我们推动经济社会发展，归根到底是为了不断满足人民群众对美好生活的需要。"行政机关的工作应当聚焦群众所急所需所盼，领导干部应当立足于人民的发展行使行政审批等权力。在上述案例中，行政机关的行政许可因其效力存续而对金某的合法权益可能造成不利影响，限制其参与公平竞争，金某享有申请另行发放行政许可证件或者要求行政机关重新审查原行政许可文件是否仍应保持效力的权利。

　　习近平总书记强调："人民是我们党执政的最深厚基础和最大底气。为人民谋幸福、为民族谋复兴，这既是我们党领导现代化建设的出发点和落脚点，也是新发展理念的'根'和'魂'。只有坚持以人民为中心的发展思想，坚持发展为了人民、发展依靠人民、发展成果由人民共享，才会有正确的发展观、现代化观。"

▌习近平法治思想指引 ▐

　　"天下之事，不难于立法，而难于法之必行。"推进法治体系建设，重点和难点在于通过严格执法、公正司法、全民守法，推进法律正确实施，把"纸上的法律"变为"行动中的法律"。

　　——习近平：《坚持走中国特色社会主义法治道路 更好推进中国特色社会主义法治体系建设》，载《求是》2022年第4期。

▌重点法条 ▐

《行政许可法》第五十五条　实施本法第十二条第四项所列事项的行政许可的，应当按照技术标准、技术规范依法进行检验、检测、检疫，行政机关根据检验、检测、检疫的结果作出行政许可决定。

　　行政机关实施检验、检测、检疫，应当自受理申请之日起五日内指派两名以上工作人员按照技术标准、技术规范进行检验、检测、检疫。不需要对检验、检测、检疫结果作进一步技术分析即可认定设备、设施、产品、物品是否符合技术标准、技术规范的，行政机关应当当场作出行政许可决定。

> 行政机关根据检验、检测、检疫结果，作出不予行政许可决定的，应当书面说明不予行政许可所依据的技术标准、技术规范。

条文解读

本条是关于根据检验、检测、检疫结果作出行政许可决定的具体程序的规定。理解和适用本条内容应着重考虑以下三个方面：（1）检验、检测、检疫的主体既可以是行政许可机关，也可以是符合法定条件的专业技术组织，但都需要依照技术标准和技术规范依法进行，并对检验、检测、检疫的结果负责。行政机关作出的行政许可决定应当以检验、检测、检疫的结果为依据。（2）检验、检测、检疫应当注意时限，保证效率。本条规定行政机关实施检验、检测、检疫，应当自受理申请之日起5日内指派2名以上工作人员按照技术标准和技术规范进行检验、检测、检疫。不需要通过检验、检测、检疫进行技术分析的应当当场作出行政许可决定。（3）行政机关对不予行政许可进行书面说明可与本法第38条关联。说明理由作为行政程序的一项制度，在保持公众对政府的信任、倒逼行政机关慎重地作出决定，以及保护行政相对人的合法权益等方面有着重要的意义。

典型案例

××药业有限公司于2015年2月10日向××区食品药品监督管理局提出婴幼儿配方乳粉生产许可证换证申请。该区食品药品监督管理局受理后于2015年5月4日作出不予食品生产许可决定，且未说明不予许可的理由，也未单独以书面形式向该公司告知不予许可的理由。××药业有限公司遂申请行政复议。

案例解读

党的十八大以来，以习近平同志为核心的党中央高度重视保障人民群众生命财产安全工作，作出一系列重要指示和工作部署。检验、检测、检疫与人民的生命健康、财产安全有着密切的联系，行政机关应当对自己作出的行政许可决定负责，积极监督被许可事项按照法律、法规的要求，符合标准、保证质量地进行，切实保障人民群众的正当利益。

上述案例中，××区食品药品监督管理局在作出不予食品生产许可决定时，应当告知申请人不予许可的理由，以便申请人知晓所提出的申请存在的问题并加以改正，充分保障申请人的合法权益。行政机关在发放行政许可证前，应当严格把关行政许可申请人提交的检疫材料是否符合法律、法规的标准，应当对形式和内容都进行合法性审查。

重点法条

《行政许可法》第五十七条　有数量限制的行政许可，两个或者两个以上申请人的申请均符合法定条件、标准的，行政机关应当根据受理行政许可申请的先后顺序作出准予行政许可的决定。但是，法律、行政法规另有规定的，依照其规定。

条文解读

本条是关于行政机关依据何种顺序对有数量限制的行政许可作出准予许可决定的规定。理解和适用本条内容应着重考虑以下两个方面：（1）行政机关作出行政许可决定必须遵循公平公正原则。有数量限制的行政许可是由于客观条件的限制，对申请人取得许可进行限额的行政许可实施办法。行政机关必须在严格审定申请人的申请是否符合法定条件后按照申请的先后顺序作出准予行政许可的决定，不得以申请者的条件更优或需要特别照顾为由违背公平公正原则，对于遵循择优原则和照顾原则作出行政许可决定的，应当有法律或者行政法规的依据。（2）行政机关作出行政许可决定遵循比例原则。行政许可机关对有数量限制的行政许可有较大自由裁量的余地，因此应当审慎用权，制定科学的裁量标准，避免损害行政相对人的合法权益。

典型案例

2020年1月，××商贸有限公司向××市商务局提交××市新建加油站（点）重新申报表，××市商务局于2020年2月准予××公司取得成品油零售经营资格行政许可审批。但是，中石油A分公司在2018年6月25日就同一地点已经向××市××区商务局进行了新建加油站的申报，并于

2018年6月28日、29日就已经分别获得了区、市两级商务部门的审批同意。中石油A分公司认为××市商务局的行为损害了自己的权益，故而提起诉讼。经法院审理认为，××市商务局向第三人颁发成品油零售经营批准证书的行政行为事实不清、证据不足，程序严重违法，依法应予撤销。

‖ 案例解读 ‖

习近平总书记多次强调：深化简政放权、放管结合、优化服务改革。构建全国统一大市场，深化要素市场化改革，建设高标准市场体系。完善产权保护、市场准入、公平竞争、社会信用等市场经济基础制度，优化营商环境。

上述纠纷是行政机关在处理符合法定条件、标准的多个申请时，未根据受理行政许可申请的先后顺序作出准予行政许可的决定所致。案例中，××市商务局将涉案行政许可证书颁发给××公司的行为损害了中石油A分公司的在先申请权益，违反了本条规定。行政机关作出行政许可时必须严格遵循法定程序，在各个环节严格把关。领导干部应当对各项行政事宜予以严谨的监督检查，时刻警惕悬在头顶上方的代表公正合法的"达摩克利斯之剑"。

‖ 习近平法治思想指引 ‖

加快建立以权利公平、机会公平、规则公平为主要内容的社会公平保障体系，保证人民平等参与、平等发展权利。深入推进司法体制改革，努力让人民群众在每一项法律制度、每一个执法决定、每一宗司法案件中都感受到公平正义。

——习近平：《推进中国式现代化需要处理好若干重大关系》，载《求是》2023年第19期。

‖ 重点法条 ‖

《行政许可法》第六十条　上级行政机关应当加强对下级行政机关实施行政许可的监督检查，及时纠正行政许可实施中的违法行为。

▎条文解读 ▎

本条是关于上级行政机关对下级行政机关实施行政许可进行监督检查的规定。理解和适用本条内容应着重考虑以下两个方面：（1）行政机关内部监督问题不属于行政诉讼受案范围。在涉及本条的行政案件中，行政相对人以本条为依据要求上级行政机关履行内部层级监督职责，对下级行政机关的行为予以纠正，实际上对申请人的权利义务不产生实际影响，不属于人民法院行政诉讼受案范围。（2）上级行政机关应当及时纠正下级行政机关违法作出行政许可决定的行为。行政机关内部监督对行政的政治方向和对行政政策的贯彻执行具有重要的保证作用，上级行政机关应当通过层级监督，保证下级行政机关正确地行使行政权力，保护公民、法人和其他组织的合法权益以及国家的整体利益。

▎典型案例 ▎

2019年7月，A市住建局收到裴某全提交的核查申请书（二），要求A市住建局对某公司取得的建设用地规划许可证、建设工程规划许可证的合法性进行核查。2019年8月，A市住建局对裴某全的核查申请作出《关于裴某全及委托代理人裴某良核实申请书的答复》，认为工业园区管委会规划建设局给某公司颁发建设用地规划许可证和建设工程规划许可证的审批依据和程序均合法有效。裴某全不服该答复，向A市政府申请行政复议。A市政府认为裴某全的复议请求于法无据，不予支持。

▎案例解读 ▎

习近平总书记指出："要加强省市县乡四级全覆盖的行政执法协调监督工作体系建设，强化全方位、全流程监督，提高执法质量。"行政权力具有扩张性、裁量性和侵犯性，因而较容易被滥用。权力如果没有受到制约和监督，就容易被滥用、滋生腐败。行政机关及其领导干部应当恪尽职守，积极履行法定职责，并加强内部监督与外部监督，切实践行"把权力关进制度的笼子"。

上述案例中，A市住建局对工业园区管委会规划建设局实施的行政许可具有监督检查的法定职责。A 市住建局依裴某全的申请实施监督检查，并将监督检查情况和结果告知裴某全，属于履行监督检查的法定职责。上级行政机关作为下级行政机关的职能监督部门，应当切实履行监督职责，规范下级行政机关的行权行为。

||| 重点法条 |||

《行政许可法》第六十一条　行政机关应当建立健全监督制度，通过核查反映被许可人从事行政许可事项活动情况的有关材料，履行监督责任。

行政机关依法对被许可人从事行政许可事项的活动进行监督检查时，应当将监督检查的情况和处理结果予以记录，由监督检查人员签字后归档。公众有权查阅行政机关监督检查记录。

行政机关应当创造条件，实现与被许可人、其他有关行政机关的计算机档案系统互联，核查被许可人从事行政许可事项活动情况。

||| 条文解读 |||

本条是关于行政机关建立健全监督制度、履行对被许可人监督责任的规定。理解和适用本条内容应着重考虑以下三个方面：（1）行政机关依法对被许可人从事行政许可事项的活动进行监督检查时，应当遵循相应的规则。首先，将监督检查的情况和处理结果予以记录，由监督检查人员签字后归档。被监管人员和单位有权查阅本人陈述部分的记录，提出修改、补充或者更正意见。其次，当事人有权要求行政机关将监督检查活动的情况记录在卷，并建立档案。（2）行政机关在应用计算机档案系统互联设备进行行政监督检查时，应当遵守有关行政权力运行的基本法律原则。若行政机关应用计算机档案系统互联设备进行行政监督检查时出现错误的，当事人有权要求行政机关改正。（3）本条可与本法第62条、第66条、第67条、第68条关联适用。

||| 典型案例 |||

2010 年 9 月，伍某、杨某与某公司签订商品房买卖合同，于 2011 年 5 月领取房屋所有权证及土地使用权证。后发现该公司违反《商品房销售管理办法》《房屋登记办法》的规定，承诺出售的商铺既可以包租又可以回购，且客观上未进行分隔无法形成独立单元。其认为，A 区住建局给该公司开发的商品房发放房屋销售许可证后，未按照《行政许可法》第 61 条的规定履行监督职责，造成大量购房人上当受骗，购买了违法违规的商铺，遂提起行政诉讼。经法院审理认为，伍某、杨某与被诉不履职行为无利害关系，其起诉不符合行政诉讼的起诉条件，依法应予驳回。

▎案例解读 ▎

行政许可机关对被许可人有无履行监督职责以及如何履行监督职责，并不直接对与被许可人之间存在权利冲突和市场纠纷的主体的合法权益产生实质性影响。上述案例中，伍某、杨某与被诉不履职行为无利害关系，其起诉不符合行政诉讼的起诉条件。

在司法实践中，因上级机关履行监督职能不力而产生的争诉很多，但是，由于行政机关的内部监督问题不属于行政诉讼的受案范围，所以行政相对人提出的"监督履职"问题得不到满意的解决，人民对政府的信任受到了打击。一方面，规范行政执法权是依法行政的关键所在。领导干部应当关注该问题，有效解决该问题。另一方面，行政机关在进行监督检查时，应当规范行权，将监督检查的全过程做好记录并归档，做到行权"有迹可循"。

▎习近平法治思想指引 ▎

党中央职能部门、办事机构、派出机关要带头坚持党中央集中统一领导，带头执行党的路线方针政策，立足职责定位，加强协调配合，更好发挥作用。

——习近平：《深化党和国家机构改革 推进国家治理体系和治理能力现代化》，载《求是》2023 年第 14 期。

▎重点法条 ▎

《行政许可法》第六十九条　有下列情形之一的，作出行政许可决定的行政机关或者其上级行政机关，根据利害关系人的请求或者依据职权，可以撤销行政许可：

（一）行政机关工作人员滥用职权、玩忽职守作出准予行政许可决定的；

（二）超越法定职权作出准予行政许可决定的；

（三）违反法定程序作出准予行政许可决定的；

（四）对不具备申请资格或者不符合法定条件的申请人准予行政许可的；

（五）依法可以撤销行政许可的其他情形。

被许可人以欺骗、贿赂等不正当手段取得行政许可的，应当予以撤销。

依照前两款的规定撤销行政许可，可能对公共利益造成重大损害的，不予撤销。

依照本条第一款的规定撤销行政许可，被许可人的合法权益受到损害的，行政机关应当依法给予赔偿。依照本条第二款的规定撤销行政许可的，被许可人基于行政许可取得的利益不受保护。

‖ 条文解读 ‖

本条是关于行政机关撤销行政许可的规定。理解和适用本条内容应着重考虑以下四个方面：（1）行政机关可以撤销滥用职权、超越职权、违反法定程序、资格条件缺陷时以及其他依法可以撤销情形下作出的行政许可决定。滥用职权通常表现为行使权力不符合法律授权的目的，或者不是出于公共利益目的，而是出于私利。超越职权主要表现为行政机关行使了法律、法规没有赋予的行政许可权，或者逾越法律、法规对职权以外的许可事项作出处理。（2）对于被许可人以欺骗、贿赂等不正当手段取得行政许可的情形，行政机关没有自由裁量权，应当撤销行政许可。其中"欺骗"包括申请人故意隐瞒真实情况或者提供虚假材料。（3）对于撤销行政许可可能对公共利益造成重大损害的，行政机关不得作出撤销的决定。（4）行政机关撤销行政许可带来的损失，可以适用民法的过错责任原则来负担。

‖ 典型案例 ‖

1998年5月，A镇人民政府（后并入B镇人民政府）向胡某核发了A

镇农、居民建房用地许可证。2021年4月，B镇人民政府以胡某户的建房用地许可既超过建房当时的用地标准，也不符合现行的村民建房用地规定为由，决定撤销向胡某核发的A镇农、居民建房用地许可证。胡某不服，诉至法院。经法院审理认为，被告根据相关法律规定作出被诉撤销决定，认定事实清楚，程序合法准确，并无不当。

案例解读

习近平总书记指出："要规范行政许可、行政处罚、行政强制、行政征收、行政收费、行政检查、行政裁决等活动，提高依法行政能力和水平，依法严肃处理侵犯群众合法权益的行为和人员。"

上述典型案例中，胡某的建房用地许可既超过了建房当时的用地标准，也不符合现行的村民建房用地规定，B镇人民政府对该项不符合法定条件的许可予以撤销属于正当的履职行为。但是，行政许可既应允许符合条件的自我纠错，同时也应兼顾对行政相对人信赖利益的保护。如果行政相对人因行政许可行为已经实施了建房行为，付出了建筑材料成本，则撤销机关应当依法予以赔偿。在行政执法的实际过程中，领导干部既要积极履职，对于不符合法定要求的行政许可予以合法处理，同时也要积极关注行政执法的"余威"，切实保障行政相对人的合法权益。

重点法条

《行政许可法》第七十条　有下列情形之一的，行政机关应当依法办理有关行政许可的注销手续：

（一）行政许可有效期届满未延续的；

（二）赋予公民特定资格的行政许可，该公民死亡或者丧失行为能力的；

（三）法人或者其他组织依法终止的；

（四）行政许可依法被撤销、撤回，或者行政许可证件依法被吊销的；

（五）因不可抗力导致行政许可事项无法实施的；

（六）法律、法规规定的应当注销行政许可的其他情形。

条文解读

本条是关于行政机关办理行政许可注销手续的规定。理解和适用本条内容应着重考虑以下五个方面：(1)行政许可证超过有效期限。行政机关颁发的行政许可证有时间限制，在有效期限内被许可人享有权利，超过有效期限，行政许可证没有法律效力，应当注销。(2)公民死亡或者丧失行为能力。行政机关在一些领域颁发的许可证与许可证持有者的特定身份有直接的关联，死亡或丧失行为能力后，其职业无法由他人代理，只能由行政许可机关予以注销。(3)法人或者其他组织依法终止。在此类情形下，如有承袭其权利义务的新法人或组织，则仍然需要继续持有行政许可证，其应当向行政许可机关以自己的名义提出申请，由行政许可机关决定是否予以行政许可。(4)行政许可被撤销、撤回、吊销。撤销行政许可通常是被许可人在获得行政许可过程中违法所致；行政许可实施过程中因客观因素而使行政许可无法继续发挥效力，则需撤回该行政许可；吊销行政许可是被许可人获得行政许可后违法所致。(5)不可抗力事由。不可抗力事由主要是指大的自然灾害、战争等。

典型案例

2017年殷某报名参加当年国家司法考试，并填制2017年国家司法考试报名表，承诺无《国家司法考试实施办法》规定的不能报名参加考试的情形，所填内容属实，提供材料真实，并承担相应法律后果。司法部发现某区监察局于2016年6月给予了殷某开除公职处分。2020年1月，司法部决定撤销授予殷某法律职业资格的决定，收回、注销其法律职业资格证书。殷某不服，提起本案诉讼。经法院审理认为，因殷某存在隐瞒被开除公职的事实、提供虚假证明材料骗取报名并获得法律职业资格的行为，司法部通过作出被诉撤销决定，撤销授予殷某法律职业资格的决定，收回、注销其法律职业资格证书，认定事实清楚、证据确凿，适用法律正确，符合法定程序。

案例解读

习近平总书记强调，"全面依法治国最广泛、最深厚的基础是人民，必须坚持为了人民、依靠人民。要把体现人民利益、反映人民愿望、维护人民权益、增进人民福祉落实到全面依法治国各领域全过程"。各级行政机关必须依法行使行政权力，贯彻人民意志，履行人民重托。

行政许可的延续与行政许可的取得不同，其重点审查的是许可存续期间各项资质、条件是否符合法律法规的规定，只有合法存续才可进行合法延续。上述典型案例中，殷某在参加2017年国家司法考试过程中，存在隐瞒曾被开除公职的情况，属于以欺骗、贿赂等不正当手段取得法律职业资格，根据本法第69条第2款之规定，应当予以撤销。根据本条第4项规定，司法部应当依法注销殷某取得的法律职业资格证书。

‖ 重点法条 ‖

> 《行政许可法》第七十一条　违反本法第十七条规定设定的行政许可，有关机关应当责令设定该行政许可的机关改正，或者依法予以撤销。

‖ 条文解读 ‖

本条是关于规范性文件违法设定行政许可的法律责任的规定。理解和适用本条内容应着重考虑以下两个方面：（1）本法第14条、第15条、第17条通过授权性规定与禁止性规定相结合的方式确定了行政许可设立权制度。其中，第14条、第15条对行政许可的设定作出授权性规定，第17条专门规定了禁止性义务来维护上述两条规定。（2）本条规定了"责令改正"和"依法予以撤销"两类法律责任。其中，作出"责令改正"和"依法予以撤销"的主体应当是对设定行政许可的机关有监督权的各类机关。

‖ 典型案例 ‖

2014年9月，由A村委会代理A村部分村民与于某锋、于某江、郑某签订A村农村土地承包经营流转合同。2014年12月，被告B县政府向郑某经营的B县某家庭农场颁发农村土地经营权证，该证涉及的土地包括原告赵某依法从B县A村村民处转包的土地。赵某申请撤销B县政府为郑某颁发诉争农村土地经营权证的行政行为。B县政府认为其颁证的行为属"行政许可"，具有本法第 69 条、第 71 条规定的情形方可撤销。双方就此形成争议。经法院审理，判决撤销 B 县政府向郑某颁发的农村土地经营权证。

‖ 案例解读 ‖

党的二十大报告对"扎实推进依法行政"作出重要部署，提出新的更高要求，为新时代法治政府建设指明了前进方向、擘画了行动指南。领导干部应牢牢锚定法治政府建设的目标任务，用更高的标准、更大的力度扎实推进依法行政。

上述案例中，诉争"A 村农村土地承包经营流转合同"系承包方与农村土地承包经营权流转受让方之间签订，且约定承包经营权流转期限为 8 年，是有期限的流转土地承包经营权而非直接承包土地或整体转让承包经营权，应适用 2009 年版《中华人民共和国土地承包法》第 37 条关于"采取转包、出租、互换或者其他方式流转的，应当报发包方备案"的规定，向发包方备案而无须县级人民政府再行颁证确认。B 县政府辩称该颁证行为属"行政许可"，依当时《行政许可法》的规定撤销，其应提供该行为属"行政许可"的相应规范性依据。

‖ 习近平法治思想指引 ‖

对一切侵犯群众合法权利的行为，对一切在侵犯群众权益问题上漠然置之、不闻不问的现象，都必须依纪依法严肃查处、坚决追责。

——习近平：《坚定不移走中国人权发展道路 更好推动我国人权事业发展》，载《求是》2022 年第 12 期。

‖ 重点法条 ‖

《行政许可法》第七十二条　行政机关及其工作人员违反本法的规定，有下列情形之一的，由其上级行政机关或者监察机关责令改正；情节严重的，对直接负责的主管人员和其他直接责任人员依法给予行政处分：

（一）对符合法定条件的行政许可申请不予受理的；

（二）不在办公场所公示依法应当公示的材料的；

（三）在受理、审查、决定行政许可过程中，未向申请人、利害关系人履行法定告知义务的；

（四）申请人提交的申请材料不齐全、不符合法定形式，不一次告知申请人必须补正的全部内容的；

（五）违法披露申请人提交的商业秘密、未披露信息或者保密商务信息的；

（六）以转让技术作为取得行政许可的条件，或者在实施行政许可的过程中直接或者间接地要求转让技术的；

（七）未依法说明不受理行政许可申请或者不予行政许可的理由的；

（八）依法应当举行听证而不举行听证的。

条文解读

本条是关于对行政机关及其工作人员违反法定程序实施行政许可的处理的规定。理解和适用本条内容应着重考虑以下三个方面：（1）本条规定的行政机关违反法定程序的各类情形可与本法其他条文关联适用。（2）本条新增部分表明，我国重视对行政机关在实施行政许可过程中违法披露申请人提交的涉密信息行为的打击，以及对专利技术的保护。行政机关必须依法保护行政相对人的合法权益，严格保守申请人提交的涉密信息，维护当事人的专利技术权益。（3）行政机关工作人员及领导干部应当避免官僚主义作风引起的违法行为。违反本条，通常而言主观恶意和违法行为带来的实际后果都相对较轻，主要是行政人员思想松懈，作风不淳所致，对这些违法行为给予的处分基本限于行政处分的范围。

典型案例

2016年11月，A市住建局依法向第三人市城管局核发了建设用地规划许可证，该建设用地规划许可证的地址为原告樊某、肖某在A市某广场某期购买的商铺范围内。但A市住建局在作出规划许可具体行政行为时未听取樊某、肖某的陈述、申辩，也未召开听证。2017年1月，两原告的房屋被拆除。樊某、肖某对市住建局的颁证行为不服向市政府申请复议，市政府受理后作出维持市住建局颁证行为的复议决定。两原告不服提起行政诉讼。经法院审理认为，虽然核发该许可证存在程序违法的情形，但撤销该许可证会给国家利益和社会公共利益造成重大损害，不符合撤销条件。

‖ 案例解读 ‖

《行政许可法》第36条规定："行政机关对行政许可申请进行审查时，发现行政许可事项直接关系他人重大利益的，应当告知该利害关系人。申请人、利害关系人有权进行陈述和申辩。行政机关应当听取申请人、利害关系人的意见。"第47条规定，"行政许可直接涉及申请人与他人之间重大利益关系的，行政机关在作出行政许可决定前，应当告知申请人、利害关系人享有要求听证的权利"。上述案例中，行政机关为第三人核发建设用地规划许可证的行政程序中，未告知两上诉人享有听证的权利，违反了上述法律的规定也违反了本条的规定。

行政许可是市场经济条件下政府管理经济、社会和文化的重要手段，行政许可不规范将抑制市场的生机和活力，为行政权力侵犯公民权益提供了漏洞。

‖ 习近平法治思想指引 ‖

要强化责任意识，知责于心、担责于身、履责于行，敢于直面问题，不回避矛盾，不掩盖问题，出了问题要敢于承担责任。

——《加强政治建设提高政治能力坚守人民情怀 不断提高政治判断力政治领悟力政治执行力》，载《人民日报》2020年12月26日，第1版。

‖ 重点法条 ‖

《行政许可法》第七十四条　行政机关实施行政许可，有下列情形之一的，由其上级行政机关或者监察机关责令改正，对直接负责的主管人员和其他直接责任人员依法给予行政处分；构成犯罪的，依法追究刑事责任：

（一）对不符合法定条件的申请人准予行政许可或者超越法定职权作出准予行政许可决定的；

（二）对符合法定条件的申请人不予行政许可或者不在法定期限内作

出准予行政许可决定的；

（三）依法应当根据招标、拍卖结果或者考试成绩择优作出准予行政许可决定，未经招标、拍卖或者考试，或者不根据招标、拍卖结果或者考试成绩择优作出准予行政许可决定的。

▍条文解读▍

本条是关于实施行政许可过程中行政机关及其直接责任人员存在严重违法行为而应承担法律责任的规定。理解和适用本条内容应着重考虑以下两个方面：（1）适用本条内容应当与本法第72条、第73条的规定进行区别。与第72条相比，二者规制的违法行为不同。与第73条相比，二者的责任主体不同。（2）本条侧重于行政机关在实施行政许可的过程中越权或滥用职权许可的法律责任。本条所列的前两种违法行为都系行政机关在自己的职权范围内应当实施而不实施或者不应实施而实施行政许可的情形，都容易导致严重后果，甚至给公共财产、国家和人民利益造成重大损失。本条列举第3项主要是针对本法第53条、第54条的规定明确法律责任。

▍典型案例▍

某房产公司因建设A市B区某大道南段"新城世纪"项目，已向A市人民防空办公室申请相关行政许可，并于2012年5月缴纳防空地下室易地建设费709 300.65元。后法院查明，A市人民防空办公室工作人员魏某在办理该房产公司等五起防空地下室易地建设审批时，存在滥用职权行为，对魏某滥用职权行为作出了刑事处罚。2018年4月，A市人民防空办公室向该房产公司作出了《人防办关于追缴易地建设费的决定》。该房产公司对此决定不服，提起行政诉讼。法院审理认为，A市人民防空办公室作出的被诉追缴决定认定事实清楚、证据充分、适用法律正确、幅度适当、符合法定程序，故判决驳回原告诉讼请求。

▍案例解读▍

《行政许可法》第49条规定："被许可人要求变更行政许可事项的，应当向作出行政许可决定的行政机关提出申请；符合法定条件、标准的，行政机关应当依法办理变更手续。"被告在作出行政许可前应当向申请人、利害关系人履行法定告知义务，保障申请人陈述、申辩和听证的权利。上述典型案例中，魏某在办理某房产公司等五起防空地下室易地建设审批时滥用职权，承担了相应的刑事责任，符合本条规定。

值得注意的是，行政许可一旦作出，就被推定为合法有效，法律要求相对人对此予以信任和依赖，相对人基于对行政决定的信任和依赖而产生的利益，应当受到保护。行政机关工作人员及其领导干部越权或者滥用职权都明显违背职权法定的原则，会严重冲击国家法律所设定的权力架构和秩序，为维护政府的权威，必须坚决抑制越权滥权，规范行权。

‖ 习近平法治思想指引 ‖

要构建全覆盖的制度执行监督机制，把制度执行和监督贯穿区域治理、部门治理、行业治理、基层治理、单位治理的全过程，坚决杜绝制度执行上做选择、搞变通、打折扣的现象，严肃查处有令不行、有禁不止、阳奉阴违的行为，确保制度时时生威、处处有效。

——习近平：《坚持和完善中国特色社会主义制度推进国家治理体系和治理能力现代化》，载《求是》2020年第1期。

‖ 重点法条 ‖

《行政许可法》第七十六条 行政机关违法实施行政许可，给当事人的合法权益造成损害的，应当依照国家赔偿法的规定给予赔偿。

‖ 条文解读 ‖

本条是关于行政机关违法实施行政许可应当承担赔偿责任的规定。理解和适用本条内容应着重考虑以下三个方面：（1）本条规定的当事人除指行政许可的申请人外，还应包括部分利害关系人。在某些特定的情况下，利害关系人的合法权益因行政机关违法实施行政许可而受损，应当由行政机关依照《国家赔偿法》的有关规定予以赔偿。（2）行政机关违法实施的给当事人的合法权益造成损害的行政许可，包括被撤销的和没有被撤销的。对于违法实施导致被依法撤销的行政许可，撤销后给当事人的合法权益造成损害的，行政机关应当承担赔偿责任。对于当事人被准予从事行政许可事项至生产经营活动结束，自始至终都未被撤销的行政许可，行政机关的法律责任不因行政许可未撤销而免除，仍然需要承担赔偿责任。（3）混合过错下，应依据各方行为与损害结果之间的因果关系合理确定行政机关的赔偿责任。在行政机关违法实施行政许可下，若当事人对其合法权益受到损害的结果也存在过错责任，则应当结合行政机关的违法行为、当事人的过错行为与损害结果之间的因果关系确定双方应当承担的赔偿责任比例，行政机关的部分应当按照《国家赔偿法》的规定给予赔偿。

典型案例

2001年10月，李某、袁某夫妇与干某签订土地承包合同，随后在此承包土地上种植了杉树。2010年1月，李某与袁某协议离婚，82亩杉树归李某所有。2010年6月，袁某因与李某发生财产纠纷，将其夫妻关系存续期间承包的82亩种植杉树出售给范某和黄某后，范某冒充土地承包权人向县林业局提交林木采伐许可申请材料并获得许可。对此，李某以县林业局未经合法审查程序作出下发林木采伐许可证的行政行为违法为由提起诉讼。法院审理认为，县林业局在颁证审查中存在瑕疵，但未违反法定程序，不属于行政违法，故不支持原告请求赔偿的诉讼请求。

案例解读

上述案例中，县林业局在办理涉诉林木采伐许可证时未尽到合理审慎审查义务，应根据其违法行为在损害过程和结果中所起的作用承担相应的赔偿责任。行政机关通常对申请人提交的有关行政许可事项的申请材料的齐备性及合法性负有审查的义务，必要时还应依法对其实质内容进行核查。行政机关及主管人员在行政工作中亦要坚持"当赔则赔、把好事办好"的工作理念，坚持以人民为中心，切实保障赔偿请求人的合法权益，积极回应人民群众不断提高的权利保障需求，进一步推动国家赔偿审判的规范发展，努力让人民群众在每一个司法案件中感受到公平正义。

习近平法治思想指引

各级党组织和领导干部要有很强的责任意识，守土有责、守土负责、守土尽责，无论什么时候，该做的事，知重负重、攻坚克难，顶着压力也要干；该负的责，挺身而出、冲锋在前，冒着风险也要担。

——《完整准确全面贯彻新发展理念 确保"十四五"时期我国发展开好局起好步》，载《人民日报》2021年1月30日，第1版。

重点法条

《行政许可法》第七十七条　行政机关不依法履行监督职责或者监督不力，造成严重后果的，由其上级行政机关或者监察机关责令改正，对直接负责的主管人员和其他直接责任人员依法给予行政处分；构成犯罪的，依法追究刑事责任。

条文解读

本条是关于行政机关对行政许可事项不依法履行监督职责或者监督不力应当承担法律责任的规定。理解和适用本条内容应着重考虑以下两个方面：（1）本条约束的是行政机关不依法履行监督职责或者监督不力造成严重后果的行政行为。（2）本条明确规定了追究行政法律责任和刑事法律责任两种追责方式。其一，由上级行政机关或者监察机关责令改正，对直接负责的主管人员和其他直接责任人员依法给予行政处分，承担的是行政法律责任。需要注意的是，上级行政机关对下级行政机关履行监督职责属于行政机关内部运行的程序与环节。其二，行政机关不依法实施监督检查或者监督检查不力构成犯罪的，应当由司法机关依法对直接负责的主管人员和其他直接责任人员追究刑事责任。

典型案例

2021年8月26日，马某函告中国银行保险监督管理委员会，要求中国银行保险监督管理委员会依据《行政许可法》第77条之规定，针对中国银行保险监督管理委员会A监管局监督不力，不依法履行监督职责，造成某信托有限公司长期以来违法违规开展业务,实控人及主要管理人员背信运用信托财产的严重后果,履行法定职责并将处理结果公布,并提起行政诉讼。法院审理认为,根据《最高人民法院关于适用〈中华人民共和国行政诉讼法〉的解释》第1条第2款第8项规定,原告向被告提出的履责事项实质上是要求上级行政机关基于内部层级监督关系对下级行政机关进行监督。该事项明显不属于行政诉讼的受案范围,对其起诉依法应予驳回。

‖ 案例解读 ‖

党的二十大报告明确要求:"强化行政执法监督机制和能力建设,严格落实行政执法责任制和责任追究制度。"行政机关的内部监督对规范行政机关的行政行为发挥着重要作用。

在上述案例中,原告提出申请或诉讼的实质均是要求上级行政机关基于内部层级监督关系对下级行政机关进行监督。根据《最高人民法院关于适用〈中华人民共和国行政诉讼法〉的解释》第1条第2款第8项之规定,上级行政机关基于内部层级监督关系对下级行政机关作出的听取报告、执法检查、督促履责等行为,不属于人民法院行政诉讼的受案范围。因此,有监督职能的行政机关及其主管人员更应认真履职,避免"既当裁判员又当运动员","要健全权力运行制约和监督体系,让人民监督权力",切实维护人民的合法权益。

‖ 习近平法治思想指引 ‖

必须落实领导干部管党治党责任,坚持抓领导、领导抓,从党中央做起、从高级干部严起,一级示范给一级看、一级带领着一级干,无私无畏、旗帜鲜明,敢于斗争、善于斗争,推动主体责任和监督责任一贯到底,巩固发展全党动手一起抓的良好局面。

——习近平:《全面从严治党探索出依靠党的自我革命跳出历史周期率的成功路径》,载《求是》2023年第3期。

第二章 《行政处罚法》重点条文理解与适用

‖重点法条‖

《行政处罚法》第二条 行政处罚是指行政机关依法对违反行政管理秩序的公民、法人或者其他组织，以减损权益或者增加义务的方式予以惩戒的行为。

‖条文解读‖

本条是关于行政处罚定义的规定。明确规定行政处罚的定义对厘定行政执法实践中一些明显具有制裁性的行政行为的性质具有重要意义，领导干部应予掌握。值得注意的是，虽然本条表述的是"行政机关"，但实质上对应的是"行政主体"，包括行政机关和法律法规授权组织。本条所规定的违反行政管理秩序的行为不包括情节严重已达致犯罪，应依法追究刑事责任的行为。

‖典型案例‖

1998年2月至2007年10月，王某与某公司存在事实劳动关系。2007年10月26日，该公司与王某又签订劳动合同，合同期限为3年。在王某与该公司劳动关系存续期间，该公司未给王某设立公积金账户。某市住房公积金管理中心在接到王某投诉后,于 2015 年 8 月 17 日立案调查,于同月 28 日作出涉案责令限期整改通知书。该公司不服该通知,于 2016 年 2 月 18 日向该市政府申请行政复议。

▎案例解读 ▎

行政执法实践中存在复杂的制裁性行政措施,行政机关难以辨别其法律属性。领导干部了解行政处罚的定义有助于行政机关在执法过程中明晰《行政处罚法》规定的处罚种类、处罚程序以及相关法律责任,确保依法执政。上述案例中责令改正的行政管理措施既不属于义务增加,也不构成行政相对人的权利消减,因此,不属于行政处罚。党的十八大以来,习近平总书记在多次会议讲话中强调要推进严格规范公正文明执法。行政执法机关必须坚持依法行政的基本原则,做到"法无授权不可为"。各级领导干部要对手中的权力有清晰的认知,做到依法行权。《行政处罚法》第 2 条对行政处罚作出了明确的定义。行政处罚采取的方式包括减损权益或增加义务。

▎重点法条 ▎

> 《行政处罚法》第五条　行政处罚遵循公正、公开的原则。
> 设定和实施行政处罚必须以事实为依据,与违法行为的事实、性质、情节以及社会危害程度相当。
> 对违法行为给予行政处罚的规定必须公布;未经公布的,不得作为行政处罚的依据。

▎条文解读 ▎

本条是关于行政处罚基本原则的规定。一方面,法律、法规和规章对行政处罚的设定,要与一般意义上违法行为的事实、性质、情节以及社会危害程度相当,不得畸轻或畸重。另一方面,作为行政处罚依据的法律、法规必须以公民看得见的形式予以公开,对于未经公布的处罚规定,行政机关应当承担相关规定不得作为处罚依据的后果。

典型案例

案例一

某市场监督管理局在日常监督检查中发现某大排档店正在销售的 15 瓶某饮品的生产日期均为 2020 年 1 月 1 日，保质期为 8 个月，均已超过保质期。商品销售统计单显示，在 2020 年 9 月 2 日至 9 月 10 日，共计销售该饮品 1 瓶，价格 18 元。该市场监督管理局于 9 月 11 日予以立案调查，并对该大排档店处以警告、没收 15 瓶该饮品、没收违法所得 13.6 元、罚款 50 000 元。该大排档店不服，起诉至法院。

案例二

个体户罗某和妻子贺某在某区经营一家蔬菜粮油店。2021 年 10 月，罗某在某农贸市场从一农户手中购进 7 斤芹菜，其中 2 斤被某区市场监管局提取检验，剩余 5 斤以每斤 4 元的价格售出，共收入 20 元，纯利润不足 10 元。1 个月后，夫妇俩接到市场监管部门反馈，称该批芹菜有一项指标超标。因售出的芹菜已无法追回，且夫妇俩无法提供供货方许可证明及票据，不能如实说明进货来源，未履行查验义务，该区市场监管局决定对其处以罚款 6.6 万元。

案例解读

实施行政处罚，纠正违法行为，应当坚持过罚相当。以上案例反映出一些地方执法人员利用自由裁量权执法随意、处罚严苛、过罚不相当，这些现象产生的原因除执法人员的主观因素外，也可能是一些行政处罚的法律法规制定的时间较早，未经及时修改，存在处罚内容宽泛、表述抽象、缺乏客观标准等问题。但是，行政执法部门在行使行政处罚自由裁量权时应当遵循过罚相当原则、比例原则，综合考虑违法行为的情节、社会危害后果的严重程度等。领导干部面对此种明显不合理，甚至显失公平的执法问题，应当勇于担当，大胆作为，切实维护人民群众的合法权益。

习近平法治思想指引

严格文明公正执法是一个整体，要全面贯彻，文明执法、公正执法要强调,严格执法也要强调,不能畸轻畸重。

——中共中央文献研究室:《十八大以来重要文献选编》(上),北京:中央文献出版社2014年版,第722页。

ⅠⅠⅠ 重点法条 ⅠⅠⅠ

> 《行政处罚法》第六条　实施行政处罚,纠正违法行为,应当坚持处罚与教育相结合,教育公民、法人或者其他组织自觉守法。

ⅠⅠⅠ 条文解读 ⅠⅠⅠ

本条是关于行政处罚的目的宗旨的规定。行政处罚不仅要通过给予违反行政管理秩序的相对人一定制裁,防止违法行为再次发生,还要通过行政执法部门的法治宣传教育从思想上预防违法。领导干部应当带头树立处罚与教育相结合的执法理念,以执法与普法共同推进法律实施。

ⅠⅠⅠ 典型案例 ⅠⅠⅠ

案例一

某县综合执法局因某公司噪声污染问题,于2019年12月4日对该公司作出责令改正并处罚款的处罚决定。同年12月17日,该公司主动缴纳了罚款。次日,某县综合执法局对该公司经营场所再次进行检查时发现噪声排放仍超标,遂再次立案并于2020年1月21日作出责令(限期)改正违法行为决定书,要求该公司立即整改,并告知将在30日内进行再次监督检查,如仍不改正,将对其实施按日连续处罚。次日,某县综合执法局作出行政处罚告知书。

案例二

2021年8月,某卫生健康局执法人员对某医疗美容门诊部进行现场监督检查时,发现该门诊部二楼手术室内手术车上放有正在使用的75%酒精消毒液1瓶,瓶体上侧标注开启日期为2021年8月1日9时,未标注失效日期。该门诊部的行为违反了《消毒管理办法》第4条的规定。鉴于当事人的违法行为属首次,且违法情节轻微、在限期内及时改正、未造成危害后果,符合《行政处罚法》第33条第1款"可以不予行政处罚"的情形,经研究,该卫生健康局决定对涉案医疗卫生机构不予行政处罚，执法人员对当事人进行了批评教育。

▎案例解读 ▎

全面推进严格规范公正文明执法，要提升行政执法的温度。党的十八大以来，党中央高度重视法治政府的建设。行政执法是行政机关履行政府职能的重要方式，工作面广量大，直接关系群众对党和政府的信任、对法治中国建设的信心。行政执法机关应不断规范执法言行，推行人性化执法、柔性执法、阳光执法，让执法更具公信力，更为社会所接受。

案例一中，某县综合执法局责令某公司整改，但并未给予合理整改期限，而是在责令改正的次日即对某公司进行行政处罚，明显违反前述处罚与教育相结合的原则。案例二中，执法机关能够在依法、依规办理案件的原则下，将处罚与教育相结合，让违法当事人能主动改正违法行为，有利于违法当事人在今后养成自觉守法的习惯。

▎习近平法治思想指引 ▎

涉及群众的问题，要准确把握社会心态和群众情绪，充分考虑执法对象的切身感受，规范执法言行，推行人性化执法、柔性执法、阳光执法，不要搞粗暴执法、"委托暴力"那一套。

——中共中央文献研究室：《十八大以来重要文献选编》（上），北京：中央文献出版社2014年版，第722页。

▎重点法条 ▎

《行政处罚法》第七条　公民、法人或者其他组织对行政机关所给予的行政处罚，享有陈述权、申辩权；对行政处罚不服的，有权依法申请行政复议或者提起行政诉讼。

公民、法人或者其他组织因行政机关违法给予行政处罚受到损害的，有权依法提出赔偿要求。

条文解读

本条是关于行政处罚相对人权利的规定。行政相对人基本程序权有着非常重要的法治价值,可以"倒逼"行政正义实现,使行政法治与时俱进,使行政执法人性化,使行政相对人权利过程化[①]。领导干部应当知悉并保障行政处罚相对人的基本程序权:(1)行政处罚相对人有陈述权、申辩权。一方面,在行政执法机关实施行政处罚的过程中,处罚相对人有权就相关案情进行事实陈述以及对被指控的内容进行申辩。另一方面,行政执法机关及其执法人员必须保证处罚相对人具有充分的陈述、申辩的机会。(2)行政处罚相对人具有申请行政复议、提起行政诉讼的权利。一方面,处罚相对人认为行政执法机关实施的行政处罚行为侵犯其合法权益的,可以在法定期限内向有管辖权的行政复议机关或人民法院申请行政复议或提起行政诉讼。另一方面,行政执法机关及其执法人员应当告知处罚相对人具有申请行政复议、提起行政诉讼的权利。(3)行政处罚相对人有申请国家赔偿的权利。当行政执法机关的处罚行为对相对人的合法权益造成损害时,行政相对人有权依法向行政机关提出赔偿请求。行政赔偿的责任形式包括恢复原状或金钱赔偿等。

典型案例

高某因与陶某发生争执,后伙同他人对陶某进行殴打致陶某受伤。2021年8月6日,某区公安分局以治安案件受案调查。同年8月20日,区公安分局对高某进行行政处罚前的告知,告知内容为"依据《治安管理处罚法》的相关规定,公安机关拟对你作出相应处罚"。同年8月30日,区公安分局对高某作出行政拘留十日并处罚款一千元的行政处罚。高某对该行政处罚决定不服,提起行政诉讼。

案例解读

在上述案例中,在行政处罚事先告知程序中,被申请人违反法定程序。首先,工作人员虽告知申请人将对其进行行政处罚,但并未告知其行政处罚的事实、理由、依据及内容,此情况下,申请人无法进行有效的陈述、申

---

① 关保英:《行政相对人基本程序权研究》,载《现代法学》2018年第1期,第28页。

辩。其次，被申请人工作人员将告知书中关于行政处罚的主要内容发送给申请人后，未及陈述、申辩期限届满，就作出行政处罚决定书，侵害了申请人的陈述、申辩权利。

《行政处罚法》规定当事人在行政机关作出行政处罚决定之前享有陈述权、申辩权的目的，在于保障当事人的知情权，防止公权力的滥用。案例中，区公安分局在作出行政处罚决定前的告知程序中，仅告知高某"依据《治安管理处罚法》的相关规定，公安机关拟对你作出相应处罚"，但未明确告知拟处罚的具体种类、幅度、依据等，影响了高某陈述权、申辩权的行使，属于告知不全面，同样构成行政程序违法。

▍习近平法治思想指引 ▍

各级政府必须依法全面履行职能，坚持法定职责必须为、法无授权不可为，健全依法决策机制，完善执法程序，严格执法责任，做到严格规范公正文明执法。

——《加快建设社会主义法治国家》，
载《求是》2015年第1期。

▍重点法条 ▍

> 《行政处罚法》第九条　行政处罚的种类：
> （一）警告、通报批评；
> （二）罚款、没收违法所得、没收非法财物；
> （三）暂扣许可证件、降低资质等级、吊销许可证件；
> （四）限制开展生产经营活动、责令停产停业、责令关闭、限制从业；
> （五）行政拘留；
> （六）法律、行政法规规定的其他行政处罚。

▍条文解读 ▍

本条是关于行政处罚种类的规定。理解和适用本条内容应着重考虑以下五个方面：（1）警告和通报批评属于申诫罚。警告是针对轻微的行政违法行为的惩戒，主要是起到教育作用。通报批评则能够统括"公开谴责""列入失信名单""公布违法事实"等所有以名誉减损和社会评价降低为法律效果的行政处罚行为。两者的主要区别在于警告通常只针对个人，而通报批评具有一定的公开性，其知晓范围明显大于警告。（2）罚款、没收违法所得、没收非法财物属于财产罚。本条将旧法中分两项规定的罚款与没收违法所得、没收非法财物合并为一项。其中，罚款是指行政机关责令有违法行为的公民、法人或其他组织在一定期限内向国家缴纳一定数额货币的处罚行为。（3）暂扣许可证件、降低资质等级、吊销许可证件属于资格罚。所谓资格罚，是指行政机关通过暂时或永久剥夺公民、法人或其他组织从事生产或经营活动的资格的方式，对其违法行为予以惩戒。（4）限制开展生产经营活动、责令停产停业、责令关闭、限制从业属于行为罚。所谓行为罚，是指行政机关通过暂时或永久限制公民、法人或其他组织实施生产或经营行为的方式，对其违法行为予以惩戒。（5）行政拘留属于人身罚。行政拘留是指行政机关通过短期限制人身自由的方式对违法行为人予以惩戒的处罚。行政拘留在行政处罚种类中是最为严厉的处罚，只有公安机关和国家安全机关等法律法规明确规定的有权机关才能够实施。

▎典型案例 ▎

王某是某市一家食品加工企业的负责人，在2019年初因为生产需要决定扩大厂房建设，遂决定在厂区绿化区和道路等地段建设生产车间，并于当年建设完毕。随后此项建设行为被该市城市管理局执法人员发现，管理局以王某占用厂区内绿地及道路进行厂房建设，系无法采取改正措施消除影响的违法建设为由，对王某下达了限期拆除决定的行政处罚通知，王某接到该决定书后不服，以行政行为违法为由向法院提起了诉讼。

▎案例解读 ▎

虽然《行政处罚法》第9条规定了行政处罚的具体种类，但行政执法实践中存在多种制裁性行政行为，其在法律属性上是否属于行政处罚需要结合具体实际进行区分。案例中，根据《中华人民共和国土地管理法》（以下简称《土地管理法》）第83条的规定，责令限期拆除属于"法律、行政法规规定的其他行政处罚",但管理局作出本案被诉行政处罚决定并未以《土地管理法》作为处罚依据,其所依据的《中华人民共和国城乡规划法》并未将责令限期拆除设定为行政处罚。因此,其以处罚的形式作出责令限期拆除决定缺乏法律依据。

▎习近平法治思想指引 ▎

执法是把纸面上的法律变为现实生活中活的法律的关键环节,执法人员必须忠于法律、捍卫法律,严格执法、敢于担当。

——《加快建设社会主义法治国家》,
载《求是》2015 年第 1 期。

▎重点法条 ▎

> 《行政处罚法》第十八条　国家在城市管理、市场监管、生态环境、文化市场、交通运输、应急管理、农业等领域推行建立综合行政执法制度,相对集中行政处罚权。
> 　　国务院或者省、自治区、直辖市人民政府可以决定一个行政机关行使有关行政机关的行政处罚权。
> 　　限制人身自由的行政处罚权只能由公安机关和法律规定的其他机关行使。

▎条文解读 ▎

本条是关于特殊类型的行政处罚实施机关的规定。综合行政执法改革一直是我国深化行政管理体制改革、推动行政执法体制创新的重要内容。早在1996 年《行政处罚法》实施之初,国务院即批准部分地区开展相对集中处罚权的试点工作。本条第 1 款将行政处罚主体综合性改革成果上升为法律条文规定,从法律上赋予综合行政执法机构行政处罚主体资格,为进一步深化改革提供法律依据。

▎典型案例 ▎

2022 年 1 月,A 省成为全国唯一的"大综合一体化"行政执法改革国家试点。综合行政执法事项占比20%以上，是国家试点工作方案的一项重要指标。A省成为国家试点后，全省"大综合一体化"行政执法改革层层深入，不断迭代升级。在2021年将23个执法领域、749项处罚事项纳入综合行政执法范围的基础上，2022年A省将12个主管部门、612项处罚事项新增纳入综合行政执法范围，全省综合行政执法事项拓展到25个执法领域、1 361项处罚事项，占执法总事项的27.4%，覆盖62.5%的执法领域。

案例解读

行政执法是行政机关履行职能的重要方式，也是法治政府建设的中心环节。党的十八届四中全会提出："深化行政执法体制改革。根据不同层级政府的事权和职能，按照减少层次、整合队伍、提高效率的原则，合理配置执法力量。推进综合执法，大幅减少市县两级政府执法队伍种类，重点在食品药品安全、工商质检、公共卫生、安全生产、文化旅游、资源环境、农林水利、交通运输、城乡建设、海洋渔业等领域内推行综合执法，有条件的领域可以推行跨部门综合执法。"上述案例表明，A省作为综合行政执法改革的前沿阵地，已取得显著成果。持续深化综合行政执法改革是深入推进依法行政、加快建设法治政府的重要任务。对于领导干部而言，必须充分了解综合行政执法改革的政策和法律依据，把握其基本价值和运作方式，做综合行政执法改革的"排头兵"和"领头羊"。

习近平法治思想指引

要推进相关配套改革，按照加快推进政事分开、事企分开、管办分离的原则，深化事业单位改革，着力加强综合行政执法队伍建设，强化基层社会管理和公共服务职能，完善机构改革配套政策。

——《巩固党和国家机构改革成果 推进国家治理体系和治理能力现代化》，载《人民日报》2019年7月6日，第1版。

重点法条

《行政处罚法》第二十条　行政机关依照法律、法规、规章的规定，可以在其法定权限内书面委托符合本法第二十一条规定条件的组织实施行政处罚。行政机关不得委托其他组织或者个人实施行政处罚。

委托书应当载明委托的具体事项、权限、期限等内容。委托行政机关和受委托组织应当将委托书向社会公布。

委托行政机关对受委托组织实施行政处罚的行为应当负责监督，并对该行为的后果承担法律责任。

受委托组织在委托范围内，以委托行政机关名义实施行政处罚；不得再委托其他组织或者个人实施行政处罚。

▍条文解读▍

本条是关于委托实施行政处罚的规定。理解和适用本条内容应着重考虑以下三个方面：（1）行政处罚权的委托不同于民事权利的委托，其本质上是公权力的委托，涉及国家公权力的规范行使与被处罚人的权利义务，因此必须有法律、法规或规章的明确依据。（2）行政处罚的委托应以书面的方式，委托内容应当具体且必须向社会公布。（3）行政处罚的受委托组织不具有独立的行政主体资格，只能以委托机关的名义行使行政处罚权。相应地，受委托组织实施行政处罚造成的法律后果由委托机关承担。

▍典型案例▍

2022年7月，A市B区农业农村委员会为了进一步加强对渔业的行政监督管理，规范渔业行政执法工作，依法确立行政执法委托机关与受委托机关的权利义务。依据《行政处罚法》《中华人民共和国渔业法》《A市实施〈中华人民共和国渔业法〉办法》和《A市人民代表大会常务委员会关于促进和保障长江流域禁捕工作的决定》等规定，以书面形式委托各镇人民政府（街道办事处）行使对非法垂钓行为的行政执法权。

▍案例解读▍

行政处罚的委托实施是重要的行政执法方式，是行政执法机关减轻执法压力的重要手段，案例中农业农村委员会将部分行政执法权委托给各镇人民政府（街道办事处）的举措既优化了自身职能，又提高了对非法垂钓行为的处罚实效。但是，行政处罚委托制度的存在必然伴随着行政处罚机关任意委托以及受委托组织滥用行政处罚权等现实风险。对此，具有行政处罚权的行政执法机关，特别是领导干部，必须依法、审慎作出委托决定。具体而言，一方面，委托必须有法律、法规、规章的明确依据，且必须以书面形式明确载明委托内容、形式、权限等；另一方面，受委托组织必须依法行使行政处罚权，严禁超出委托事项范围或权限行使处罚权。

‖ 习近平法治思想指引 ‖

推进严格执法，重点是解决执法不规范、不严格、不透明、不文明以及不作为、乱作为等突出问题。要以建设法治政府为目标，建立行政机关内部重大决策合法性审查机制，积极推行政府法律顾问制度，推进机构、职能、权限、程序、责任法定化，推进各级政府事权规范化、法律化。要全面推进政务公开，强化对行政权力的制约和监督，建立权责统一、权威高效的依法行政体制。要严格执法资质、完善执法程序，建立健全行政裁量权基准制度，确保法律公正、有效实施。

——《加快建设社会主义法治国家》，载《求是》2015 年第 1 期。

‖ 重点法条 ‖

《行政处罚法》第二十四条　省、自治区、直辖市根据当地实际情况，可以决定将基层管理迫切需要的县级人民政府部门的行政处罚权交由能够有效承接的乡镇人民政府、街道办事处行使，并定期组织评估。决定应当公布。

承接行政处罚权的乡镇人民政府、街道办事处应当加强执法能力建设，按照规定范围、依照法定程序实施行政处罚。

有关地方人民政府及其部门应当加强组织协调、业务指导、执法监督，建立健全行政处罚协调配合机制，完善评议、考核制度。

条文解读

本条是关于乡镇街道行政处罚权的规定。党的十八大以来，党中央多次对基层政权在社会治理中的角色定位提出要求。明确规定乡镇街道行政处罚权对贯彻落实党中央关于执法力量下沉基层的改革精神、解决实践中出现的"看得见的管不了，管得了的看不见"的问题具有重要意义。

典型案例

案例一

2023年1月11日，公益诉讼起诉人A区检察院在履行职责中发现，B市A区C街道碧桂园翡翠公馆北面某路附近堆放大量建筑垃圾。A区检察院向被告C街办发出检察建议，要求依法履行《A区人民政府关于印发A区街道职权清单的通知》赋予的职责。2023年9月，检察院办案人员踏勘现场，发现建筑垃圾仍未完全被清理，社会公共利益仍处于受侵害状态。检察院认为，C街办接收了A区城管局对城市建筑垃圾的相关执法权，对辖区随意堆放的建筑垃圾负有监督管理职责，请求判令被告依法履职。

案例二

2021年9月17日，被告A区人民政府B街道办事处接群众投诉，反映A区B街道某处存在违法建设，遂进行检查，初步确认违法。2021年10月11日，被告向原告作出责令立即改正违法行为的通知。2022年10月25日，被告的执法人员再次对案涉房屋进行现场检查，发现违法建筑依然存在，于是作出拟对违法建设限期拆除的行政处理，逾期不拆除，将依法申请强制拆除。原告对被告作出的该决定不服，诉至法院。

案例解读

以习近平同志为核心的党中央高度重视基层治理工作，反复强调"基层强则国家强，基层安则天下安，必须抓好基层治理现代化这项基础性工作"。基层治理关键在于领导干部尤其是基层领导认真履行职权，对于承接的行政处罚权要严格依法行使，不能渎职、失职或滥用权力。在案例一中，C街办承接了清理辖区建筑垃圾的相关执法权，应当切实担负好该职责，但是，在检察建议发出后依然没有切实履行好相关职权。而案例二中 B 街道办事处积极作为，主动履行职责，实现了行政处罚权下沉的预期目标。领导干部作为第一责任人，应当做好执法人员的监督管理工作。

《行政处罚法》第 24 条对乡镇街道行政处罚权的有关事项作了较为详细的规定。上述案例中，省人民政府通过发布省政府决定的方式将属于县级人民政府维护辖区环境和拆除违法建设的相关执法权下放乡镇街道，满足了基层执法需求，维护了基层群众的合法权益。但是，下放权力是手段，如何保障权力高效实施才是最终目的。执法人员尤其是领导干部要发挥好模范带头作用，秉公用权、以人民为中心，主动做好基层治理工作。

习近平法治思想指引

要继续推动资源、服务、管理向基层下沉。将基层管理迫切需要也能有效承接的权责事项依法赋予乡镇（街道），同步下放相关资源，持续下沉人员编制，保证基层事情基层办、基层权力给基层、基层事情有人办。

——《在二十届中央机构编制委员会第一次会议上的讲话》，载《求是》2023 年第 24 期。

重点法条

《行政处罚法》第二十五条　两个以上行政机关都有管辖权的，由最先立案的行政机关管辖。

对管辖发生争议的，应当协商解决，协商不成的，报请共同的上一级行政机关指定管辖；也可以直接由共同的上一级行政机关指定管辖。

条文解读

本条是关于处理管辖权争议的规定。党的十八大以来，党中央多次提出要提高行政效率，避免懒政、不作为，部门之间相互推诿扯皮、"踢皮球"。当两个以上机关都有管辖权时，明确规定管辖权争议的处理规则对贯彻落实党中央关于提高行政执法效率的决策具有重要意义，领导干部应当重视。理解和适用本条内容应着重考虑以下三个方面：（1）管辖权争议中的最先立案原则。规定两个以上行政机关都有行政处罚管辖权时，由最先立案的行政机关管辖，有利于提高行政执法效率，同时，也能避免行政相对人受到不同行政机关的反复侵扰。（2）管辖权争议中的指定管辖原则。有管辖权的两个以上行政机关在实施行政处罚发生推诿或争夺管辖权时，报请共同的上一级行政机关指定管辖。（3）管辖权争议中的协商原则。行政机关之间发生行政执法管辖争议时，可以依法协商解决。

▍典型案例 ▍

案例一

根据国家市场监督管理总局交办线索，某市市场监督管理局核查发现当事人和某有限公司等，涉嫌滥用中国注射用硫酸多黏菌素在 B 市场上的支配地位，实施了以不公平的高价销售制剂的行为，违反了《中华人民共和国反垄断法》相关规定。经国家市场监督管理总局指定管辖，该市市场监督管理局于 2023 年 7 月 31 日对当事人立案调查。其间，依法开展了现场调查，提取了相关证据材料，制作了调查询问笔录等。

案例二

2022 年 11 月 19 日，A 省 B 市农业农村局收到 A 省农业农村厅的指定管辖通知书，立案调查某公司检测结果数据造假一案。相关证据表明该公司在 2017 年休耕效果样品检测分析项目、2018 年休耕监测样品检测项目、2019 年耕地质量调查采样与检测项目时伪造检测结果，涉嫌违反《中华人民共和国农产品质量安全法》。

▍案例解读 ▍

以习近平同志为核心的党中央高度重视行政执法工作效率和执法为民的服务理念，强调"行政执法工作面广量大，一头连着政府，一头连着群众，直接关系群众对党和政府的信任、对法治的信心"。一般情况下，行政处罚案件管辖是明确的。但是，也会因为行政机关职责不清或者交叉、受利益驱动推诿或者争夺等，发生管辖争议。管辖权争议涉及两个以上部门之间如何确定管辖，其中，部门领导的协商起到关键作用，无论如何选择，部门领导都要本着提高行政效率、便利行政相对人的原则。

《行政处罚法》第 25 条对管辖权争议的处理规则作了较为详细的规定。上述案例中，涉及指定管辖，由"共同的上一级行政机关"指定，即国家市场监督管理总局和 A 省农业农村厅作出指定管辖决定。在指定管辖决定书中，行政机关应当充分说明理由，明之以法、晓之以理、动之以情。领导干部要始终考虑群众需求，贯彻高效便民原则，提高行政效率，维护社会公平正义，提升政府公信力。

‖ 习近平法治思想指引 ‖

转变政府职能，优化政府职责体系和组织结构，推进机构、职能、权限、程序、责任法定化，提高行政效率和公信力。

——习近平：《高举中国特色社会主义伟大旗帜 为全面建设社会主义现代化国家而团结奋斗》，载《人民日报》2022 年 10 月 26 日，第 1 版。

‖ 重点法条 ‖

> 《行政处罚法》第二十六条　行政机关因实施行政处罚的需要，可以向有关机关提出协助请求。协助事项属于被请求机关职权范围内的，应当依法予以协助。

‖ 条文解读 ‖

本条是关于行政协助制度的规定。党的十八大以来，党中央高度重视部门间的沟通、交流与协作，强调提升行政执法效能。明确规定行政协助制度对加强部门间的沟通、协作，整合部门碎片化资源具有重要意义，领导干部应予重视。理解和适用本条内容应着重考虑以下三个方面：（1）申请行政协助的原因通常包括行政处罚案件中需要调查取证，行使职权所必需的资料、证据等为被请求机关所掌握，自行难以收集。（2）行政协助事项需属于被请求机关职权范围内的事项。协助事项不属于被请求机关职权范围内的，被请求机关可以拒绝协助，但应说明理由。同时，协助事项属于法律禁止的，被请求机关依法不予协助。（3）根据程序法定原则，行政机关提出协助请求一般采用书面形式，特殊情况下，也可以采用口头告知等其他形式。对违反协助请求程序，协助请求明显缺乏合法性依据的，被请求机关应当拒绝协助。

▌典型案例 ▌

2018年1月15日，A市公安局向A市食品药品监督管理局送达鉴定聘请书，商请A市食品药品监督管理局对涉案产品"独家祖传秘方苗药"作出认定意见。2018年1月16日，A市食品药品监督管理局出具相关认定意见的复函，认定上述产品应按假药论处。法院认为：公安机关办理危害食品药品安全犯罪案件，可以商请食品药品监管部门提供检验结论、认定意见协助。

▌案例解读 ▌

行政协助制度的确立有利于加强不同部门之间的沟通、合作，避免各自为政。提高行政效率、保证国家机关协调高效运转是习近平法治思想的重要内容。行政协助制度在我国处于起步阶段，存在混乱无序、当为不为、不当为而为等任意协助行为，扰乱了正常的行政管理秩序，严重损害了相对人的合法权益。行政协助功能发挥如何，很大程度上取决于部门领导。领导干部作为关键少数，应当摒弃"事不关己"的态度，尽量促使部门间通力合作，以提高行政执法效率。

《行政处罚法》第26条对行政协助制度的有关事项作了较为详细的规定。上述案例中，公安局、食品药品监督管理局通过通力协作，高效处理了药品领域严重危害人民群众生命健康的违法行为。但是，行政协助中，无效协助问题依然严峻。领导干部应善用行政协助制度，践行社会共治理念。

▌习近平法治思想指引 ▌

善于通过国家政权机关实施党对国家和社会的领导，支持国家权力机关、行政机关、监察机关、审判机关、检察机关依照宪法和法律独立负责、协调一致地开展工作。

——习近平：《谱写新时代中国宪法实践新篇章——纪念现行宪法公布施行40周年》，载《人民日报》2022年12月20日，第1版。

▌重点法条 ▌

《行政处罚法》第二十八条　行政机关实施行政处罚时，应当责令当事人改正或者限期改正违法行为。

当事人有违法所得，除依法应当退赔的外，应当予以没收。违法所得是指实施违法行为所取得的款项。法律、行政法规、部门规章对违法所得的计算另有规定的，从其规定。

▌▌▌ 条文解读 ▌▌▌

本条是关于行政处罚违法所得处置的规定。明确规定违法所得的收缴方法对依法保护公民、法人和其他组织的合法权益，规范行政行为具有重要意义，领导干部应当重视。理解和适用本条内容应着重考虑以下三个方面：（1）关于违法行为的改正。行政机关在处理违法案件时，要求行为人及时纠正违法行为是首要任务。对于较轻微的违法行为可以立即改正，但部分违法行为立即改正确有困难，可以限期改正。（2）关于违法所得的退赔。明确规定违法所得应当依法退赔，体现了行政机关在行政执法中优先保护公民、法人和其他组织合法权益的理念，是"执法为民"的具体体现。（3）关于没收违法所得。没收违法所得作为行政处罚的罚种之一，本条第2款对没收程序、违法所得定义以及计算方法作了规定。

▌▌▌ 典型案例 ▌▌▌

案例一

陈某于2009年2月9日受让第×号"金手指"注册商标，该商标核定服务项目包括理发店，经续展，商标有效期至2024年11月27日。A县市监局经立案调查，于2018年6月7日作出行政处罚决定，认定第三人林某没有违法经营额。二审法院认为：上诉人（A县市监局）没有调查原审第三人的基本经营状况和收费标准等事实，仅根据现场检查未发现账簿，直接认定"违法经营额无法计算"，应认定为未尽基本的调查职责。上诉人以"违法经营额无法计算"为由作出被诉处罚决定，属于认定事实不清，应予以撤销。

案例二

2021年，B区人民政府启动了"B区旧城区及道路改造建设项目"，征收C市B区某街南侧部分房屋。原告的案涉房屋及附属物被纳入该建设项目的征收范围。在原告与征收方就安置补偿事项未达成协议的情况下，被告B区执法局对原告案涉建筑物分别作出责令停止违法行为、责令改正违法行为的通知，责令原告自行拆除其自建建筑物，逾期不拆除将强行拆除。因原告未拆除案涉建筑物，2022年9月6日，被告将案涉建筑物强制拆除。法院认为，被告作出的责令停止（改正）违法行为的通知已判决撤销，故被告拆除原告案涉建筑物的行政行为违法，原告的诉讼请求应予支持。

案例解读

党的十八大以来，习近平总书记多次强调不能侵犯人民群众享有的合法民事权利。违法所得认定合理、准确与否，关乎相对人合法权益能否得到有效保障，影响行政执法中社会效果能否实现。案例中，市监局和执法局的执法人员，尤其是执法部门的领导干部，在作出事关人民利益的决策时，应当合法、合理，不能擅权、渎职，置群众利益于不顾。

《行政处罚法》第28条对行政处罚中违法所得的有关事项作了较为详细的规定。处罚与教育相结合是《行政处罚法》的立法目的之一，依法没收违法所得有利于维护社会的安全稳定。案例一中，A县市监局未尽基本的调查职责，仅仅依据"违法经营额无法计算"而认定不存在违法所得。法律赋予了执法机关违法所得的认定权，执法机关在具体执法过程中，应恪尽职守，尽调查职责。执法机关的部门领导作为行政处罚决定的最终决策者，应秉公用权，严格履行法律赋予的义务，以维护广大人民群众的根本利益。

习近平法治思想指引

全面推进依法治国，必须坚持严格执法。法律的生命力在于实施。如果有了法律而不实施，或者实施不力，搞得有法不依、执法不严、违法不究，那制定再多法律也无济于事。

——中共中央文献研究室：《习近平关于全面依法治国论述摘编》，北京：中央文献出版社2015年版，第57页。

重点法条

《行政处罚法》第二十九条　对当事人的同一个违法行为，不得给予两次以上罚款的行政处罚。同一个违法行为违反多个法律规范应当给予罚款处罚的，按照罚款数额高的规定处罚。

条文解读

本条是关于一事不二罚款的规定。明确规定一事不二罚款原则对保护当事人的信赖权益、维护法律的安定性具有重要意义，领导干部应当掌握。理解和适用本条内容应着重考虑以下两个方面：（1）关于同一个违法行为。"同一个违法行为"是指当事人实施了一个违反行政法律规范或者行政管理秩序的行为，当事人在客观上仅有一个完整、独立的违法事实。（2）关于不得给予两次以上罚款。"不得给予两次以上罚款"包括同一个行政机关不得给予两次以上罚款的行政处罚，也包括不同行政机关不得分别给予两次以上罚款的行政处罚。对于行为人的同一个违法行为，无论触犯几个法律条文，构成几个处罚理由，以及由几个行政主体实施处罚，只能给予一次罚款。

典型案例

案例一

2019年7月12日，A市公安局公安交通管理局B交通支队东外大队（以下简称东外大队）在A市B区某路发现一辆小型客车停驶在非停车泊位的道路上，违反了停车管理的规定。于是，东外大队在其车辆上粘贴告知单。2019年7月17日，东外大队在上述地点发现该车仍违反停车规定停放，遂再次粘贴告知单。2019年7月30日，东外大队拟分别给予两次罚款200元的处罚。法院认为：上述两个行为在时间上具有分割状态，故认定为两个行为并无不当。

案例二

原告周某驾驶摩托车在有禁止摩托车驶入标志的情况下驶入二环主路，然后在二环主路行驶过程中又违法驶入应急车道。交警认为前一个行为属于"违反禁令标志指示"，后一个行为属于"违反规定在应急车道行驶"，分别作出两个处罚决定。周某认为，其要走"应急车道"则必须上"二环主路"，二者是无法分割的"同一违法行为"。法院认为，驾驶摩托车从其他道路驶入二环主路和从二环主路驶入应急车道属于相互独立并在法律上分别评价的两个行为。

案例解读

规定一事不二罚款的目的是防止行政执法中重复处罚、多重处罚、交叉处罚，体现了过罚相当的法律原则，以保护当事人的合法权益。党的十八大以来，以习近平同志为核心的党中央多次强调"让人民群众在每一个司法案件中感受到公平正义"，在行政执法案件中亦是如此。在上述案例中，执法部门的两次处罚均体现出过罚相当原则，符合公平正义的要求。在执法实践中，领导干部应当以身作则，自觉树立公平正义的法治理念，积极引导执法人员坚持以教育为主，体现过罚相当，在法治轨道上全面建设社会主义现代化国家。

《行政处罚法》第29条对一事不二罚款作了较为详细的规定。上述案例中，对车辆在不同时间的同一违法行为，以及对同一时间内两个不同的违法行为分别给予两次处罚，没有违背一事不二罚款原则，体现了过罚相当。但是，何谓一事不二罚款？实践中存在认定标准不一致等难题。领导干部应严格禁止出现"罚款创收"现象，避免站在人民群众对立面，必须做人民利益的坚定捍卫者。

习近平法治思想指引

各地区各部门特别是一把手要拿出敢于担当的勇气和决心来，越是难度大的改革，越要动真碰硬，一抓到底。对群众反映强烈的突出问题，必须坚决改、马上改。

——《加强领导科学统筹狠抓落实 把改革重点放到解决实际问题上来》，载《人民日报》2018年9月21日，第1版。

重点法条

《行政处罚法》第三十二条　当事人有下列情形之一，应当从轻或者减轻行政处罚：

（一）主动消除或者减轻违法行为危害后果的；

（二）受他人胁迫或者诱骗实施违法行为的；

（三）主动供述行政机关尚未掌握的违法行为的；

（四）配合行政机关查处违法行为有立功表现的；

（五）法律、法规、规章规定其他应当从轻或者减轻行政处罚的。

▌条文解读▐

本条是关于从轻或减轻行政处罚的规定。行政处罚应当坚持过罚相当原则，使违法者得到公平待遇，符合比例原则。明确规定行政处罚的从轻或减轻情节对维护当事人的合法权益、使当事人改过自新具有重要意义，领导干部应当重视。从轻处罚是指行政机关在法定的处罚幅度内对违法者在数个可能处罚的种类内或者在一种处罚种类的数个处罚幅度内适用较低限额的处罚。减轻处罚是指行政机关在法定的处罚种类和处罚幅度以下，对违法者施以行政处罚。

▌典型案例▐

2015年10月28日，A县市场监督管理局根据举报，对A县某蔬菜商行销售的去皮芋芳进行抽检，经检验，所检项目亚硫酸盐不符合标准，于是决定责令原告改正违法行为，并处罚款50 000元。法院认为，本案中，上诉人系小摊贩，之前无食品安全违法记录，且上诉人以每斤1.8元价格购进24斤去皮芋芳，出售价格每斤2元，总货值48元，其在抽检前未对外销售，抽检后将涉案芋芳拿回家作喂猪处理，有主动消除违法行为危害后果的情节，应当减轻处罚。

▌案例解读▐

教育是解决社会问题的长久之计，处罚则是维护社会秩序的必要手段。在依法严惩违法犯罪行为、加强社会治安管理的同时，也要发挥教育的引导作用。行政执法部门特别是领导干部在认定是否存在从轻减轻情节时，应当全面考虑违法行为的情节和后果，并根据合理性原则，依法依规作出相应的处罚决定，以维护社会秩序和公共利益。

《行政处罚法》第 32 条对从轻或减轻行政处罚的有关事项作了较为详细的规定。上述案例中，上诉人主动消除了违法行为可能产生的危害后果，符合从轻或减轻的具体情节。但是，执法机关进行处罚时，似乎忽略了从轻或减轻行政处罚的考量。实践中，天价罚款现象依然存在。领导干部应当树立为民办实事的政绩观，坚定做好执行者、行动者、实干家。

‖ 习近平法治思想指引 ‖

强调严格执法，让违法者敬法畏法，但绝不是暴力执法、过激执法，要让执法既有力度又有温度。

——习近平：《坚定不移走中国特色社会主义法治道路 为全面建设社会主义现代化国家提供有力法治保障》，载《求是》2021 年第 5 期。

‖ 重点法条 ‖

> 《行政处罚法》第三十三条　违法行为轻微并及时改正，没有造成危害后果的，不予行政处罚。初次违法且危害后果轻微并及时改正的，可以不予行政处罚。
>
> 当事人有证据足以证明没有主观过错的，不予行政处罚。法律、行政法规另有规定的，从其规定。
>
> 对当事人的违法行为依法不予行政处罚的，行政机关应当对当事人进行教育。

‖ 条文解读 ‖

本条是关于不予行政处罚的规定。明确规定不予行政处罚的情形对预防和减少违法行为、节约执法资源具有重要意义，领导干部应当重视。理解和适用本条内容应着重考虑以下两个方面：（1）关于第 1 款的不予行政处罚规定。不予行政处罚要求违法行为轻微、及时改正、没有造成危害后果三者同时具备，否则不可认定为不予行政处罚情形。（2）当事人没有主观过错的是指行政相对人对违法行为的实施不存在故意或过失的主观过错。

典型案例

案例一

2023年2月6日,在某镇某快修店门口,赵某与朱某因修车问题发生争吵。朱某手持修车扳手击打赵某头部,致使赵某头部受伤。公安机关接警,到达现场了解情况。之后,赵某与朱某相互达成谅解协议。但某公安局在办理案件时认为赵某伤情较重,可达到轻微伤,违法后果较重,具有一定的危险性和社会危害性,不符合《行政处罚法》第33条规定的免予处罚的条件,给予赵某4日行政拘留的行政处罚决定。

案例二

朱某与万某系邻居,因改造卫生间是否应当做防水的问题发生纠纷,万某在纠纷过程中损毁朱某的部分财物。A区公安分局接警后,对双方进行了调解并勘察了现场。A区公安分局认为此纠纷系邻里纠纷,虽然万某在纠纷过程中有损毁他人财物等违法行为,但是情节特别轻微,故决定对万某不予行政处罚。朱某认为公安机关对万某的处理结果显失公平,遂诉至法院。法院认为,万某符合《行政处罚法》第33条规定的不予行政处罚的情形,认为A区公安分局的不予行政处罚决定并无不当。

案例解读

规定不予行政处罚的情形有利于节约执法资源,整合执法力量,打击危害更为严重的违法行为。习近平法治思想强调依法行政,要求行政机关在执法过程中必须严格依照法律法规,不得随意行使权力。严格规定不予行政处罚的情形,体现了对行政机关行使权力的限制和规范。认定是否属于不予行政处罚的情形时,执法部门的领导干部应当依法行政,在法律法规的相关规定下审慎行使手中的权力。

《行政处罚法》第33条对不予行政处罚的有关事项作了较为详细的规定。上述案例中,案例一违法后果较为严重,不满足不予行政处罚的条件,而案例二因情节轻微,满足不予行政处罚的要求。实践中,对于不予行政处罚的认定,执法人员特别是领导干部应拒绝弄虚作假、敷衍了事,应压实主体责任,狠抓工作落实,坚决维护相对人的合法权益。

▎习近平法治思想指引 ▎

问题，取得很大成效。同时，一些地方运动式、"一刀切"执法问题仍时有发生，执法不作为问题突出。强调严格执法，让违法者敬法畏法，但绝不是暴力执法、过激执法，要让执法既有力度又有温度。

——习近平：《习近平谈治国理政》（第四卷），
北京：外文出版社 2022 年版，第 294 页。

▎重点法条 ▎

> 《行政处罚法》第三十四条　行政机关可以依法制定行政处罚裁量基准，规范行使行政处罚裁量权。行政处罚裁量基准应当向社会公布。

▎条文解读 ▎

本条是关于行政处罚裁量基准的规定。党的十八大以来，以习近平同志为核心的党中央多次提出要建立健全行政裁量权基准制度。明确规定行政处罚裁量基准对规范行政机关合理行政、维护相对人合法权益具有重要意义。裁量基准是对行政处罚结果的细化，直接影响行政相对人的合法权益，必须遵循合法、合理、程序正当等原则。根据越权无效原则，下级行政机关制定裁量基准应当参照上级行政机关的制定标准，在其裁量幅度内予以细化，不能与上级行政机关相抵触。

▎典型案例 ▎

2023 年 4 月 12 日，闫某报案称其丈夫秦某廷被秦某亮打，某公安局辖区派出所民警出警。调查后，决定给予秦某亮行政处罚。法院认为，秦某亮在 6 个月内曾受到过行政处罚，其殴打的人在 60 周岁以上，根据《内蒙古自治区治安管理行政处罚裁量基准》，应从重处罚。被告某公安局依据原告的违法事实及情节，依法定程序对原告作出涉案行政处罚事实清楚，证据充分，适用法律正确，裁量适当。

⦀ 案例解读 ⦀

行政处罚的裁量基准要求行政机关在决定行政处罚时，应当根据违法行为的性质、情节和社会危害程度，依法进行裁量。习近平法治思想强调依法治国、合理行政等原则，行政机关在行使裁量权时必须依法公正、公平地对待违法行为。行政机关的领导干部作为制定行政处罚裁量基准的直接负责人，要提高依法履职能力，始终秉持合理行政原则，始终沿着法治轨道前进。

《行政处罚法》第 34 条对行政处罚裁量基准作了原则性的规定。上述案例中，行政机关对治安管理行政处罚方面的相关情节制定了行政裁量基准，对于规范政府合理行政具有重要意义。但是，实践中存在裁量幅度不合理现象，导致执法该严不严、该宽不宽、畸轻畸重、类案不同罚等问题突出。行政部门的领导干部应该加强执法监督，严格规范公正文明执法，共同推进法治政府建设。

⦀ 习近平法治思想指引 ⦀

深化行政执法体制改革，全面推进严格规范公正文明执法，加大关系群众切身利益的重点领域执法力度，完善行政执法程序，健全行政裁量基准。

——习近平：《高举中国特色社会主义伟大旗帜　为全面建设社会主义现代化国家而团结奋斗》，载《人民日报》2022 年 10 月 26 日，第 1 版。

⦀ 重点法条 ⦀

> 《行政处罚法》第三十六条　违法行为在二年内未被发现的，不再给予行政处罚；涉及公民生命健康安全、金融安全且有危害后果的，上述期限延长至五年。法律另有规定的除外。
>
> 前款规定的期限，从违法行为发生之日起计算；违法行为有连续或者继续状态的，从行为终了之日起计算。

⦀ 条文解读 ⦀

本条是关于行政处罚时效的规定。以习近平同志为核心的党中央多次强调要"把人民群众生命安全和身体健康放在第一位"。明确规定行政处罚的时效、延长危害公民生命健康安全等违规行为的追诉时效，对维护法律的安定性、贯彻落实党中央关于尊重生命健康权的精神具有重要意义，领导干部应当重视。理解和适用本条内容应着重考虑以下两个方面：（1）关于行政处罚追诉时效的具体内容。一般情况下追诉期限为2年，该条适用于绝大多数违法行为。特定情况下追诉期限为5年，适用于涉及"公民生命健康安全、金融安全"的违法行为，并且需要出现危害后果。（2）关于行政处罚追诉时效的计算。一般情况下，应当从违法行为发生之日起计算，违法行为发生之日即行为成立之时。违法行为有连续或者继续状态的，从行为终了之日起计算。连续状态是指行为人实施多个同样的违法行为，继续状态是指一个违法行为在时间上的持续。

▌典型案例▐

原告夏某所有的房屋位于某市某处，土地登记面积为102.9平方米，产权登记面积为176.16平方米，剩余为未经登记建筑。2015年，案涉房屋因某村城中村改造而被纳入征收范围。2022年12月8日，被告某综合执法局对案涉房屋（已拆除）进行现场勘验，并于同月14日对涉嫌未取得建设工程规划许可证擅自建设房屋的行为进行立案。被告鉴于案涉建筑违法状态为连续状态，未超过处罚时效，于是作出行政处罚。

▌案例解读▐

保障法的安定性是习近平法治思想的重要内容，行政处罚时效制度的确立有利于维护社会安全稳定，保障当事人的合法权益，提高行政机关依法履职的效率。案例中，违法行为发生和行政机关决定处罚的时间相隔较长，是否决定处罚可能会对当事人的合法权益造成重大影响。行政机关及其负责人在判断是否超过处罚时效时，应当严格依照法律规定，避免严重损害相对人的合法权益。

《行政处罚法》第36条对行政处罚时效的有关事项作了较为详细的规定。上述案例中，违法行为发生与决定处罚的时间间隔长达7年，但违法行为有连续状态，故没有超出处罚时效。实践中，对于行政处罚时效的认定，执法部门的领导干部作为第一责任人，应当严格依法办事，秉公用权，拒绝以处罚时效当"挡箭牌"，出现懒政、不作为或者乱作为的现象。

▍习近平法治思想指引 ▍

"天视自我民视，天听自我民听。"要坚持把实现好、维护好、发展好最广大人民根本利益作为一切工作的出发点和落脚点，我们的重大工作和重大决策必须识民情、接地气。

——习近平：《在庆祝中国人民政治协商会议成立65周年大会上的讲话》，载《人民日报》2014年9月22日，第2版。

▍重点法条 ▍

> 《行政处罚法》第三十八条　行政处罚没有依据或者实施主体不具有行政主体资格的，行政处罚无效。
> 违反法定程序构成重大且明显违法的，行政处罚无效。

▍条文解读 ▍

本条是关于行政处罚无效的规定。明确规定行政处罚无效的具体情形，对严格规范行政职权的行使、保护公民的合法权益具有重要意义，对行政机关及其工作人员能起到警示作用，领导干部应予掌握。行政处罚是一种负担性行政行为，行政机关实施行政处罚，必须有法律、法规或者规章的依据。所谓重大违法，是指行政处罚的实施将给行政相对人的合法权益带来重大影响。所谓明显违法，是指行政处罚具有严重瑕疵，一般理性人都能够判断出行为违反。

▍典型案例 ▍

2016年2月26日，A县交通运输局执法所对某公司作出罚款1万元的行政处罚，并出具了B省政府非税收入票据。该公司认为A县交通运输局执法所并非合格行政主体，故该处罚行为无效，遂诉至法院。法院认为，根据B省人民政府以及A县委机构编制委员会相关文件的规定，A县交通运输局执法所被授予了公路管理局等部门的部分行政处罚职能，所以，其具有作出行政处罚决定的主体资格。

▌案例解读 ▌

行政处罚无效制度的确立有利于严格规范政府的行政行为，保护当事人的合法权益。依法行政是习近平法治思想的重要内容。执法机关特别是领导干部应当牢记"法无授权不可为"，认真履行自己的职责，对于不属于自己职权范围内的事项，坚决禁止越权惩罚。

《行政处罚法》第38条对行政处罚无效制度作了较为详细的规定。上述案例中，涉案行为的作出主体均有相关处罚的法定职权和职责，所以，不能认定其行为无效。行政处罚无效的认定不仅影响政府公信力，同时也是上级政府监督下级政府的重要手段。领导干部应当严格依据法律法规的规定，秉公用权，作出公平合理的判断。

▌习近平法治思想指引 ▌

强化行政执法监督机制和能力建设，严格落实行政执法责任制和责任追究制度。

——习近平：《高举中国特色社会主义伟大旗帜 为全面建设社会主义现代化国家而团结奋斗》，载《人民日报》2022年10月26日，第1版。

▌重点法条 ▌

《行政处罚法》第四十一条　行政机关依照法律、行政法规规定利用电子技术监控设备收集、固定违法事实的，应当经过法制和技术审核，确保电子技术监控设备符合标准、设置合理、标志明显，设置地点应当向社会公布。

电子技术监控设备记录违法事实应当真实、清晰、完整、准确。行政机关应当审核记录内容是否符合要求；未经审核或者经审核不符合要求的，不得作为行政处罚的证据。

行政机关应当及时告知当事人违法事实，并采取信息化手段或者其他

> 措施,为当事人查询、陈述和申辩提供便利。不得限制或者变相限制当事人享有的陈述权、申辩权。

条文解读

本条是关于电子技术监控设备审核的规定。党的十八大以来,以习近平同志为核心的党中央高度重视网络强国、数字中国、数字政府建设。明确规定行政机关采取信息化手段进行行政管理对贯彻落实党中央数字政府建设的决策精神、提高行政效率具有重要意义,领导干部应予掌握。理解和适用本条内容应着重考虑以下三个方面:(1)设置电子技术监控设备应当符合法律、行政法规规定。(2)监控设备记录的事实作为视听资料或电子数据,其载体可能通过科技进行编辑、修改。对其审核认定应当更为严格,未经审核或者经审核不符合要求的,不能作为确认违法事实的依据。(3)当事人在行政处罚过程中享有被告知权,行政机关应当及时告知当事人监控设备收集、固定的违法事实,方便当事人查阅、陈述和申辩。

典型案例

案例一

2021年6月18日,原告的小客车停靠在某禁止停靠路段,被告某交警工作人员进行道路巡查时发现该违法行为,用警务通手机拍照并将其录入道路交通违法行为处理系统。23日,该交警适用简易程序,对原告当场送达行政处罚决定书。法院认为,交警调查取证的视频和照片虽然在存储格式和叠加信息上存在瑕疵,但能够互相印证,且取证照片清晰,准确地反映了机动车的类型、号牌、外观等特征以及违法时间、地点、事实的,经查证属实,仍可作为行政处罚的证据使用。

案例二

某市某区某桥西由东向西主路最内侧车道被划设为某专用车道。2022年1月22日,原告蔡某驾驶小汽车在该路段行驶,行驶过程中驶入专用车道,被交通技术监控设备记录。2022年1月25日,原告通过"交管12123"互联网平台接受交通违法处理,交通支队于当日作出警告的行政处罚决定并送达原告。原告在诉讼中提出线上"交通违法消除申请"栏目可选理由无涵盖原告意见，对此法院建议被告交通支队在今后的工作中进一步优化线上操作流程，给予相对人更充分的权利保障。

▌案例解读 ▌

以习近平同志为核心的党中央高度重视数字政府建设，反复强调"建立健全运用互联网、大数据、人工智能等技术手段进行行政管理的制度规则。推进数字政府建设，加强数据有序共享，依法保护个人信息"。电子技术监控设备运用到行政执法过程中，应当以便利行政相对人为首要原则。实践中，由于技术手段不完善，相对人合法权益受侵害现象时有发生。领导干部应当自觉加强本部门的信息化建设，通过数字执法更好保护当事人的合法权益。

《行政处罚法》第 41 条对电子技术监控设备审核的有关事项作了较为详细的规定。上述案例中，使用电子技术监控设备提高了行政执法的效率和精确度，但是，对电子技术监控设备的记录应当严格依照法定程序进行审核，不能损害当事人的合法权益。领导干部作为第一责任人，应当严格履行法定职责，秉公执法，不能滥用权力。

▌习近平法治思想指引 ▌

要全面贯彻网络强国战略，把数字技术广泛应用于政府管理服务，推动政府数字化、智能化运行，为推进国家治理体系和治理能力现代化提供有力支撑。

——《加强数字政府建设 推进省以下财政体制改革》，载《人民日报》2022 年 4 月 20 日，第 1 版。

▌重点法条 ▌

《行政处罚法》第四十四条　行政机关在作出行政处罚决定之前，应当告知当事人拟作出的行政处罚内容及事实、理由、依据，并告知当事人依法享有的陈述、申辩、要求听证等权利。

▍条文解读 ▍

本条是关于行政相对人告知权利的规定。明确规定作出行政处罚决定前告知行政相对人享有的权利，对严格规范行政职权的行使、保护公民合法权益具有重要意义，领导干部应予以掌握。理解和适用本条内容应着重考虑以下三个方面：（1）关于行政机关的告知义务。作出不利决定前听取当事人的意见，是现代法治的基本原则。行政处罚告知义务是法律明文规定的行政机关作出行政处罚前必须履行的义务，是行政处罚的必经程序，如果没有履行告知义务，将构成程序违法。（2）关于告知的时间节点。行政机关履行告知义务，必须在作出行政处罚决定之前。（3）关于告知的内容。其一，应当告知当事人拟作出的行政处罚内容及事实、理由、依据。其具体包括拟作出行政处罚的种类、具体数额或数量，违法事实，违反的规范性文件，作出处罚决定的原因、理由等。其二，应当告知当事人依法享有陈述权、申辩权、听证权等权利。

▍典型案例 ▍

案例一

2023年4月25日，某市市场监督管理局对某公司作出行政处罚决定。在此过程中，虽然该市场监督管理局履行了告知义务，但拟作出行政处罚的事实、理由及依据与作出行政处罚决定的事实、理由及依据不一致。法院认为，规定处罚事先告知程序的目的在于保障当事人对行政机关拟认定的事实和适用法律依据进行陈述、申辩。本案中，处罚决定书认定的违法事实及法律依据均超出事先告知的违法事实与法律依据，剥夺了原告的知情权、陈述权、申辩权。故被告作出的行政处罚违反了法定程序，依法应予撤销。

案例二

2021年8月11日，A公司名下的车辆涉嫌未经核准擅自运输处置建筑垃圾，某城乡执法局对司机廖某进行相关调查、事实认定并送达行政处罚告知书、决定书。但是，廖某持有的涉案事项授权委托书上加盖的公章与A公司启用的公章不一致。法院认为，在案证据不能证实廖某系经A公司明确授权办理涉案事项，亦无法证实廖某办理涉案事项系经过A公司的追认、确认。因此，执法局作出的处罚决定明显违法，损害了A公司的合法权益。

案例解读

以习近平同志为核心的党中央高度重视人权法治建设，反复强调"维护国家法制统一、尊严、权威，加强人权法治保障，保证人民依法享有广泛权利和自由。巩固基层政权，完善基层民主制度，保障人民知情权、参与权、表达权、监督权"。在行政执法过程中，行政机关没有依法履行告知义务的情形时有发生。行政机关的领导干部作为第一责任人，应当担负法律赋予的职责，牢记权为民所用的执法理念，切实保障行政相对人的合法权益不受侵犯。

《行政处罚法》第44条对行政相对人的告知权利作了较为详细的规定。上述案例中，虽然相关行政机关都履行了告知义务，但是案例一中，事前告知的与事后作出处罚的依据不一致，案例二中，告知主体和处罚主体不一致，本质上依然属于未履行告知义务。在行政执法实践中，行政机关告知义务的履行的随意化倾向依然明显，领导干部应当秉公用权，不失职、渎职，监督好执法人员依法行政。

习近平法治思想指引

我们国家的名称，我们各级国家机关的名称，都冠以"人民"的称号，这是我们对中国社会主义政权的基本定位。

——习近平：《在庆祝全国人民代表大会成立60周年大会上的讲话》，载《人民日报》2014年9月6日，第2版。

重点法条

《行政处罚法》第四十七条　行政机关应当依法以文字、音像等形式，对行政处罚的启动、调查取证、审核、决定、送达、执行等进行全过程记录，归档保存。

条文解读

本条是关于行政处罚全过程记录制度的规定。行政执法全过程记录制度是国务院办公厅印发的《关于全面推行行政执法公示制度执法全过程记录制度重大执法决定法制审核制度的指导意见》的"三项制度"之一，是行政执法活动合法有效的重要保证。明确规定行政执法全过程记录制度，对推进严格规范公正文明执法、提升行政执法能力和水平、提高行政执法的社会满意度具有重要意义，领导干部应予掌握。行政处罚记录的环节应当涵盖行政处罚程序的全过程，而不是只有部分或者特定环节。"全过程"包含行政处罚的启动、调查取证、审核、决定、送达、执行等所有环节。

典型案例

案例一

2022年6月15日，某街道办将李某的房屋予以拆除。李某认为街道办强拆房屋的行为严重违法，诉至法院。法院认为，当事人自愿履行行政执法决定所确定的义务的，行政机关应当对当事人自愿履行的情况进行记录，并留存相关凭证。行政机关只有对行政执法全过程进行记录，才能及时有效固定证据，这也是推进执法规范化的基本要求。本案中，街道办未能提供证明其与李某协商达成一致意见的相应证据，故其拆除行为属于协助拆除的辩解不成立。

案例二

张某凯与张某强因宅基问题发生口角，后二人相互厮打，二人均受伤。某县公安局于2020年8月10日作出行政处罚决定书，决定对张某凯行政拘留三日。某市公安局作出行政复议决定维持上述行政处罚决定。张某凯不服，诉至法院。法院认为，本案属于直接涉及人身自由的行政案件，该县公安局在调查取证时应当至少有两名人民警察，而且应当进行全程音像记录。该县公安局未能提供在第二次调查询问时有两名以上人民警察的相关证据，属于违反法定程序，故撤销行政处罚决定。

案例解读

行政处罚全过程记录是为了给案件留痕，方便日后回溯。若行政机关没有进行行政执法全过程记录或者记录不完整，则容易造成无法提供证据、证据不足或者程序违法等问题。

在案例一中，某街道办认为拆除行为属于协商一致后的协助拆除，根据行政诉讼举证责任分配原则，该街道办应当提供证明其与李某协商达成一致意见的证据，但由于该街道办没有进行行政执法全过程记录，无法证明已经协商一致，所以未能提供相应证据，故其拆除行为属于协助拆除的辩解不成立，应当认定为强制拆除，且被告未履行相关程序，强制拆除行为违法。

在案例二中，该案属于直接涉及人身自由的行政案件，根据法律规定，对直接涉及人身自由、生命健康、重大财产权益的现场执法活动和执法办案场所，应当进行全程音像记录。同案例一的情形类似，某县公安局也未能提供相应证据，属于程序违法，因此行政处罚决定和行政复议决定被撤销。

执法机关要通过文字、音像等形式，对行政执法的启动、调查取证、审核、决定、送达、执行等全部过程进行记录，并全面系统归档保存，做到执法全过程留痕和可回溯管理。同时，领导干部要充分发挥全过程记录信息对案卷评查、执法监督、评议考核、舆情应对、行政决策和健全社会信用体系等工作的积极作用，善于通过统计分析所记录的资料信息，发现行政执法薄弱环节，改进行政执法工作。

▓ 习近平法治思想指引 ▓

突出问题导向，从一开始就改起来，奔着问题去、盯着问题改，对标整改、源头整改、系统整改、联动整改、开门整改，着力抓好整改落实特别是8个方面突出问题专项整治。对问题整改实行台账式管理、项目化推进，明确责任主体、进度时限和工作措施，列出清单、挂牌销号，逐条逐项推进落实，做到问题不解决不松劲、解决不彻底不放手、群众不认可不罢休，一锤接着一锤敲，确保取得的成果经得起实践、人民、历史检验。

——习近平：《在"不忘初心、牢记使命"主题教育总结大会上的讲话》，载《求是》2020年第13期。

▓ 重点法条 ▓

《行政处罚法》第四十八条　具有一定社会影响的行政处罚决定应当依法公开。

公开的行政处罚决定被依法变更、撤销、确认违法或者确认无效的，行政机关应当在三日内撤回行政处罚决定信息并公开说明理由。

▍条文解读 ▍

本条是关于行政处罚决定公开的规定。明确规定行政处罚决定公开的注意事项，对促使权力行使透明化、加强行政执法的社会监督具有重要意义。理解和适用本条内容应着重考虑以下两个方面：（1）行政处罚决定公开的范围。根据本条第 1 款的表述可知，并不是所有的行政处罚决定都要公开，只有"具有一定社会影响"的行政处罚决定才应当依法公开。（2）对公开的行政处罚决定的处理。如果公开的行政处罚决定存在错误，继续公开可能会造成不利影响，那么发现错误后，应当尽早避免损害发生或及时止损，在 3 日内撤回行政处罚决定信息并公开说明理由。

▍典型案例 ▍

2018 年 12 月 18 日，××公司向中国银行保险监督管理委员会 A 监管分局提交政府信息公开申请表，申请公开 A 银监分局拟对 B 支行违规行为相关责任机构及人员进行处罚的详细内容。银监分局答复，××公司所申请的相关信息涉及重大风险事件，暂不予公开。××公司不服，诉至法院。法院认为，申请公开的行政处罚决定相关信息所涉承兑汇票和保兑保函金额特别巨大，且涉及当时正在侦查的刑事案件和正在审理的民事案件，涉案主体多，案情敏感，背景复杂。银监分局从维护辖区经济金融秩序的角度考虑，经行政处罚案件审议会议研究决定暂不公开该行政处罚信息，待危险因素消除后再适时公开，并据此作出答复函，符合法律规定。

▍案例解读 ▍

具有一定社会影响的行政处罚决定，不仅影响行政处罚相对人的权利或义务，还可能影响社会公共利益。将这种行政处罚决定公开，对增强行政机关的透明度和公信力、促进行政执法的规范化和公正性具有重要意义。

但行政处罚决定公开可能会侵害行政处罚相对人与有利益关系的其他主体的隐私权，因此不是所有的行政处罚决定都要公开，社会公共利益的保障要优先于个人权利的保障。在案例中，××公司申请公开的行政处罚决定相关信息涉及重大风险事件，如果公开则可能危及国家安全、公共安全、经济安全和社会稳定，所以 A 银监分局暂不予公开符合公共利益优先原则。即使该行政处罚决定具有一定社会影响，但公开会危害社会公共利益，所以也不应公开。领导干部在推动政务公开制度落实的过程中，要遵循公共利益优先原则，在保护社会公共利益的前提下确保执法公正、公开、透明。

▌▌▌ 习近平法治思想指引 ▌▌▌

全面推进政务公开，推进决策公开、执行公开、管理公开、服务公开、结果公开，重点推进财政预算、公共资源配置、重大建设项目批准和实施、社会公益事业建设等领域的政府信息公开。

——习近平：《关于〈中共中央关于全面推进依法治国若干重大问题的决定〉的说明》，载《人民日报》2014 年 10 月 29 日，第 2 版。

▌▌▌ 重点法条 ▌▌▌

> 《行政处罚法》第四十九条　发生重大传染病疫情等突发事件，为了控制、减轻和消除突发事件引起的社会危害，行政机关对违反突发事件应对措施的行为，依法快速、从重处罚。

▌▌▌ 条文解读 ▌▌▌

本条是关于违反突发事件应对措施的快速、从重处罚的规定。明确规定在发生突发事件时快速、从重处罚，对控制、减轻和消除突发事件引起的社会危害具有重要意义，领导干部应予掌握。理解和适用本条内容应着重考虑以下三个方面：（1）快速、从重处罚的含义。快速处罚，要求行政机关在尽可能短的时间内作出行政处罚，并且简化处罚程序。从重处罚，是指在处罚种类和处罚幅度上选择对当事人更为严重的处罚。（2）快速、从重处罚的前提。只有在突发事件发生至突发事件结束之间的这段时间，行政机关才可以对违法行为快速、从重处罚。（3）快速、从重处罚的对象。依法快速、从重处罚的行为不是一般的违法行为，而是违反突发事件应对措施的行为。一般的违法行为，哪怕是发生在突发事件期间，如果并不违反突发事件应对措施，那么也应当按照正常规定进行处罚。

▍典型案例 ▍

当事人某药品销售有限公司在疫情防控期间，从2022年12月2日开始，在购进成本未变动的情况下，为牟取暴利擅自大幅度提高其销售"连花清瘟胶囊""连花清瘟颗粒"的价格。某区市场监督管理局认为，当事人在市面上的"连花清瘟胶囊""连花清瘟颗粒"存量不多，需求量大的情况下，为了取得更大的利益，擅自抬高价格销售上述两种药品，涉及民生，社会影响恶劣，依据《行政处罚法》第49条的规定，决定对当事人哄抬价格的违法行为予以从重处罚。

▍案例解读 ▍

为维护社会稳定，行政机关要增强风险防范意识，强化执法能力建设，增强应急处置的针对性、实效性，依法严厉打击利用突发事件哄抬物价、囤积居奇、造谣滋事、制假售假等扰乱社会秩序的行为。

在上述案例中，当事人违反疫情防控规定，在疫情期间药物供不应求的情况下为牟取暴利，擅自哄抬价格，无视公益，伤害民生，社会影响恶劣，扰乱市场竞争秩序，破坏营商环境。上述案例的当事人违反了突发事件应对措施，行政机关予以依法快速、从重处罚，体现了公共利益优先原则，在突发事件面前个人利益应当让位于公共利益。

领导干部在防范风险挑战、应对突发事件的过程中，要坚持运用法治思维和法治方式，坚持依法行政，严格依法落实应急举措，在处置重大突发事件的过程中推进法治政府建设。

▍习近平法治思想指引 ▍

要有针对性地推进传染病防治法、突发公共卫生事件应对法等法律制定和修订工作，健全权责明确、程序规范、执行有力的疫情防控执法机制，进一步从法律上完善重大新发突发传染病防控措施，明确中央和地方、政府和部门、行政机关和专业机构的职责。

——习近平：《构建起强大的公共卫生体系 为维护人民健康提供有力保障》，载《求是》2020年第18期。

重点法条

《行政处罚法》第五十一条　违法事实确凿并有法定依据，对公民处以二百元以下、对法人或者其他组织处以三千元以下罚款或者警告的行政处罚的，可以当场作出行政处罚决定。法律另有规定的，从其规定。

条文解读

本条是关于简易程序的规定。明确规定简易程序的条件对节约行政成本、提高行政效率具有重要意义，领导干部应予掌握。简易程序适用于当事人确有违法事实，且案情简单、违法事实清楚、证据确凿的案件。如果案情复杂、后果严重，需进一步调查取证，甚至召开听证会，就不能适用简易程序，只能适用普通程序。同时，行政机关适用简易程序作出的行政处罚，必须有法律、行政法规、地方性法规和规章的明文规定，否则不得给予行政处罚。

典型案例

案例一

李某从某公司的天猫平台店铺购买了"贵州茅台酒53度飞天贵州茅台酒2014年500毫升酱香型高度白酒礼盒装"和"贵州茅台生肖纪念酒53度猪年收藏礼盒"。李某认为该公司在销售时未尽进货查验义务，要求某市监局对违法行为进行处罚，并给予李某奖励。该市监局经核查，认为该公司有未按规定建立并遵守进货查验记录的行为，违反了《中华人民共和国食品安全法》(以下简称《食品安全法》) 第53条的规定，遂作出当场行政处罚决定，责令该公司改正上述违法行为，并作出了警告的行政处罚。

案例二

2022年5月22日，当事人姚某驾驶外省市号牌摩托车至某路北约500米处，被执勤民警拦下。根据《A市公安局关于本市道路禁止通行、限制通行措施的通告》的要求，外省市号牌摩托车禁止进入上述地点，故姚某存在违反禁令标志指示的违法行为。A市公安局B分局交通警察支队于2022年5月22日作出公安交通管理简易程序处罚决定书，认定姚某违反了《中华人民共和国道路交通安全法》第 38 条的规定，决定对姚某处以罚款人民币 200 元。交通警察按照简易程序当场作出行政处罚。

案例解读

习近平总书记强调，要完善行政执法程序，推进机构、职能、权限、程序、责任法定化，提高行政效率和公信力。本次规定与 2017 年版《行政处罚法》第 33 条相比，对公民处以的罚款数额由 50 元以下提高到了 200 元以下，对法人或者其他组织处以的罚款数额由 1 000 元以下提高到了 3 000 元以下。由于社会经济的发展，原本的规定已经不符合社会生活的实际情况，为了适应行政执法的实际需要，本次修改提高了适用简易程序的罚款数额。

高效便民是行政管理的基本要求，是服务型政府的具体体现。在案例一中，市监局对违法行为人作出警告的行政处罚，在案例二中，交警支队对当事人处以罚款人民币 200 元。由于新修订的《行政处罚法》在适用简易程序部分提高了对公民处以的罚款数额，所以上述案例均符合简易程序的适用条件，行政机关均当场作出行政处罚，节约了行政资源，体现了政府职能的转变，贯彻了高效便民原则。

设置简易程序，目的是发挥其降低程序成本、缩短行政过程、拓宽行政裁量权、使行政相对人信服行政权威的价值[①]。领导干部要发挥模范带头作用，在遵循依法行政、程序法定的基础上提高工作效率，促进权责统一、权威高效的行政执法体制建立健全。

重点法条

《行政处罚法》第五十八条　有下列情形之一，在行政机关负责人作出行政处罚的决定之前，应当由从事行政处罚决定法制审核的人员进行法制审核；未经法制审核或者审核未通过的，不得作出决定：

（一）涉及重大公共利益的；

（二）直接关系当事人或者第三人重大权益，经过听证程序的；

[①] 张淑芳：《论行政简易程序》，载《华东政法大学学报》2010 年第 2 期。

（三）案件情况疑难复杂、涉及多个法律关系的；

（四）法律、法规规定应当进行法制审核的其他情形。

行政机关中初次从事行政处罚决定法制审核的人员，应当通过国家统一法律职业资格考试取得法律职业资格。

条文解读

本条是关于行政处罚法制审核的规定。建立法制审核制度的目的是对行政处罚进行事前监督，保障执法的严谨性，维护行政相对人的合法权益。法制审核应当全面审查行政处罚行为的合法性与合理性，大致包括：行政执法主体是否合法，行政执法人员是否具备执法资格；行政执法程序是否合法；案件事实是否清楚，证据是否合法充分；适用法律、法规、规章是否准确，裁量基准运用是否适当；执法是否超越执法机关法定权限；行政执法文书是否完备、规范；违法行为是否涉嫌犯罪、需要移送司法机关等。

典型案例

案例一

当事人全某未经自然资源管理部门批准，在 A 市 B 街道办事处辖区内违法占用土地放置冷库压缩机设备及未按批准的用途使用国有土地，涉嫌违反《土地管理法》第 2 条、第 54 条、第 56 条的规定。A 市自然资源局于 2023 年 1 月 17 日向全某送达行政处罚决定书，后于 2023 年 7 月 12 日对全某作出催告，全某在接到催告书 10 日后仍未履行催告书规定的内容。A 市自然资源局向人民法院申请强制执行，并提交了包括重大执法决定法制审核审批表、重大执法决定提请法制审核报告、重大执法决定法制审核意见书、行政处罚听证告知书在内的相关证据。

案例二

2021 年 10 月 18 日，司机刘某、林某、庞某分别驾驶某公司名下的三辆重型半挂牵引车，因涉嫌随意倾倒建筑垃圾，被 A 城乡执法局、A 县交警大队 B 中队、A 县交通局和 A 县 B 镇人民政府联合查扣，司机未能提供运输处置建筑垃圾核准文件。2022 年 1 月 21 日，A 城乡执法局经法制审核及相关负责人审批，同意依据《某市市容和环境卫生管理条例》第 29 条的规定，拟对上述公司处以 118 600 元罚款。

▍案例解读 ▍

习近平总书记在中央全面依法治国工作会议上的讲话中指出：法治政府建设还有一些难啃的硬骨头，依法行政观念不牢固、行政决策合法性审查走形式等问题还没有根本解决。要用法治给行政权力定规矩、划界限，规范行政决策程序，健全政府守信践诺机制，提高依法行政水平。

重大执法决定法制审核制度是行政处罚事前监督和内部监督的一部分，作为完善执法程序的重要方面被引入行政执法程序中。未经法制审核或者审核未通过的，行政机关不得作出决定，否则违反法定程序。在案例一中，没收非法占地上的冷库压缩机设备、责令当事人交还未按批准的用途使用的国有土地并处罚款的行政处罚决定直接关系当事人的重大权益，在案例二中，随意倾倒建筑垃圾涉及重大公共利益。上述案例的行政机关负责人作出行政处罚的决定之前均进行了法制审核，法制审核通过后才作出处罚决定。领导干部应当落实合法性审查、集体讨论决定等制度，建立行政机关内部重大决策合法性审查机制，推进行政决策科学化、民主化、法治化。

重大执法决定法制审核是确保行政执法机关作出的重大执法决定合法有效的关键环节。领导干部要全面落实行政规范性文件合法性审核机制，明确审核范围，统一审核标准。

▍习近平法治思想指引 ▍

要以建设法治政府为目标，建立行政机关内部重大决策合法性审查机制，积极推行政府法律顾问制度，推进机构、职能、权限、程序、责任法定化，推进各级政府事权规范化、法律化。

——《加快建设社会主义法治国家》，载《求是》2015 年第 1 期。

▍重点法条 ▍

《行政处罚法》第六十三条　行政机关拟作出下列行政处罚决定，应

当告知当事人有要求听证的权利,当事人要求听证的,行政机关应当组织听证:

(一)较大数额罚款;

(二)没收较大数额违法所得、没收较大价值非法财物;

(三)降低资质等级、吊销许可证件;

(四)责令停产停业、责令关闭、限制从业;

(五)其他较重的行政处罚;

(六)法律、法规、规章规定的其他情形。

当事人不承担行政机关组织听证的费用。

条文解读

本条是关于行政处罚相对人的听证权的规定。本条在2017年版《行政处罚法》第42条的基础上有较大修改。本条完善了听证程序,扩大了适用范围,并明确了应当听证的情形。完善行政处罚相对人的听证权对保障行政处罚相对人的合法权益、最大限度地实现公正的价值具有重要意义,领导干部应予掌握。理解和适用本条内容应着重考虑以下两个方面:

(1)听证的范围。只有较重的行政处罚才应当根据当事人的要求组织听证,但由于"较重"一词语义较为模糊,所以《行政处罚法》采取了"明确列举+双重兜底"的方式来确定听证范围。新修订的《行政处罚法》明确列举了4种应当组织听证的情形:对于罚款、没收违法所得、没收非法财物的"较大数额"或"较大价值"的认定,有不少法律、法规、规章进行了明确,如果没有进行具体细化和明确,则应结合具体领域或部门的执法实践综合认定;降低资质等级与吊销许可证件属于不可逆的行政处罚,对当事人权益的影响具有持续性和永久性,应属于较重的行政处罚并应被纳入听证范畴;责令停产停业与责令关闭是对企业或其他组织生产经营权的剥夺,限制从业是对公民劳动权的限制和剥夺,对公民和企业影响较大,属于较重的行政处罚。此外,本条第1款第5项、第6项都属于兜底条款。根据第5项的规定,法律、行政法规可以根据实践的需要设定其他种类的行政处罚,其中对当事人权益影响较大、属于较重的行政处罚的,应纳入听证范畴。根据第6项的规定,其他部门或领域的法律、法规、规章,尤其是金融、海关、教育等领域，也制定了关于行政处罚的规范，其中对当事人权益影响较大的处罚也应作为"较重的行政处罚"而被纳入听证的范畴。

（2）听证的条件。适用听证程序除要属于较重的行政处罚之外，还需满足其他条件，即当事人对行政机关的事实认定、法律适用或裁量权的行使等有异议，且提出了听证的申请。如果处罚较重但当事人无异议且没有提出听证申请的，行政机关没有必要进行听证。但如果行政机关认为听证有利于查清事实的，则也可以主动举行听证。

典型案例

案例一

A市环境信息与监控中心、A市生态环境保护综合执法支队执法人员对某公司进行现场检查，发现该公司涉嫌通过篡改、伪造自动检测数据逃避监管的方式排放水污染物，违反了《中华人民共和国环境保护法》和《中华人民共和国水污染防治法》的规定。A市生态环境局向该公司下达了行政处罚告知书。该公司认为A市生态环境局认定的违法行为与事实不符，不能作为处罚的依据，故书面提出了听证申请。

案例二

××公司采购圣戈班杰科牌龙骨用于精装修工程，所采购的龙骨的捆扎带上均印有"圣戈班杰科轻钢龙骨"字样，每根龙骨上也喷涂有"圣戈班杰科"字样。圣戈班公司是"圣戈班"注册商标权利人，圣戈班高科技材料（上海）有限公司是"杰科"注册商标权利人，上述涉案龙骨经鉴定，认定涉案龙骨为侵犯上述两注册商标权利人"圣戈班""杰科"注册商标专用权的假冒产品。某区市监局依法向××公司送达了行政处罚听证告知书，××公司在法定期限内未行使陈述、申辩权，也未要求听证。

案例解读

听证是行政相对人的法定权利之一，当事人可以对使自身权益遭受重大影响的行政处罚申请听证，进一步作出陈述、申辩，维护自身合法权益。因此，在执法为民的理念下，听证制度的完善尤为重要。此次《行政处罚法》的修改进一步明确了听证的适用范围，对当事人的权利救济提供参考。

在案例一中，某公司认为 A 市生态环境局认定的违法行为与事实不符，由于该处罚关乎重大权益，于是提出听证申请，行使陈述、申辩的权利。这体现了听证作为当事人行使权利救济、使自己的权益免受侵害的一道防线的作用。在案例二中，某区市监局依法向当事人送达了行政处罚听证告知书，当事人在法定期限内未行使陈述、申辩权，也未要求听证，表明组织听证的适用条件是当事人提出申请，"法律不保护躺在权利上睡觉的人"。如果行政相对人没有提出听证申请，行政机关就可能没有进行听证的必要。

领导干部应当全面严格落实告知制度，依法保障行政相对人陈述、申辩、提出听证申请等权利，坚持一切为了人民、依靠人民、造福人民、保护人民。

▌▌▌ 习近平法治思想指引 ▌▌▌

涉及人民群众利益的大量决策和工作，主要发生在基层。要按照协商于民、协商为民的要求，大力发展基层协商民主，重点在基层群众中开展协商。凡是涉及群众切身利益的决策都要充分听取群众意见，通过各种方式、在各个层级、各个方面同群众进行协商。

——习近平：《在庆祝中国人民政治协商会议成立65周年大会上的讲话》，载《人民日报》2014年9月22日，第2版。

▌▌▌ 重点法条 ▌▌▌

> 《行政处罚法》第七十三条　当事人对行政处罚决定不服，申请行政复议或者提起行政诉讼的，行政处罚不停止执行，法律另有规定的除外。
>
> 当事人对限制人身自由的行政处罚决定不服，申请行政复议或者提起行政诉讼的，可以向作出决定的机关提出暂缓执行申请。符合法律规定情形的，应当暂缓执行。
>
> 当事人申请行政复议或者提起行政诉讼的，加处罚款的数额在行政复议或者行政诉讼期间不予计算。

▌▌▌ 条文解读 ▌▌▌

本条是关于行政救济不停止执行的规定。明确规定行政救济不停止执行对保障行政权力的行使、维持行政处罚决定的效力、恢复被违法行为侵害的合法权益具有重要意义，领导干部应予掌握。基于行政效率、公共利益、社会秩序等多方面因素的考虑，行政处罚决定作出期间若当事人有异议，申请行政复议或者提起行政诉讼，原则上不停止执行，否则容易对法律秩序的稳定性和政府执法的权威性造成影响。需要注意的是，该原则仅适用于依法具有行政强制执行权的行政机关。对于没有强制执行权的行政机关而言，只能在当事人不履行行政决定、在法定期限内又不申请行政复议或者提起行政诉讼的条件下，才可以申请人民法院强制执行。

典型案例

2020年8月19日，孙某和陈某在A县项目部因为工资问题发生纠纷。孙某从后面提拉陈某的左腿，将陈某摔倒在地，继而用手抓住陈某的左脚，再用右脚踩在陈某身上，致陈某受伤。A县公安局对孙某作出行政拘留5日并处200元罚款的行政处罚决定书。同日，孙某向A县公安局申请行政处罚暂缓执行，并自愿缴纳1 000元保证金。A县公安局作出暂缓执行行政拘留决定书。

案例解读

设立行政救济不停止执行的规定，目的在于提升行政效率，维护秩序以及保护国家和社会公共利益。为保障行政处罚决定的依法履行，补充完善执行制度，此次《行政处罚法》修订新增了本条第2款和第3款的规定，进一步保障被处罚人的行政救济权利。

行政处罚决定不会因行政处罚停止执行而丧失法律效力。如果行政处罚决定会随着执行的停止而失效，那么违法行为人申请停止执行的随意性将会大大增加，执法公信力也会随之削弱，政府的行政权能将会形同虚设。

但是，政府也不能因此而滥用行政处罚权甚至暴力执法。对于限制人身自由的行政处罚决定，若当事人不服，申请行政复议或者提起行政诉讼的，可以向作出决定的机关提出暂缓执行申请。符合法律规定情形的，应当暂缓执行。当事人申请行政复议或者提起行政诉讼的，加处罚款的数额在此期间不予计算。在上述案例中，当事人不服行政拘留5日并处200元罚款的行政处罚决定，该行政处罚涉及限制人身自由，因此，对于当事人申请行政处罚暂缓执行，行政机关应当依法准予。

领导干部在决定行政处罚的过程中不仅需要保证行政执法的效率，也需要注重保障行政相对人的权利救济，以提高执法公信力，在提高效率的同时维护社会公平。

‖ 习近平法治思想指引 ‖

中国式现代化既要创造比资本主义更高的效率，又要更有效地维护社会公平，更好实现效率与公平相兼顾、相促进、相统一。……加快建立以权利公平、机会公平、规则公平为主要内容的社会公平保障体系，保证人民平等参与、平等发展权利。

——习近平：《推进中国式现代化需要处理好若干重大关系》，载《求是》2023年第19期。

‖ 重点法条 ‖

> 《行政处罚法》第七十四条　除依法应当予以销毁的物品外，依法没收的非法财物必须按照国家规定公开拍卖或者按照国家有关规定处理。
>
> 罚款、没收的违法所得或者没收非法财物拍卖的款项，必须全部上缴国库，任何行政机关或者个人不得以任何形式截留、私分或者变相私分。
>
> 罚款、没收的违法所得或者没收非法财物拍卖的款项，不得同作出行政处罚决定的行政机关及其工作人员的考核、考评直接或者变相挂钩。除依法应当退还、退赔的外，财政部门不得以任何形式向作出行政处罚决定的行政机关返还罚款、没收的违法所得或者没收非法财物拍卖的款项。

‖ 条文解读 ‖

本条是关于罚没款与非法财物的处理的规定。本条在2017年版《行政处罚法》第53条的基础上有较大修改。本条进一步细化了行政处罚的罚缴分离制度，新增了禁止同作出行政处罚决定的行政机关及其工作人员的考核、考评直接或者变相挂钩的规定。完善罚缴分离制度、严禁下达或者变相下达罚没指标，对提高罚缴分离的实施强度、保护当事人的合法权益、确保行政处罚的执行能落实到国家财政具有重要意义，领导干部应予掌握。理解和适用本条内容应着重考虑以下两个方面：

（1）非法财物没收后的处理方式。除依法应当予以销毁的物品之外，依法没收的非法财物必须按照国家规定公开拍卖或者按照国家规定处理，严禁内部私分或者低价处理，所得款项必须全部上缴国库。对于不具备拍卖条件的财物，应当按照有关规定根据不同性质和用途分别处理。

（2）严禁下达或者变相下达罚没指标。中共中央、国务院印发的《法治政府建设实施纲要（2021—2025年）》强调：建立健全法治政府建设指标体系，强化指标引领。加大考核力度，提升考核权重，将依法行政情况作为对地方政府、政府部门及其领导干部综合绩效考核的重要内容。但是，严禁将罚没收入同作出行政处罚决定的行政机关及其工作人员的考核、考评直接或者变相挂钩，防止执法人员乱罚款、乱没收，增加当事人经济负担，损害行政执法形象。

‖ 典型案例 ‖

A市城乡建设局在行政执法过程中发现A市某城建公司存在违法行为，对该城建公司作出了两次行政处罚，合计罚款139.536 8万元，因该城建公司未能履行行政处罚决定书规定的义务，市城建局向法院申请强制执行。2019年1月，法院为市城建局办理了罚款领取手续，但有40 496.07元款项被该法院执行的与市城建局有关的另外两个案件查封，导致市城建局未能领取罚款。市城建局认为，罚款系在行政执法过程中对行政相对人的违法行为作出的行政强制措施，必须全部上缴国库，法院对必须上缴国库的款项不能查封。

‖ 案例解读 ‖

本条规定旨在确保罚没款和非法财物的处理款项能及时上缴国库，防止执法人员侵吞国家财产。国务院印发的《关于进一步贯彻实施〈中华人民共和国行政处罚法〉的通知》指出，要依法全面正确履行行政处罚职能，坚持执法为民，不得违法实施行政处罚，不得为了处罚而处罚，坚决杜绝逐利执法，严禁下达罚没指标。

在上述案例中，依照本条规定，罚款必须全部上缴国库，法院不能对上缴国库的款项进行查封。所以，执法所得款项属于国家财产，虽不再属于原行政相对人所有，但也不属于行政机关或者其工作人员所有，领导干部应当廉洁用权，不得以任何形式截留、私分或者变相私分执法所得款项。领导干部应当杜绝行政处罚"指标化"现象，坚持执法为民，不得为了指标、政绩、考核而执法，同时完善行政执法监督机制和加强能力建设，充分发挥行政执法监督统筹协调、规范保障、督促指导的作用。

‖ 习近平法治思想指引 ‖

政府是执法主体，对执法领域存在的有法不依、执法不严、违法不究甚至以权压法、权钱交易、徇私枉法等突出问题，老百姓深恶痛绝，必须下大气力解决。

——习近平：《关于〈中共中央关于全面推进依法治国若干重大问题的决定〉的说明》，载《人民日报》2014年10月29日，第2版。

‖ 重点法条 ‖

> 《行政处罚法》第七十五条　行政机关应当建立健全对行政处罚的监督制度。县级以上人民政府应当定期组织开展行政执法评议、考核，加强对行政处罚的监督检查，规范和保障行政处罚的实施。
> 　　行政机关实施行政处罚应当接受社会监督。公民、法人或者其他组织对行政机关实施行政处罚的行为，有权申诉或者检举；行政机关应当认真审查，发现有错误的，应当主动改正。

‖ 条文解读 ‖

本条是关于行政处罚监督的规定。明确规定行政处罚的监督制度对贯彻落实行政执法责任制和责任追究制度、规范和保障行政处罚的实施具有重要意义，领导干部应予掌握。县级以上人民政府应当定期组织开展行政执法评议、考核，加强对行政处罚的监督检查。行政机关如果发现所作行政处罚确实存在错误，那么应当及时主动改正。需要注意的是，行政机关撤销原处罚的行为因为改变了原先判定的法律关系，所以可能对行政处罚相对人以外的其他相关人的利益产生影响，其他相关人可以对撤销行为申请行政复议或提起行政诉讼，行政机关也对该撤销行为承担举证责任。

典型案例

案例一

2015年5月21日，刘某向A县政府提交申请行政监督执行书，申请A县政府执行A县政府法制办公室于2015年1月7日向B镇人民政府作出的建议书，撤销某国资行处字〔2013〕13号行政处罚决定，责令B镇人民政府限期完善已收取刘某政府规定税费、依法取得商服用地的全部确权证书。刘某认为，根据《行政处罚法》第75条第1款，A县政府应受理行政执法监督申请，但其不履行行政监督法定职责，侵害自己的合法权益，于是诉至法院。法院认为，刘某要求A县政府履行的是层级监督职责，上级行政机关基于内部层级监督关系对下级行政机关作出的听取报告、执法检查、督促履责等行为，不直接设定当事人新的权利义务，既不属于行政诉讼受案范围，也不属于行政复议范围。

案例二

某区交通运输局对陈某作出缴纳罚款1 000元和加处罚款1 000元的行政处罚决定，执行裁定书已经发生法律效力。因陈某不履行生效法律文书确定的义务，该区交通运输局向法院申请强制执行。在强制执行过程中，由于陈某提供了新的证据材料，该区交通运输局根据《行政处罚法》第75条第2款的规定，书面向人民法院申请撤回行政强制执行。

案例解读

以习近平同志为核心的党中央高度重视完善全覆盖的制度执行监督机制，强化日常督察和专项检查。建设法治政府，提升执法水平，要求完善权责清晰、运转顺畅、保障有力、廉洁高效的行政执法体制机制，大力提高执法执行力和公信力。

在案例一中，当事人的诉讼事由属于上级行政机关基于内部层级监督关系对下级行政机关作出的监督检查，不直接设定当事人新的权利义务，不属于行政诉讼受案范围。这反映了行政执法监督属于行政机关内部事项，不属于司法机关受案范畴，因此，在没有司法机关干预的情况下，行政机关应当加强自身内部监督，以免增加行政处罚相对人的诉累，浪费司法资源。

在案例二中，行政处罚相对人提供了新的证据材料，因此，原先作出的行政处罚可能存在错误，行政机关向人民法院申请撤回行政强制执行，体现了有错必纠的原则，行政机关履行了认真审查、及时主动改正的义务，符合本条第 2 款的规定。

领导干部要把制度执行情况纳入考核内容，推动干部严格按照制度履职尽责、善于运用制度谋事干事；要以有效问责强化制度执行，既追究乱用滥用权力的渎职行为也追究不用弃用权力的失职行为，既追究直接责任也追究相关领导责任。

‖ 习近平法治思想指引 ‖

要强化监督，着力改进对领导干部特别是一把手行使权力的监督，加强领导班子内部监督。

——《强化反腐败体制机制创新和制度保障 深入推进党风廉政建设和反腐败斗争》，载《人民日报》2014 年 1 月 15 日，第 1 版。

第三章 《行政强制法》重点条文理解与适用

重点法条

《行政强制法》第二条 本法所称行政强制，包括行政强制措施和行政强制执行。

行政强制措施，是指行政机关在行政管理过程中，为制止违法行为、防止证据损毁、避免危害发生、控制危险扩大等情形，依法对公民的人身自由实施暂时性限制，或者对公民、法人或者其他组织的财物实施暂时性控制的行为。

行政强制执行，是指行政机关或者行政机关申请人民法院，对不履行行政决定的公民、法人或者其他组织，依法强制履行义务的行为。

条文解读

本条是关于行政强制概念与分类的规定。明确规定行政强制的概念对行政强制执法实践中的一些强制性管理措施和一些明显具有强制性的行政行为的性质厘定具有重要意义，领导干部应予掌握。行政强制措施与行政强制执行有明显区别。一方面，行政强制措施是在最终的实体处理决定作出前采取的强制手段。领导干部在区分二者时，可以从决定前后顺序上界定行政强制的性质。另一方面，行政强制措施都是暂时性的，而行政强制执行都是终局性的，如查封扣押有 30 日的期限限制，而执行罚款后就属于执行终结，不会回转。

典型案例

2018 年 8 月 30 日，A 市公安局交警大队根据鉴定结果确认黄某车辆涉嫌违法拼装且识别代号被改动过，对黄某驾驶的车辆依法扣留。因涉嫌诈骗罪，该交警大队于 2019 年 1 月 21 日，将该车辆移交 A 市公安局刑事侦查大队。黄某认为 A 市交警大队扣押其机动车程序违法、扣押超期，诉请确认 A 市交警大队作出的公安交通管理行政强制措施违法。法院认为，A 市交警大队在发现黄某涉嫌驾驶拼装车时，对该车辆进行扣留合法，但 A 市交警大队扣留后未在法定期限内及时作出处理，依法应确认违法。

案例解读

案例中，交警大队扣押车辆是为了制止违法行为，但强制措施是暂时性行为，行政机关超越法定期限未送交鉴定，违反《行政强制法》对行政强制措施的规定。

习近平总书记在关于全面依法治国的重要论述中谈到，政法机关作为执法司法的主体，能否做到严格执法、公正司法，无疑是实施依法治国、建设法治中国的关键。而领导干部的工作重点应该是保证法律实施，做到有法必依、执法必严、违法必究。实践中，领导干部不能单一地将强制性行为认定为行政强制措施或执行，应综合判定行为性质，避免不必要的纠纷。作为执法工作的第一责任人，领导干部更应当在遵守程序性规定的情形下，深知行政行为的内涵，保证严格执法。

习近平法治思想指引

我们必须认认真真讲法治、老老实实抓法治。各级领导干部要对法律怀有敬畏之心，带头依法办事，带头遵守法律，不断提高运用法治思维和法治方式深化改革、推动发展、化解矛盾、维护稳定能力。如果在抓法治建设上喊口号、练虚功、摆花架，只是叶公好龙，并不真抓实干，短时间内可能看不出什么大的危害，一旦问题到了积重难返的地步，后果就是灾难性的。

——《加快建设社会主义法治国家》，载《求是》2015年第1期。

▌▌▌ 重点法条 ▌▌▌

《行政强制法》第四条　行政强制的设定和实施，应当依照法定的权限、范围、条件和程序。

▌▌▌ 条文解读 ▌▌▌

本条是关于行政强制法定原则的规定。理解和适用本条内容应着重考虑以下两个方面：（1）设定行政强制的法定性。设定主体限于全国人大及其常委会、国务院以及地方人大及其常委会等主体。实践中除法律规定行政机关直接强制执行以外，其余的都必须按规定申请法院执行。（2）实施行政强制的法定性。并非所有的行政主体都可以实施行政强制，必须是承担行政管理职能、依照法律法规授权具有行政强制权的主体才能实施。

▌▌▌ 典型案例 ▌▌▌

2005年，杜某在其房屋上擅自加建两间房屋，一直未办理审批手续，也无合法的产权证明。A市城市管理行政执法局依照于2015年1月12日作出的限期拆除决定书，责令杜某3日内自行拆除，逾期依法强制拆除。杜某不服，提起诉讼要求撤销该限期拆除决定，人民法院经审理驳回了其诉讼请求。2015年9月2日，A市城市管理行政执法局向杜某送达了拆除催告书，限杜某在10日内自行拆除，杜某未自行拆除。后该局再向杜某作出并送达了强制拆除决定书。杜某不服，提起诉讼，要求撤销该强制拆除决定。

▌▌▌ 案例解读 ▌▌▌

案例中，行政执法局作为集中行使行政处罚权的行政机关，虽具有城市规划管理方面的行政处罚职权，但其并无作出相应强制执行决定的法定职权，故人民法院撤销了被诉强制执行决定。

党的十八大以来，党中央不断强调法定职权职责在行政执法中的重要性，"法定职责必须为、法无授权不可为"。权力法定是一项宪法原则，任何公权力都需要有法律授权。上述案例警示领导干部作出行政行为时一定要恪守职权法定原则，强制行为必须依法设定、由法授权、按法实施、受法约束，这是法治的应有之义，也是提升行政司法公信力的重要途径之一。领导干部应遵循合法性原则，做到依法行政。

‖ 习近平法治思想指引 ‖

当然，我们说不存在"党大还是法大"的问题，是把党作为一个执政整体、就党的执政地位和领导地位而言的，具体到每个党政组织、每个领导干部，就必须服从和遵守宪法法律。

——习近平：《坚定不移走中国特色社会主义法治道路　为全面建设社会主义现代化国家提供有力法治保障》，载《求是》2021年第5期。

‖ 重点法条 ‖

> 《行政强制法》第五条　行政强制的设定和实施，应当适当。采用非强制手段可以达到行政管理目的的，不得设定和实施行政强制。

‖ 条文解读 ‖

本条是关于行政强制适当原则的规定。理解和适用本条内容应着重考虑以下三个方面：（1）对行政强制应当采取审慎态度，不得动辄采取行政强制。实践中，领导干部需注意结合《行政强制法》第16条的规定，对于一些情节显著轻微、无明显危害的行为，能不实施就不实施。（2）实施查封、扣押、冻结的财物应当适当，不得对与违法行为无关的场所、设施或财物采取行政强制，并保障公民的生活必需品，坚持"执法有力度，执法有温度"。（3）领导干部在强制执行时，若可以就应当优先使用间接强制手段，如代履行和执行罚。即使实施直接强制手段也应当遵循适当原则，选择对当事人损害最小的方式以实现行政目的。

▌典型案例▐

2009年3月15日，A县政府组织各部门开会并拟订方案以对B管区采取违建拆除行动并实行补偿。2009年11月30日，房屋主朱某就其被拆房屋与C镇政府签订了B拆违补偿协议，2009年12月7日领取了拆违补偿款，并于随后自拆了房屋。后又对补偿款反悔并长期上访上诉。2012年9月，朱某提起行政诉讼，要求撤销A县人民政府、A县C镇人民政府、B管理处在拆违整治行动中所实施的一系列行政管理行为。

▌案例解读▐

案例中，县政府、镇政府等机关自始至终没有启动行政强制、行政处罚等强制性行政管理措施，而是以拆违方案、协议和令相对人自行拆除等非强制性管理方式完成整个行为，其行为权力来源明确，程序适当，处理结果也对相对人有利，因此法院才认可了其非强制性行政管理行为的合法效力。

党的十八大以来，党中央一直强调严格行政执法的重要性，而严格执法应当严格遵循合法合理原则，违反合法原则将导致行政强制违法。设定行政强制应当适当，兼顾公共利益和当事人的合法权益。领导干部在具体实施行政强制时，要依法遵守程序规定，不得已对当事人采取强制的，应当采用对当事人损害尽可能小的方式，这样才能符合本条对适当性、必要性的要求。

▌习近平法治思想指引▐

执法不严、司法不公，一个重要原因是少数干警缺乏应有的职业良知。许多案件，不需要多少法律专业知识，凭良知就能明断是非，但一些案件的处理就偏偏弄得是非界限很不清楚。各行各业都要有自己的职业良知，心中一点职业良知都没有，甚至连做人的良知都没有，那怎么可能做好工作呢？政法机关的职业良知，最重要的就是执法为民。

——中共中央文献研究室：《十八大以来重要文献选编》（上），北京：中央文献出版社2014年版，第718页。

重点法条

《行政强制法》第八条　公民、法人或者其他组织对行政机关实施行政强制，享有陈述权、申辩权；有权依法申请行政复议或者提起行政诉讼；因行政机关违法实施行政强制受到损害的，有权依法要求赔偿。

公民、法人或者其他组织因人民法院在强制执行中有违法行为或者扩大强制执行范围受到损害的，有权依法要求赔偿。

条文解读

本条是关于公民、法人或者其他组织的程序权利和权利救济的规定。理解和适用本条内容应着重考虑以下三个方面：（1）尊重当事人的陈述权、申辩权。领导干部在作出对当事人不利的一切决定之前，都应当尊重和保障当事人的参与权，听取其陈述和申辩，全面掌握情况，防止偏听偏信。（2）尊重当事人申请行政复议、提起行政诉讼、申请行政赔偿的权利。领导干部应尊重当事人的法律救济权，不仅不可阻碍公民对自身权利的救济途径，还应当积极告知对方其享受的法定权利。（3）知悉行政赔偿责任的划分。人民法院在强制执行中若有违法行为或者扩大强制执行范围而使当事人受到损害的行为，当事人有权依法要求赔偿[①]。

典型案例

案例一

2016年8月，邹某在未取得相关证件的情况下，在自己承包地上建造房屋一幢。2017年2月13日，A人民政府城建办公室向B社区发出违法违章建筑停止建设通知书，责令B社区令邹某停止其违法违章建设，拆除建筑机械，清运建筑垃圾。2017年3月17日，A人民政府经申请于3月21日组织人员对邹某房屋进行了强制拆除。但负责拆除的某县城管局未对现场重车、电缆线等进行清理、登记并妥善保管或移交邹某。邹某不服该拆除行为，向法院提起了行政诉讼，要求确认县城管局行政行为违法并赔偿损失。

---

① 全国人大常委会法制工作委员会行政法室：《〈中华人民共和国行政强制法〉释义与案例》，北京：中国民主法制出版社2012年版，第177-178页。

案例二

2009年11月20日，杜某与某公司签订了转让协议，约定该公司将自行拥有的××大世界内商场经营权转让给杜某，杜某付清该商铺所有投资款项后，在该协议约定期限内对该商铺享有经营权等权利，独立承担民事责任。2018年6月4日，某拆迁工作指挥部发布通知，决定2018年6月5日启动对××大世界的拆除工作。购买经营权的商户，6月11日至20日应携带原始协议及原始票据相关资料，到公司审核，签订协议，在空房验收后兑付。杜某在规定期限内未与该拆迁工作指挥部签订相关协议。而后，涉案商铺被拆除。杜某不服，诉至法院。

案例解读

案例一中，某县城管局在强制拆除过程中，未对现场重车、电缆线等进行清理、登记并妥善保管或移交邹某，使其合法财产受到毁损、灭失，违反了本条第1款的规定，因此应承担赔偿责任。案例二中，相关政府在作出拆除行为时，没有考虑杜某的意见和利益，也没有提供法律证据或依据，违反了本条的规定，因此最后法院依法确认该拆除行为违法。

党的十八大报告提出，在新的历史条件下夺取中国特色社会主义新胜利，必须牢牢把握八个基本要求，其中第一条就是"必须坚持人民主体地位"。坚持人民主体地位是我们党的根本宗旨和执政理念。在行政强制领域更应坚持人民主体和人权保障，尤其是救济权利，这是身处弱势的相对人与行政机关抗衡的仅有的权利之一。领导干部应清楚，行政机关的违法行为一旦实施，当事人便可申请赔偿来保护自身合法利益，因此，领导干部实施行政强制必须要保障当事人权利的救济途径，这样才能满足程序正当和依法行政的基本要求。

习近平法治思想指引

要深化法治领域改革，健全人权法治保障机制，实现尊重和保障人权在立法、执法、司法、守法全链条、全过程、全方位覆盖，让人民群众在每一项法律制度、每一个执法决定、每一宗司法案件中都感受到公平正义。

——习近平：《坚定不移走中国人权发展道路 更好推动我国人权事业发展》，载《求是》2022年第12期。

重点法条

《行政强制法》第九条　行政强制措施的种类：
（一）限制公民人身自由；
（二）查封场所、设施或者财物；
（三）扣押财物；
（四）冻结存款、汇款；
（五）其他行政强制措施。

条文解读

本条是关于行政强制措施种类的规定。实践中的行政强制措施种类繁杂，很不规范。领导干部需要注意区分行政强制措施与行政处罚。一方面，领导干部应明确行政强制措施的暂时性特征，避免久扣、久封不解等对公民造成持续损害的行为，违背行政强制制度设计的初衷。另一方面，领导干部应熟知处罚行为必须以有违法事实作为前提，而行政强制措施却可以针对合法行为，它是为保障最终决定而作出的中间行为。

典型案例

2018年1月23日，杨某前往A市公安局交警支队车管所申请对其车辆进行年度审验，车管所告知其车辆已"锁定"，不可年审。杨某向法院起诉，请求确认A市公安局交警支队"锁定"其车辆违法，并解除对其车辆的"锁定"。A市公安局交警支队辩称使其在机动车查询信息系统显示为"锁定"状态是一种内部系统的管理行为，不属于行政强制措施。

案例解读

案例中，A市公安局交警支队将涉案车辆登记为"锁定"状态，系A市公安局交警支队在履行车辆管理职责过程中作出的行为，并未通过法律文书等形式予以载明。但是，该"锁定"的行为使车辆无法办理年审等对杨某权利已产生实质影响，且该"锁定"状态并非一种最终的行政行为。故A市公安局交警支队将涉案车辆登记为"锁定"的行为，属于《行政强制法》规定的行政强制措施。

中国共产党自成立以来就未忽视过自我学习，尤其是领导干部的自我学习。党对领导干部要求严格，要知法懂法，提高宪法素养，系统学习中国特色社会主义法治理论，手中紧握法律的戒尺，知晓为官做事的尺度。因此，在具体行政强制的领域，领导干部更应当做好表率，深刻理解行政强制措施的核心特征，区分行政强制措施与行政强制执行、行政处罚等手段，带头尊崇法律，深入执法实务。

重点法条

> 《行政强制法》第十条　行政强制措施由法律设定。
> 尚未制定法律，且属于国务院行政管理职权事项的，行政法规可以设定除本法第九条第一项、第四项和应当由法律规定的行政强制措施以外的其他行政强制措施。
> 尚未制定法律、行政法规，且属于地方性事务的，地方性法规可以设定本法第九条第二项、第三项的行政强制措施。
> 法律、法规以外的其他规范性文件不得设定行政强制措施。

条文解读

本条是关于行政强制措施设定权划分的规定。理解和适用本条内容应着重考虑以下四个方面：（1）法律设定行政强制措施的权限范围。法律是设定行政强制措施的核心依据，此处的"法律"是狭义的法律，是指全国人大及其常委会按照立法程序制定并发布的具有普遍约束力的规范性文件。（2）行政法规设定行政强制措施的权限范围。领导干部应知悉国务院制定行政法规设定行政强制措施应遵循的法律优先原则和法律保留原则，不得超出法律规定的范围。（3）地方性法规的设定权。地方性法规只能设定查封和扣押的行政强制措施，且必须满足尚未制定法律、行政法规并属于地方性事务的规定。（4）法律法规以外的规范性文件不得设定行政强制措施。"权力不能自授"，因此规章等其他规范性文件不得设定行政强制措施。在实践中，领导干部应避免规范性文件越权自授而出现强制措施"滥设"的问题。

典型案例

2018年2月2日，某镇政府向××公司发出通告，告知其存在火灾隐患，由公安消防支队依法对其进行临时查封。2018年10月19日，该镇政府在第一生产车间的门上加贴封条。××公司不服，于2018年10月31日提起本案诉讼，请求确认该镇政府加贴封条的行为违法。案件审理过程中，该镇政府认为无重复查封的必要，于2018年11月13日将其所贴封条撤除并称加贴封条的原因系第一生产车间违规使用泡沫彩钢板，彩钢板材的芯材未达到A级不燃材料要求；经其与某区公安消防支队核实，是因第一生产车间存在消防隐患才贴上封条并一直持续至封条撤除。

案例解读

案例中，某镇政府加贴封条的行为符合《行政强制法》关于"行政强制措施"的定义，根据《行政强制法》第4条、第10条的规定，查封场所的行政强制措施只能由法律、行政法规、地方性法规设定，乡镇政府不能采取查封场所的行政强制措施，故该镇政府在第一生产车间的门上加贴封条的行为缺乏法律规范依据，属无效行为。

习近平总书记深刻指出，"各级领导干部的信念、决心、行动，对全面推进依法治国具有十分重要的意义"，"高级干部做尊法学法守法用法的模范，是实现全面推进依法治国目标和任务的关键所在"。领导干部应当带头学法用法，严格掌握行政强制措施的设定权限，避免实践中出现违法设定行政强制措施的乱象。

习近平法治思想指引

要在全社会牢固树立宪法法律权威，弘扬宪法精神，任何组织和个人都必须在宪法法律范围内活动，都不得有超越宪法法律的特权。

——《在庆祝中国共产党成立95周年大会上的讲话》，载《求是》2021年第8期。

重点法条

《行政强制法》第十二条　行政强制执行的方式：
（一）加处罚款或者滞纳金；
（二）划拨存款、汇款；
（三）拍卖或者依法处理查封、扣押的场所、设施或者财物；
（四）排除妨碍、恢复原状；
（五）代履行；
（六）其他强制执行方式。

条文解读

本条是关于行政强制执行方式的规定。行政强制执行是指在行政相对人拒不履行行政主体所作出的并且已经生效的具体行政行为所确定的义务时，有关国家机关依法强制该相对人履行该义务，或者由国家机关本身或第三人直接履行或代为履行该义务，然后向义务人征收费用的法律制度[①]。行政强制执行与行政强制措施有重要的衔接关系，并会影响当事人的权益，领导干部应当掌握行政强制执行的方式。

典型案例

案例一

2012年2月16日，A市政府将征收的面积共209 735平方米的土地出让给××公司后，颁发包括涉案土地在内土地的国有土地使用证。李某于2013年在涉案土地上种植莲雾，2014年又在涉案土地旁边种植柠檬。2015年12月5日，A市政府下设的项目办公室工作人员将李某种植的部分莲雾（尚未结果）清除折断，且A市政府没有通知李某到现场。后李某又将折断的莲雾重新种上，现涉案土地上就有李某种植的莲雾。李某遂诉至法院请求判决确认A市政府清除李某种植的莲雾的行政行为违法。

[①] 江必新：《〈中华人民共和国行政强制法〉条文理解与适用》，北京：人民法院出版社2011年版，第89页。

案例二

2003年2月，某土地分局为××公司颁发土地使用权证，其间缴款一定数额，但2010年和2015年发布催款通知书后仍有300余万元逾期未缴纳，该土地分局因此申请法院强制执行。2018年6月该局作出处罚滞纳金的决定，金额高达4900余万元。××公司不服该决定便向某市国土资源局申请复议，后该处罚决定被撤销。2019年该分局又作出征收决定以详细告知其缴纳土地出让金和滞纳金。××公司收到该征收决定后提起了行政诉讼。

案例解读

案例一中，A市政府工作人员予以强制清除，系排除妨碍、恢复土地原状的行为，符合《行政强制法》第12条的规定，依法应认定属于行政强制行为。案例二中，某土地分局下达的征收决定以加收滞纳金的行为显然属于行政强制执行的方式，故该土地分局在该决定中加收滞纳金的行为应当符合《行政强制法》的规定。

党的十八大以来，各级领导干部法治观念不断增强，能力不断提高，对推进全面依法治国发挥了重要作用，但仍有少数领导干部法治意识比较淡薄，存在问题。因此，领导干部要切实担负起依法治国的职责使命，自觉做尊法学法守法用法的模范。在行政强制执行领域，领导干部务必明确行政强制的具体类型，纠正实践中违法执行行政强制的行为，促进执法建设，增强执法本领，杜绝实践中"自立门户的"行政强制执行方式，坚决纠正违法行政强制执行的方式，保证强制执行适用规范。

习近平法治思想指引

"国无常强，无常弱。奉法者强则国强，奉法者弱则国弱。"经过长期努力，中国特色社会主义法律体系已经形成，我们国家和社会生活各方面总体上实现了有法可依，这是我们取得的重大成就，也是我们继续前进的新起点。

——习近平：《在庆祝全国人民代表大会成立六十周年大会上的讲话》，载《求是》2019年第18期。

重点法条

《行政强制法》第十七条　行政强制措施由法律、法规规定的行政机关在法定职权范围内实施。行政强制措施权不得委托。

依据《中华人民共和国行政处罚法》的规定行使相对集中行政处罚权的行政机关，可以实施法律、法规规定的与行政处罚权有关的行政强制措施。

行政强制措施应当由行政机关具备资格的行政执法人员实施，其他人员不得实施。

条文解读

本条是关于行政强制措施实施主体的规定。理解与适用本条内容应当着重考虑以下三个方面：（1）行政强制措施原则上只能由法律、法规明确规定的行政机关在法定职权范围内实施。但是根据《行政强制法》第70条规定，法律、行政法规授权的具有管理公共事务职能的组织在法定授权范围内，也可以以自己的名义实施行政强制。（2）本条强调了行政强制措施权禁止委托原则。行政委托主要是出于简化行政程序与提高行政绩效的考量而产生的法律制度。相对于行政授权，法律、法规等对行政委托的限制少、对主体与程序的要求低，更具有被滥用的危险，因而在本条中立法机关规定行政强制措施权禁止委托。（3）本条要求行政强制措施的执法人员具备行政执法资格。

典型案例

2014年3月至4月，A市政府、市环境保护局多次接到群众举报称，H公司排放污染物，严重影响周边居民的正常生活。2015年3月6日，A市环境保护局某分局对H公司进行调查，就其停产期间的设备环保改造问题进行询问。H公司的生产副厂长表示，公司新建的废气处理设施未进行环评。2015年4月8日，A市政府就H公司问题召开专题调度会，形成（2015）第42次政府专题会议纪要。H公司未执行A市政府专题会议意见，仍在积极准备组织生产。2015年4月13日，电力执法支队作出某市电执法字（2015）3号限电通知，认定H公司的生产活动造成环境污染，拟对其作出限电措施。

案例解读

《行政强制法》第17条强调，行政强制措施由法律、法规规定的行政机关在法定职权范围内实施。任何行政机关不得超越法定职权范围行使行政强制措施权。在案例中，A市经信委是法定的A市电力行政主管部门，A市经信委有权依照相关规定，对H公司作出限制用电的行政强制措施，作为A市经信委内设机构的电力执法支队，不具有独立的行政主体资格，不能以自己的名义对外作出行政行为，3号限电通知加盖电力执法支队印章行为违法，属于越权行为。上述案例反映出行政机关在实施行政强制措施时存在超越职权的现象。

党的十八大以来，习近平总书记在多个场合强调行政机关应当依法行政，应当在法定权限范围内行使职权，禁止一切形式的职权滥用，并提出了要打造服务型政府的要求。在案例中，行政机关超越职权的行为严重违反了依法行政的基本原则。对于行政权，应当做到"法无授权不可为"。

重点法条

《行政强制法》第十八条　行政机关实施行政强制措施应当遵守下列规定：

（一）实施前须向行政机关负责人报告并经批准；

（二）由两名以上行政执法人员实施；

（三）出示执法身份证件；

（四）通知当事人到场；

（五）当场告知当事人采取行政强制措施的理由、依据以及当事人依法享有的权利、救济途径；

（六）听取当事人的陈述和申辩；

（七）制作现场笔录；

（八）现场笔录由当事人和行政执法人员签名或者盖章，当事人拒绝的，在笔录中予以注明；

（九）当事人不到场的，邀请见证人到场，由见证人和行政执法人员在现场笔录上签名或者盖章；

（十）法律、法规规定的其他程序。

▍条文解读 ▍

本条是关于实施行政强制措施的一般程序。理解与适用本条内容应当着重考虑以下三个方面：（1）实施行政强制措施前，须得到行政机关负责人的批准，并且两名以上行政执法人员在出示执法身份证件后才能开始执法。若行政执法人员拒绝出示执法身份证件，则行政相对人有权拒绝执行。（2）实施行政强制措施前，行政执法人员应当告知当事人实施的理由、依据以及当事人依法享有的权利、救济途径；同时还应当听取当事人的陈述和申辩。（3）实施行政强制措施应当制作现场笔录，并且应当经由当事人与行政执法人员签名或盖章。行政执法人员应当对实施行政强制措施的现场情况予以书面记录。

▍典型案例 ▍

2013年3月4日，A区政府发布了《关于××国际康养度假区项目征收土地的通告》，该通告范围包括了田某所在村民小组等11个村民小组。通告载明自发布公告之日起，禁止××国际康养度假区项目规划红线范围内涉及村组的一切基础设施建设及户口迁入，并要求以上区域范围内未经A区政府批准，任何单位和个人不得新建、扩建和改建项目，不得开发土地和修建房屋及其他设施等，违反上述规定的，除依法按违章建筑和抢栽抢建处理外，搬迁时一律不予补偿。田某在未办理建房审批手续的情况下，在其原有房屋基础上扩建房屋。A区执法局认为田某扩建部分属于违章建筑，于2019年3月26日向田某发出了某综执法〔2019〕责改字004号责令改正通知书，责令田某于2019年3月29日之前自行拆除，逾期未改正，依法予以处理。其后，某镇政府自行组织人员对田某扩建房屋进行了拆除。

▍案例解读 ▍

案例中，在征收决定作出并实施后，被征收土地的使用权，可以通过被征收人接受补偿，自行交出土地的方式转移，也可以通过行政机关作出责令交出土地决定并申请人民法院强制执行的方式转移，还可以通过由行政机关认定违章建筑，并依法拆除的形式实现转移。无论采取何种行政措施，均应当严格按照法律规定的程序进行。案例中，某镇政府作出的强制拆除行为未依照《行政强制法》第18条的规定，而是超越职权，以协助拆除违章建筑为理由，将田某户房屋全部予以拆除。因此，该行为构成严重的程序违法，应当予以撤销，并赔偿相对人损失。

党的十八大以来，习近平总书记多次强调依法行政，在追求实体正义的同时还应当保障程序正义，让程序正义保障实体正义的实现。通过法定程序，"把权力关进制度的笼子"。上述案例是行政机关在违反法定程序下实施的行政强制措施，体现出涉案行政机关对行政相对人合法权益的漠视。

‖ 习近平法治思想指引 ‖

要用法治给行政权力定规矩、划界限，规范行政决策程序，健全政府守信践诺机制，提高依法行政水平。

——习近平：《坚定不移走中国特色社会主义法治道路 为全面建设社会主义现代化国家提供有力法治保障》，载《求是》2021年第5期。

‖ 重点法条 ‖

> 《行政强制法》第二十条　依照法律规定实施限制公民人身自由的行政强制措施，除应当履行本法第十八条规定的程序外，还应当遵守下列规定：
> （一）当场告知或者实施行政强制措施后立即通知当事人家属实施行政强制措施的行政机关、地点和期限；
> （二）在紧急情况下当场实施行政强制措施的，在返回行政机关后，立即向行政机关负责人报告并补办批准手续；
> （三）法律规定的其他程序。
> 实施限制人身自由的行政强制措施不得超过法定期限。实施行政强制措施的目的已经达到或者条件已经消失，应当立即解除。

条文解读

本条是关于限制公民人身自由应当遵守的程序的规定。理解与适用本条内容应当着重考虑以下三个方面：（1）实施行政强制措施，应当履行告知家属程序。让家属尽快知悉实施行政强制措施的机关、地点与期限，一方面可以使被限制人身自由的相对人的状态为外界所了解，另一方面家属在知悉相关情况之后可以为行政相对人采取救济措施。（2）紧急情况下，及时实施行政强制措施的执法人员负有报告与补办批准手续的义务。正是由于当场实施限制人身自由的行政强制措施严重影响行政相对人的人身自由，因而其较非限制人身自由的即时强制事后审批程序更为严格，明确执法人员要在返回行政机关后立即报告，而不是 24 小时内报告。（3）禁止超期。按照相关法律规定，行政强制措施具有临时性，因而限制人身自由的期限也不能太长。

典型案例

2019 年 9 月 26 日 9 时许，王某驾驶小型汽车经过 A 县公安局交通巡逻警察大队（简称 A 县公安局交警队）所设卡口时，公安交通集成指挥平台发现该车逾期未年检及有历史违法记录未处理，A 县公安局交警队执法人员收到预警信息，要求王某停车接受检查，王某未停车，A 县公安局交警队的交通警察随即驾驶警车跟随，至某路将王某拦截。当日 11 时许，A 县公安局交警队单位负责人员来到现场，向王某出示了证件，再次以王某拒绝接受路检路查为由对王某进行口头传唤，要求王某到 A 县公安局交警队处接受调查处理。王某以检查人员没有警官证为由再次拒绝接受传唤。11 时 11 分，A 县公安局交警队的交通警察将王某强行扭进警车，带至 A 县公安局交警队处调查询问，于当日 17 时 46 分结束传唤，王某离开 A 县公安局交警队处。被上诉人 A 县公安局交警队对王某实施强制传唤后，未将传唤的原因和处所等情况通知王某的家属。A 县公安局交警队亦未能提供证据证明其未能通知家属系因身份不明、王某拒不提供家属联系方式或者因自然灾害等不可抗力。

案例解读

案例中，由于实施行政强制措施的人员未出示相关证件，同时在对行政相对人采取行政强制措施后未将传唤的原因和处所等情况通知王某的家属。A县公安局交警队亦未能提供证据证明其未能通知家属系因身份不明、王某拒不提供家属联系方式或者因自然灾害等不可抗力，属于典型的滥用行政强制权，严重侵犯行政相对人的人身自由。

以习近平同志为核心的党中央高度重视领导干部的用权行为，反复强调"权力是把'双刃剑'，始终保持对权力的敬畏感"。领导干部要牢固树立"法律思维"，坚守法律底线，切实行使好人民赋予的权力，做人民满意的公仆，坚决抵制行政职权的滥用行为。

▌习近平法治思想指引 ▌

要守住权力关。要懂得权力是把"双刃剑"，始终保持对权力的敬畏感，坚持公正用权、依法用权、为民用权、廉洁用权，不能把公权力变成谋取个人或利益集团、"小圈子"私利的工具，不能成为任何利益集团、权势团体、特权阶层的代言人、代理人。

——习近平：《努力成长为对党和人民忠诚可靠、堪当时代重任的栋梁之才》，载《求是》2023年第13期。

▌重点法条 ▌

> 《行政强制法》第二十三条　查封、扣押限于涉案的场所、设施或者财物，不得查封、扣押与违法行为无关的场所、设施或者财物；不得查封、扣押公民个人及其所扶养家属的生活必需品。
> 当事人的场所、设施或者财物已被其他国家机关依法查封的，不得重复查封。

▌条文解读 ▌

本条是关于查封、扣押排除范围的规定。理解与适用本条内容应当着重考虑以下三个方面：（1）涉案的场所、设施或者财物指的是违法者从事违法行为所使用的场所、设施与财物，以及违法所得或者非法持有的违禁品等与违法行为有关的场所、设施或者财物。如若存在其他法律、法规对查封、扣押的范围有规定的，应当依其规定。（2）不得查封、扣押公民个人及其所扶养家属的生活必需品原则。根据《最高人民法院关于人民法院民事执行中查封、扣押、冻结财产的规定》，生活必需品包括：公民个人及其所扶养家属生活所必需的衣服、家具、炊具、餐具及其他家庭生活必需的物品，公民个人及其所扶养家属完成义务教育所必需的物品，公民个人及其所扶养家属用于身体缺陷所必需的辅助工具、医疗物品，等等。（3）国家机关就同一场所、设施或者财物进行重复查封、扣押，会导致不同权力主体间的权力冲突，损害国家机关的形象。

典型案例

案例一

驾驶机动车的张某未取得城市公共交通经营许可证而从事公共交通经营活动，在某地搭载乘客严某驶往省医院，后二者在搭乘费用上产生纠纷，继而乘客严某举报张某非法营运。负责监督管辖辖区内公共交通营运的行政机关经调查认定张某属于非法营运，为防止证据毁损，该行政机关依法对其机动车实施暂时性控制。

案例二

某区运管所对路某驾驶车辆从事违法道路运输经营的行为采取行政强制措施，主体合法。依据《行政强制法》第2条的规定，该区运管所对其车辆的暂扣是实施行政行为的强制措施。行政机关在行政管理过程中，为制止违法行为、防止证据损毁、避免危害发生、控制危险扩大等情形而会实施行政强制措施，被告据此对路某驾驶的车辆实施了暂时性控制。被告对路某驾驶车辆的暂扣行为发生在对乘车人进行询问后，并对违法行为人路某出具了暂扣凭证。

案例解读

案例一中，张某未取得城市公共交通经营许可证而从事公共交通运营活动，并搭载乘客，依法应当认定非法营运。行政机关依法定程序实施暂扣的行政强制措施，严格遵守了扣押的限制规则。同理，在案例二中，路某驾驶车辆从事道路运输经营的行为属于违法行为，某区运管所对该车辆采取暂扣的强制措施。在此之前，该区运管所就路某驾驶车辆的行为对乘车人进行了询问，并对违法行为人路某出具了暂扣凭证。该行为不仅严格遵守了实施查封、扣押的限制规则，同时也符合《行政强制法》中对于实施行政强制措施的一般性规定，属于实施行政强制措施的良好典范。

习近平总书记多次强调要深入推进依法行政，加快建设法治政府。行政机关要坚持"法定职责必须为、法无授权不可为"的底线。各级领导干部应当坚持以人民为中心的立场，严格依照法律履行法定职责，推进法治政府建设的纵深发展。

▌▌▌ 习近平法治思想指引 ▌▌▌

要深入推进依法行政，加快建设法治政府。各级行政机关必须依法履行职责，坚持法定职责必须为、法无授权不可为，决不允许任何组织或者个人有超越法律的特权。

——习近平：《在庆祝全国人民代表大会成立六十周年大会上的讲话》，载《求是》2019年第18期。

▌▌▌ 重点法条 ▌▌▌

> 《行政强制法》第二十五条 查封、扣押的期限不得超过三十日；情况复杂的，经行政机关负责人批准，可以延长，但是延长期限不得超过三十日。法律、行政法规另有规定的除外。
>
> 延长查封、扣押的决定应当及时书面告知当事人，并说明理由。
>
> 对物品需要进行检测、检验、检疫或者技术鉴定的，查封、扣押的期间不包括检测、检验、检疫或者技术鉴定的期间。检测、检验、检疫或者技术鉴定的期间应当明确，并书面告知当事人。检测、检验、检疫或者技术鉴定的费用由行政机关承担。

▌▌▌ 条文解读 ▌▌▌

本条是关于查封、扣押期限的规定。理解与适用本条内容应当着重考虑以下三个方面：（1）本条关于期限的统一规定，由一般期限与延长期限共同组成。一般期限不超过 30 日。延长期限，指的是在情况复杂时，经行政机关负责人批准，可以在一般期限 30 日的基础上再延长不超过 30 日的期限，具体延长期限由行政机关酌情处理。（2）延长期限应当书面告知。延长查封、扣押期限的行为是影响行政相对人合法权益的行为，应当以书面的形式告知。在书面告知书中，应当载明延长的具体期限，并且应当说明理由与救济方式。（3）检测、检验、检疫或者技术鉴定期间不计入查封、扣押期间。查封、扣押的财产在检测、检验、检疫或者技术鉴定的过程中时，并不直接处于行政机关的控制下，因而该期间不计入查封、扣押的法定期间。同时检测、检验、检疫或者技术鉴定的费用由行政机关承担，而不能由相对人承担。

典型案例

案例一

A 市 B 区交通运输管理局经依法调查认定卢某违法从事公共交通运营，其在 A 市批发城载客至 A 市第八中学的证据充分，依法向卢某出具强制措施凭证并扣留其车辆，但该行政机关在 2016 年 4 月 23 日至 2019 年 4 月 25 日一直扣押而未作出处理决定。

案例二

王某所有的轻型自卸货车于 2017 年 1 月 9 日晚被某区行政机关扣押于某停车场。经过多次交涉，涉案行政机关于 2017 年 5 月 11 日作出解除扣押物品决定书。该行政机关在扣车后的 15 日内即作出行政处罚决定，表明该案案情不复杂，扣押期限应当不超过 30 日，但该行政机关在 2017 年 5 月 11 日才作出了解除扣押物品决定书。

案例解读

案例一中，由于行政相对人存在违法载客的事实，A 市 B 区交通运输管理局在向相对人出具强制措施凭证之后，扣押其车辆是符合法律规定的。但该行政机关在 2016 年 4 月 23 日作出强制措施后一直未进行审查处理，至 2019 年 4 月 25 日，原告车辆的扣押期限超过了法定期限，严重违法。案例二中，扣押的期限明显超过法定期间，同时也未就延长决定向相对人作出书面说明，属于严重的程序违法。

习近平总书记多次强调"让权力在阳光下运行，把权力关进制度的笼子"。领导干部要深刻地懂得手中的权力来自人民，手中的权力应当为人民所用。所有的行政行为都应当严格依照法律，尤其是在对行政相对人的利益造成限制甚至是损害时，应当严格依照法定程序，禁止行权肆意。

‖ 习近平法治思想指引 ‖

一方面要管住乱用滥用权力的渎职行为，另一方面要管住不用弃用权力的失职行为，整治不担当、不作为、慢作为、假作为，注意保护那些敢于负责、敢于担当作为的干部，对那些受到诬告陷害的干部要及时予以澄清，形成激浊扬清、干事创业的良好政治生态。

——《在新的起点上深化国家监察体制改革》，载《求是》2019年第5期。

‖ 重点法条 ‖

《行政强制法》第二十八条　有下列情形之一的，行政机关应当及时作出解除查封、扣押决定：

（一）当事人没有违法行为；
（二）查封、扣押的场所、设施或者财物与违法行为无关；
（三）行政机关对违法行为已经作出处理决定，不再需要查封、扣押；
（四）查封、扣押期限已经届满；
（五）其他不再需要采取查封、扣押措施的情形。

解除查封、扣押应当立即退还财物；已将鲜活物品或者其他不易保管的财物拍卖或者变卖的，退还拍卖或者变卖所得款项。变卖价格明显低于市场价格，给当事人造成损失的，应当给予补偿。

‖ 条文解读 ‖

本条是关于查封、扣押措施的解除条件以及相关财物处理方式的规定。理解与适用本条内容应当着重考虑以下两个方面：（1）法定的查封、扣押措施的解除条件。一是当事人没有违法行为。二是相关财物与违法行为无关。三是对违法行为已经作出处理决定，不需要继续查封、扣押。四是查封、扣押期限届满。《行政强制法》第25条规定了查封、扣押的期限一般不超过30日，情况复杂的可以延长，但延长期限不超过30日。（2）解除查封、扣押之后相关物品的处理。一是退还原物。行政机关在解除查封、扣押之后，原则上应当立即返还查封、扣押的物品。二是返还价款。如若查封、扣押的财物在自然状态下难以存续，如鲜活产品，如不及时处理，将会损失其本身的价值，因而应当采取必要的手段（拍卖、变卖等方式）。三是依法补偿。对于查封、扣押所造成的损失，行政机关应当进行补偿，以保障相对人的合法权益。

典型案例

2016年1月9日，黄某生向A县某村民黄某忠购买了13头水牛，并雇请了货车将水牛运回A县××养殖专业合作社。A县打私办机动执勤组在巡查过程中对该货车进行检查，发现该货车载有13头水牛，因司机和押车人员未能提供水牛合法来源的手续，遂对13头水牛予以扣押，扣押时未制作现场笔录、扣押决定书、扣押清单。2016年1月19日，黄某生委托律师向A县政府、A县打私办递交《要求返还被扣13头水牛申请函》，要求返还被扣押的13头水牛。黄某生请求返还未果。

案例解读

上述案例中，A县打私办在实施扣押行为过程中，未按照《行政强制法》第18条的规定制作现场笔录，也未按照《行政强制法》第24条的规定当场制作并交付扣押决定书和扣押清单，该扣押行为程序违法。该扣押强制行为主要证据不足，事实不清，程序违法。

习近平总书记多次强调管党、治党的重点在于抓好关键少数，特别是党的高级干部、"一把手"。领导干部应当依法用权，不得以权谋私，防止滥权、专权行为的发生。行政机关要严格依照法律实施行政行为，根据法定情形、法定程序的要求及时准确作出决定，切实做到严格执法。

习近平法治思想指引

坚持对象上全覆盖，面向党的各级组织和全体党员，做到管全党、治全党，重点是抓好"关键少数"，管好党员领导干部特别是高级干部、"一把手"，在管党治党上没有特殊党员、不留任何死角和空白。

——习近平：《健全全面从严治党体系 推动新时代党的建设新的伟大工程向纵深发展》，载《求是》2023年第12期。

重点法条

《行政强制法》第二十九条 冻结存款、汇款应当由法律规定的行政机关实施，不得委托给其他行政机关或者组织；其他任何行政机关或者组织不得冻结存款、汇款。

冻结存款、汇款的数额应当与违法行为涉及的金额相当；已被其他国家机关依法冻结的，不得重复冻结。

条文解读

本条是关于冻结的实施主体、冻结的对象范围以及禁止重复冻结的规定。理解与适用本条内容应当着重考虑以下三个方面：（1）冻结主体法定原则。只有法律才能够设定冻结权，除全国人大及其常委会制定的法律外，其他任何立法形式均无冻结权的设定权。（2）冻结金额适当原则。该规定指的是冻结金额应当与当事人违法行为涉及的金额相当，不得明显超过或者低于该数额，这同时也是比例原则中合目的性与适当性的统一。（3）禁止重复冻结原则。重复冻结指的是有两个或两个以上国家机关对同一账户的同一额度存款或者汇款在同一期间进行冻结的行为[①]。本条当中所称的其他国家机关主要指其他行政机关和司法机关。

[①] 江必新：《〈中华人民共和国行政强制法〉条文理解与适用》，北京：人民法院出版社2011年版，第171-173页。

典型案例

2015年2月10日,陈某向A县农村信用合作联社贷款50 000.00元,贷款期限为1年,迟某为其提供连带责任保证,另陈某、迟某与A县农村信用合作联社约定保证人承担保证责任所应支付的一切款项可直接从保证人任何账户中扣收。截至2018年3月21日,陈某尚欠贷款本金5万元,利息19 075.93元,本息合计69 075.93元。迟某于2015年2月4日向A县农村信用合作联社贷款50 000.00元,贷款期限为3年。A县农村信用合作联社在2017年12月8日对迟某在本合作联社开设的账号为62×××48的账户进行了冻结(只收不付)。

案例解读

冻结存款既关系到金融机构的信用,也关系到公民的财产安全,应当予以严格限制。案例中,原告迟某存入被告信用社的资金,是其合法收入,依照《民法典》第207条"国家、集体、私人的物权和其他权利人的物权受法律平等保护,任何组织或者个人不得侵犯"之规定,迟某的合法储蓄应受法律保护。同时,根据本条规定,A县农村信用合作联社采取冻结(只收不付)迟某账户的行为不合法。

习近平总书记多次强调全面推进依法治国,法治政府建设是全面依法治国的重点任务和主体工程。领导干部作为全面依法治国的重要组织者、推动者与实践者,应当对法律怀有敬畏之心,带头依法办事,带头遵守法律,不断提高运用法治思维与法治方式深化改革、推动发展与解决矛盾的能力。

习近平法治思想指引

要坚持依法治国、依法执政、依法行政共同推进,坚持法治国家、法治政府、法治社会一体建设,不断完善法律规范、法治实施、法治监督、法治保障和党内法规体系,汲取中华传统法律文化精华,吸收借鉴人类法治文明有益成果,坚决抵制西方错误思潮错误观点影响,加快建设中国特色社会主义法治体系。

——《推进全面依法治国,发挥法治在国家治理体系和治理能力现代化中的积极作用》,载《求是》2020年第22期。

重点法条

《行政强制法》第三十五条 行政机关作出强制执行决定前，应当事先催告当事人履行义务。催告应当以书面形式作出，并载明下列事项：
（一）履行义务的期限；
（二）履行义务的方式；
（三）涉及金钱给付的，应当有明确的金额和给付方式；
（四）当事人依法享有的陈述权和申辩权。

条文解读

本条是关于行政强制执行先行催告程序的规定。理解与适用本条内容应当着重考虑以下五个方面：（1）催告程序是启动行政强制程序的前置程序。当事人不履行确定的行政决定，必须先进行催告，经催告后行政相对人仍然不履行，行政机关才能进行强制执行。（2）催告书中应当明确当事人履行义务的期限。在《行政强制法》第54条中，行政机关申请人民法院强制执行，催告程序中给予当事人自行履行行政决定的法定期限是10日。（3）催告书中应当明确当事人履行义务的方式。（4）催告书若涉及金钱给付，则还应当明确给付的金额和方式。（5）催告书中应当明确当事人依法享有陈述、申辩的权利。如果行政相对人具有正当理由，可以在催告期内向行政机关提出陈述、申辩。

典型案例

2015年5月5日，A县城乡规划局经调查、立案、会审，向刘某作出行政处罚告知书（某规告字第〔2015〕0021504号），告知将对其修筑的涉案房屋作出限期拆除的行政处罚，同时告知其有陈述与申辩的权利。2015年5月13日，A县城乡规划局作出行政处罚决定书（某规处书〔2015〕1000504号），限定刘某在收到处罚决定之日起3日内自行拆除涉案房屋，并告知其申请行政复议或提起行政诉讼的权利与期限。刘某逾期未自行拆除房屋。同年5月8日、5月13日A县城乡规划局作出限期拆除公告，要求刘某等人限期自行拆除涉案房屋。后A县政府责成A县城乡规划局对刘某等人的违法建筑进行强制拆除。2015年7月2日，A县城乡规划局作出行政强制执行事先催告书（某规执催字〔2015〕210号），要求刘某收到催告书后3日内自行拆除涉案房屋，并告知其陈述和申辩的权利。刘某逾期仍未自行拆除涉案房屋。A县城乡规划局遂于2015年7月6日作出强制执行决定书（某规强执〔2015〕309号），决定对涉案房屋予以强制拆除。

案例解读

案例中所述程序符合《行政强制法》第35条第1款、第37条第1款的规定。但是，A县政府责成A县城乡规划局于2015年7月10日对刘某房屋实施强制拆除行为违反了《行政强制法》第44条的规定，属于程序违法。虽然该强制拆除行为经公告、催告等法定程序，但2015年7月10日仍处于刘某就A县城乡规划局于2015年5月13日作出的行政处罚决定书提起行政诉讼的法定期限范围内。

习近平总书记多次强调要营造风清气正的政治生态，各级领导干部应当谨慎用权。依法行政是建设社会主义法治政府的根本保证。领导干部在行使权力时，应当严格遵守法定程序，做到公共利益与公民、法人和其他组织的合法权益的平衡。

习近平法治思想指引

要用延安精神净化政治生态。政治生态好，干部队伍就会风清气正、心齐气顺，社会风气就会积极向上、充满正能量。政治生态不好，各种歪风邪气就会冒出来。毛主席当年概括了延安的"十个没有"。"延安作风"和"西安作风"的巨大反差让许多民主人士感叹："中国的希望在延安"。

——习近平：《党的伟大精神永远是党和国家的宝贵精神财富》，载《求是》2021年第17期。

重点法条

《行政强制法》第三十七条　经催告，当事人逾期仍不履行行政决定，且无正当理由的，行政机关可以作出强制执行决定。

强制执行决定应当以书面形式作出，并载明下列事项：

（一）当事人的姓名或者名称、地址；

（二）强制执行的理由和依据；

（三）强制执行的方式和时间；

（四）申请行政复议或者提起行政诉讼的途径和期限；

（五）行政机关的名称、印章和日期。

在催告期间，对有证据证明有转移或者隐匿财物迹象的，行政机关可以作出立即强制执行决定。

条文解读

本条是关于行政机关作出行政强制执行决定的规定。本条严格规定了行政强制执行决定的内容与程序，既是实施行政强制执行的直接依据，也是行政强制执行程序的一个重要环节。行政强制执行的决定直接影响到相对人的人身与财产权利。在实践中，领导干部作出行政强制执行的决定时更应当严格遵守法律的内容和程序，严格贯彻依法行政原则。"当事人逾期仍不履行"是强制执行的前提。"逾期"是指超过催告通知另行指定的履行义务期限，"不履行"既包括对行政决定确定的义务全部不履行，也包括部分不履行。行政强制决定的作出还需要当事人"无正当理由"，"正当理由"主要是指当事人不履行行政决定的义务是由客观情况导致的，而非当事人主观上不愿意履行。

典型案例

案例一

2015年8月13日，某区城市管理行政执法局因××毛巾厂逾期未履行该局要求其停止建设及自行改正的行政决定，对相关建筑进行了强制拆除。××毛巾厂对此提起诉讼，法院判决指出该区城管局在未履行《行政强制法》第37条有关行政机关强制执行程序等规定的情形下，直接实施强制拆除行为程序违法。该区城管局实施强制拆除行为认定的事实不清、证据不足、程序违法，原审判决错误，依法予以纠正。

案例二

2017年3月19日，赵某未经相关政府部门审批在其居住的A市B区某巷4号院内搭建了9平方米的临时建筑彩钢房一间，行政机关对其进行了强制拆除。法院判决认为该搭建行为违反了《中华人民共和国城乡规划法》等相关法律规定。A 市城管局在未作出限期拆除决定和强制执行决定，也未履行事先处罚告知、进行催告和予以公告，以及通知当事人到执行现场等程序的情况下，直接对赵某所搭建的彩钢房予以强制拆除，该行政强制行为违反了《行政强制法》第 35 条、第 37 条、第 38 条、第 44 条所规定的程序，属于违反法定程序。

案例解读

《行政强制法》第 37 条详细规定了作出行政强制执行决定应当符合的前提与内容。在上述案例一中，行政机关程序意识淡薄，作出的行政强制决定具有任意性，这不仅难以避免行政权力行使的恣意，侵害当事人的正当权益，还容易引起当事人与行政机关的对抗情绪。在上述案例二中，行政机关未履行催告和予以公告等义务，并且在未通知当事人到执行现场的情况下，直接对赵某所搭建的彩钢房予以强制拆除，这既不符合法律的规定，不利于保障当事人的合法权益，又加大了冲突，不利于社会和谐。

党的十八大以来，习近平总书记反复强调努力让人民群众在每一个司法案件中都能感受到公平正义。这就要求执法人员遵守正当程序的规定，做好公示催告，听取当事人的陈述申辩，加强行政机关与当事人之间的沟通。行政强制措施是直接针对公民人身和财产的限制，而由于需要采取强制措施的实践情况千差万别，执法人员有很大的自由裁量余地，行政机关，尤其是领导干部更需要重视正当程序原则，通过严格程序来减少社会冲突，推动行政强制依法进行，使人民群众在行政执法案件中感受到公平正义。

习近平法治思想指引

深化法治领域改革。当前，法治领域存在的一些突出矛盾和问题，原因在于改革还没有完全到位。要围绕让人民群众在每一项法律制度、每一个执法决定、每一宗司法案件中都感受到公平正义这个目标，深化司法体制综合配套改革，加快建设公正高效权威的社会主义司法制度。

——习近平：《坚持走中国特色社会主义法治道路 更好推进中国特色社会主义法治体系建设》，载《求是》2022 年第 4 期。

重点法条

《行政强制法》第四十二条　实施行政强制执行，行政机关可以在不损害公共利益和他人合法权益的情况下，与当事人达成执行协议。执行协议可以约定分阶段履行；当事人采取补救措施的，可以减免加处的罚款或者滞纳金。

执行协议应当履行。当事人不履行执行协议的，行政机关应当恢复强制执行。

条文解读

本条是关于执行和解制度的规定。理解和适用本条内容应着重考虑以下三个方面：（1）达成执行和解协议的前提。由于行政机关代表社会公共利益的特殊性，其在执行和解协议的订立和履行中尤其需要注意依法进行，不能随意放弃法定的行政管理职权。（2）执行和解协议的履行。由于行政机关受到公共利益原则的限制，在行政强制执行中，行政机关的处分权是有限的，并不是所有问题都能执行和解。（3）不履行执行和解协议的措施。执行和解协议属于合同的一种，对双方都具有约束力，达成执行和解协议并不意味着行政强制执行程序的终结，当事人不履行执行和解协议的，行政机关可以再次实施行政强制执行。

典型案例

某县林业局于 2018 年 5 月 31 日向人民法院申请强制执行某林罚书字〔2017〕第 33 号行政处罚决定，并于 2018 年 6 月 28 日以双方达成执行和解协议为由向法院递交撤回执行的申请。法院认为该县林业局与杨某达成的执行和解协议，是双方的真实意思表示，并未违反法律规定，也未损害公共利益和他人的合法权益。该县林业局的撤回申请是其真实意思表示，符合法律规定，准许其撤回对某林罚书字〔2017〕第 33 号行政处罚决定的执行申请。

案例解读

《行政强制法》第 42 条规定了签订执行和解协议的条件和履行的内容。

在案例中，行政机关以签订执行和解协议为理由申请撤回强制执行的申请，法院也着重审查了双方的自愿性以及是否涉及公共利益与他人合法权益。对此，领导干部更需要注意，由于行政机关与相对人之间不可避免地存在身份的差异，在签订执行和解协议时，不能使用权力迫使相对人同意行政机关提出的条件。这要求行政机关在协商的过程中，放下自己管理者的身份，以平等协商的态度与当事人进行对话，确保当事人有表达意志的自由。

执行和解制度是我国行政强制执行制度运行经验的总结，在不损害公共利益和他人权益的前提下，行政机关与相对人达成和解，既保障了行政决定的履行，节约了执法资源，又减少了社会冲突，完美契合了党中央一直以来提倡的和谐社会的要求。在实践中，领导干部更应该主动促进行政机关与相对人达成执行和解协议。这也体现了党中央一直倡导的以人民为中心的理念，促进了人民群众对行政执法活动的了解，也使得行政执行更缓和、更人性化，保障了人民群众的人身财产权益。

▓ 习近平法治思想指引 ▓

严格规范公正文明执法是一个整体，要准确把握、全面贯彻，不能畸轻畸重、顾此失彼。执法的最好效果就是让人心服口服。要树立正确法治理念，把打击犯罪同保障人权、追求效率同实现公正、执法目的同执法形式有机统一起来，坚持以法为据、以理服人、以情感人，努力实现最佳的法律效果、政治效果、社会效果。

——习近平：《论坚持全面依法治国》，北京：中央文献出版社2020年版，第259-260页。

▓ 重点法条 ▓

> 《行政强制法》第四十三条　行政机关不得在夜间或者法定节假日实施行政强制执行。但是，情况紧急的除外。
> 　　行政机关不得对居民生活采取停止供水、供电、供热、供燃气等方式迫使当事人履行相关行政决定。

条文解读

本条是关于行政强制执行文明执法的规定。理解和适用本条内容应当着重考虑以下两个方面：（1）不得强制执行的时间。行政机关不得在夜间强制执行，行政法领域的夜间一般指当晚的22点至次日早上6点之间。行政机关不得在法定节假日强制执行。但是该款也为在不立即执行将会造成不可估量的损失，或者今后难以执行等紧急情况下进行强制执行保留了余地。（2）强制执行不得采取的方式。采取停止供水、供电、供热、供燃气等方式涉及的是一部分群体的利益，容易激化社会矛盾，引起极端事件，与党中央向来强调的以人民为中心的理念相悖。

典型案例

康某系A市B区七一路办事处康湾社区居民，在该社区有一处宅基地，有自建房屋一幢，紧邻七一路。后A市"两违"办公室要求有关部门对七一路东段北侧一处违法建设进行查处。2016年12月3日，A市B区七一路办事处康湾社区居民委员会张贴了动迁通知和《对七一路东段北侧康湾社区翻建房屋补偿意见》。2016年12月23日凌晨4点钟开始，在B区人民政府组织下，七一路办事处对康某的房屋进行了强制拆除。康某对此不服，向该市中级人民法院提起行政诉讼。法院认为本案被告对原告房屋的拆除过程，既没有依法作出限期拆除的行政决定，也没有按照《行政强制法》的规定，履行催告、听取陈述申辩等程序；并且在凌晨4点就开始了拆除行为，违反了《行政强制法》第43条不得在夜间实施强制执行的规定。故被告实施的强制拆除行为没有事实和法律依据，违反法定程序，应确认违法。

案例解读

《行政强制法》第43条对强制执行中的禁止行为作出了规定。在上述案例中，行政机关在凌晨4点对房屋进行强拆，干扰了相对人的休息，也违反了法律的规定。对此，行政机关尤其是领导干部应增强法律意识，不能仅为了快速解决问题而忽视了相对人合法的程序权益，在实践中要加强与相对人的沟通，做到以人为本，采用规范执法方式。

行政机关文明执法是依法行政的应有之义，党的十八大以来，习近平总书记强调，推进严格规范公正文明执法，努力提升执法司法的质量、效率、公信力。行政机关实施强制执行不得影响公民合法的休息权利，这是法治文明进步的要求，也是行政机关文明执法的标志。当前，我国城市化进程不断加快，涉及的土地征收征用不断增多，强制执行引发的社会矛盾也是层出不穷。对此，领导干部应当密切关注执法过程，避免野蛮执法，以此缓和社会矛盾。

重点法条

《行政强制法》第四十四条　对违法的建筑物、构筑物、设施等需要强制拆除的，应当由行政机关予以公告，限期当事人自行拆除。当事人在法定期限内不申请行政复议或者提起行政诉讼，又不拆除的，行政机关可以依法强制拆除。

条文解读

本条是对违法建筑物、构筑物、设施等强制拆除的专门规定。理解和适用本条内容应当着重考虑以下两个方面：（1）对于合法建筑物、构筑物和设施的依法强制拆除，性质上并不适用本条的规定。同时，对于违法建筑物、构筑物和设施的认定应当合法合理，对于历史遗留问题应当依法妥善处理，不能进行"一刀切"。（2）行政机关进行强制拆除的程序。需要对强制拆除的内容进行公告，并由当事人限期拆除。当事人在法定期限内不申请行政复议或者提起行政诉讼，又不拆除的，才能由行政机关进行拆除。在一般的行政程序中，相对人提起行政复议或者行政诉讼，并不会停止行政强制的执行。

典型案例

钟某在某村某组210国道旁有房屋一栋。2016年1月28日，A市城乡规划局对钟某作出限期拆除违法建筑决定书，认定钟某的上述房屋及建筑物未取得乡村建设规划许可证，属于违法建筑，并限期3日内自行拆除。2016

年 2 月 2 日，A 市城乡规划局将该限期拆除违法建筑决定书移送 A 市 B 区人民政府强制执行。2016 年 4 月 14 日，A 市 B 区人民政府对钟某作出行政强制执行决定书，并于 4 月 19 日在 A 市中心公证处的公证下对钟某房屋实施了强制拆除。钟某对此不服向法院提起诉讼，一审法院判决 A 市 B 区人民政府败诉，对此，该区人民政府不服，并提起上诉。二审法院认为，A 市城乡规划局于 2016 年 1 月 28 日作出的限期拆除违法建筑决定书，明确提出行政诉讼的期限为 6 个月。在该起诉期限届满前，A 市 B 区人民政府即作出行政强制执行决定书，违反了《行政强制法》第 44 条的规定。

▎案例解读▎

《行政强制法》第 44 条对行政强制拆除的程序作了完善的规定。在案例中，行政机关违反了本条关于强制执行期限的规定，在行政复议、行政诉讼届满前，作出了行政强制执行决定书或者对房屋进行了强制拆除，这不利于相对人通过行政诉讼途径保障自己的合法权益，也存在激化矛盾的可能。在实践中，由于土地资源的有限性，各地搭建违法违章建筑的情况普遍存在。对于此，领导干部需要特别注意在实施强制拆除的过程中，严格按照法定程序进行，对具体问题具体分析，不能简单地采取"一刀切"的方式。

《法治政府建设实施纲要（2021—2025 年）》强调在执法中要着眼提高人民群众满意度，着力实现行政执法水平普遍提升，努力让人民群众在每一个执法行为中都能看到风清气正、从每一项执法决定中都能感受到公平正义。在对违法建筑的行政强制拆除中，行政机关，尤其是领导干部更应该做到严格规范公正文明执法，努力做到宽严相济、法理相融，让执法既有力度又有温度。

▎习近平法治思想指引▎

行政执法工作面广量大，一头连着政府，一头连着群众，直接关系群众对党和政府的信任、对法治的信心。要推进严格规范公正文明执法，提高司法公信力。近年来，我们整治执法不规范、乱作为等问题，取得很大成效。同时，一些地方运动式、"一刀切"执法问题仍时有发生，执法不作为问题突出。强调严格执法，让违法者敬法畏法，但绝不是暴力执法、过激执法，要让执法既有力度又有温度。

——习近平：《坚定不移走中国特色社会主义法治道路 为全面建设社会主义现代化国家提供有力法治保障》，载《求是》2021 年第 5 期。

▌重点法条▐

《行政强制法》第五十条　行政机关依法作出要求当事人履行排除妨碍、恢复原状等义务的行政决定，当事人逾期不履行，经催告仍不履行，其后果已经或者将危害交通安全、造成环境污染或者破坏自然资源的，行政机关可以代履行，或者委托没有利害关系的第三人代履行。

▌条文解读▐

本条是关于代履行条件与程序的规定。理解与适用本条内容应着重考虑以下三个方面：（1）代履行的适用前提与范围。本条为代履行附加了当事人逾期不履行，经催告仍不履行，其后果已经或者将危害交通安全、造成环境污染或者破坏自然资源的条件，这表明代履行仅适用于保障交通安全、防止环境污染、保护自然资源领域。（2）代履行的主体。代履行可以由行政机关实施，也可以由行政机关委托的没有利害关系的第三人实施。（3）代履行的责任承担。代履行与授权、委托并不相同。代履行并不是行政机关将行政强制执行权委托给第三人行使，而是由行政机关或者行政机关委托的第三人代替不履行义务的当事人履行其本应履行的义务。如果在代履行过程中错误损害当事人合法权益或者代履行错误造成当事人财产损失的，当然应当由实施代履行行为的行政机关向当事人承担行政赔偿责任。

▌典型案例▐

李某非法占用海域，2018 年 11 月 2 日，A 省海洋与渔业厅对其作出了某海执处罚〔2018〕002 号行政处罚决定书，责令其退还非法占用的海域、恢复海域原状并处罚款，并于同日送达，后李某始终未履行退还非法占用的海域、恢复海域原状的义务。A 省自然资源厅向某海事法院申请强制执行行政处罚决定书所确定的退还非法占用的海域、恢复海域原状。法院认为，《行政强制法》第 50 条规定了相关行政机关在当事人拒不履行排除妨碍、恢复原状等相关义务时，依法享有代履行的间接强制执行权，无须其他部门法另行规定。本案行政处罚决定书中所指的"围海行为"属于造成环境污染并破坏自然资源的情形，A 省海洋与渔业厅作出"退还非法占用的海域、恢复海域原状并处罚款"的行政决定后，李某逾期不履行，A 省自然资源厅可以依法实施代履行。

案例解读

《行政强制法》第 50 条规定了代履行的相关内容。在案例中，法院审查行政机关或者第三人能否代履行时着重考虑了涉争行为是否属于危害交通安全、造成环境污染或者破坏自然资源的行为，只有针对符合代履行条件的行为才允许行政机关或者没有其他利害关系的第三人代履行。因此，在实践中领导干部需要注意，代履行的范围是明确的，行政机关不能随意实施代履行，同时代履行也应当遵守强制执行的相关程序，否则一旦产生法律问题，行政机关也需要承担相应后果。

习近平总书记多次强调创新执法理念，要完善执法程序。代履行是行政强制执行过程中遇到特殊情况的替代之举，适当采取代履行有利于提高行政效率，保护公共利益。行政机关尤其是领导干部应当明确，在作出行政决定后，当事人逾期拒不履行才可以采取代履行，同时还需要尽到催告义务，并且其后果已经或者将危害交通安全、造成环境污染或者破坏自然资源才能实施。

重点法条

《行政强制法》第六十一条　行政机关实施行政强制，有下列情形之一的，由上级行政机关或者有关部门责令改正，对直接负责的主管人员和其他直接责任人员依法给予处分：

（一）没有法律、法规依据的；

（二）改变行政强制对象、条件、方式的；

（三）违反法定程序实施行政强制的；

（四）违反本法规定，在夜间或者法定节假日实施行政强制执行的；

（五）对居民生活采取停止供水、供电、供热、供燃气等方式迫使当事人履行相关行政决定的；

（六）有其他违法实施行政强制情形的。

条文解读

本条是关于行政机关实施行政强制没有法律依据或者违反法律规定所应承担的法律责任的规定。党的十八大以来，习近平总书记多次强调各级领导干部要带头尊崇法治、敬畏法律，了解法律、掌握法律，不断提高运用法治思维和法治方式深化改革、推动发展、化解矛盾、维护稳定、应对风险的能力，做尊法学法守法用法的模范。领导干部是行政强制工作依法有序进行的关键少数，实施行政强制不合法，领导干部需要承担相应责任，因此对本条内容需要予以掌握。

典型案例

吴某在A市共城大道西大街开办了××内衣店，并以××内衣店的名义于2017年8月21日向A市城乡管理局递交了门店招牌的行政许可申请书。同日，A市城乡管理局依照程序对其进行了审批。随后吴某做了相关广告挂在本店门头上，但城乡管理局在检查时发现其所做广告牌与审批的广告牌不符，并于2017年9月11日向该内衣店的工作人员发送了责令限期整改通知书。而后于2017年12月8日组织人员强行拆除了其门牌。对此，吴某不服，向法院提起诉讼。法院认为，城乡管理局对其行政管辖区内的户外广告有管理的职能，如果其认为原告做的户外广告牌不符合规定，应当依照《城市市容和环境卫生管理条例》及实施办法、《行政强制法》规定的程序依法进行行政处理，但被告作出整改通知书后没有按照《行政强制法》规定的通知催告程序而直接进行强制拆除的行为是违法的，因此，法院判决确认被告A市城乡管理局2017年12月8日强行拆除××内衣店户外广告牌的行政行为违法。

案例解读

《行政强制法》第61条规定了行政机关实施行政强制没有法律依据或者

违反法律规定所应承担的法律责任。法律责任条款是法律得以实施的重要保障，也是行政执法和司法适用的直接依据。在上述案例中，对于没有按照法律规定进行强制拆除的行为，法院确认其违法并要求行政机关整改。因此，在实践中，实施行政强制应当严格依照法律规定的方式、程序、限度，不得侵害相对人的合法权益。对于领导干部而言，具体行使党的执政权和国家立法权、行政权、监察权、司法权，是全面依法治国的关键，因此务必提升自己的法治素养，让尊法学法守法用法成为自觉行为和必备素质。

以习近平同志为核心的党中央高度重视行政执法工作的正当性和有序性，多次强调要加强对行政执法制约和监督，充分发挥行政执法监督统筹协调、规范保障、督促指导作用。对此，要坚持抓住领导干部这个"关键少数"，全面落实行政执法责任，严格按照权责事项清单分解执法职权、确定执法责任；大力整治重点领域行政执法不作为乱作为、执法不严格不规范不文明不透明等突出问题，围绕中心工作部署开展行政执法监督专项行动。

⫼ 习近平法治思想指引 ⫼

当前，一些领导干部还不善于运用法治思维和法治方式推进工作，领导干部心中无法、以言代法、以权压法是法治建设的大敌。各级领导干部必须强化法治意识，带头尊法学法守法用法，做制度执行的表率。

——《推进全面依法治国，发挥法治在国家治理体系和治理能力现代化中的积极作用》，载《求是》2020年第22期。

第四章 《公务员法》重点条文理解与适用

▮ 重点法条 ▮

《公务员法》第九条　公务员就职时应当依照法律规定公开进行宪法宣誓。

▮ 条文解读 ▮

本条是关于公务员宪法宣誓的规定。宪法宣誓制度乃是激励和教育国家工作人员忠于宪法、遵守宪法、维护宪法，加强宪法实施的重要制度保证。理解和适用本条内容应着重考虑以下三个方面：（1）宪法宣誓制度是新进与新晋公务员的必要环节。（2）宪法宣誓具有高度的规范性与公开性。要按照统一的宣誓誓词进行公开宣誓，法律明确规定了宣誓的具体形式。（3）领导干部应深刻理解宪法宣誓制度的重要意义。

▮ 典型案例 ▮

为了弘扬宪法精神，增强新任领导干部法治观念和宪法意识，2024年1月16日上午，某市文化旅游委举行了新任处级领导干部宪法宣誓暨任前集体廉政谈话会。面对庄严的国旗和国徽，由部门领导监誓，新任处级领导干部郑重宣誓，表达对宪法的忠诚和对人民的承诺。宣誓完毕，在任前集体廉政谈话会上，2 名新任处级领导干部代表作了表态发言，相关领导干部向 16 名新任处级领导干部提出了廉政要求。

▌案例解读 ▌

宪法誓词背后彰显出党和国家对宪法的高度尊重和对法治的坚定信仰。习近平总书记多次强调："坚持依法治国首先要坚持依宪治国，坚持依法执政首先要坚持依宪执政，坚持宪法确定的中国共产党领导地位不动摇，坚持宪法确定的人民民主专政的国体和人民代表大会制度的政体不动摇。"宪法是国家的根本法，公务员是国家治理的中坚力量，必须忠于宪法、遵守宪法、维护宪法。

目前在实践中，宪法宣誓制度已被充分落实。国务院、最高人民法院、最高人民检察院等分别制定了有关宪法宣誓的组织办法，充分举行了宪法宣誓仪式；31 个省、自治区、直辖市和新疆生产建设兵团制定实施了宪法宣誓办法；新录用公务员初任培训后公开进行宪法宣誓已普遍开展。因此，综合上述实践案例，领导干部在深入学习相关法律法规时应创新结合各种形式，进一步丰富宪法宣誓制度内涵，充分履行领导干部监督宣誓仪式职责。

▌习近平法治思想指引 ▌

凡经人大及其常委会选举或者决定任命的国家工作人员正式就职时公开向宪法宣誓。这样做，有利于彰显宪法权威，增强公职人员宪法观念，激励公职人员忠于和维护宪法，也有利于在全社会增强宪法意识、树立宪法权威。

——习近平：《关于〈中共中央关于全面推进依法治国若干重大问题的决定〉的说明》，载《求是》2014 年第 21 期。

▌重点法条 ▌

《公务员法》第十三条　公务员应当具备下列条件：
（一）具有中华人民共和国国籍；

> （二）年满十八周岁；
> （三）拥护中华人民共和国宪法，拥护中国共产党领导和社会主义制度；
> （四）具有良好的政治素质和道德品行；
> （五）具有正常履行职责的身体条件和心理素质；
> （六）具有符合职位要求的文化程度和工作能力；
> （七）法律规定的其他条件。

条文解读

本条是关于公务员所具备条件的规定。公务员所具备的条件是成为公务员应当具备的法定资格条件，是进入公务员队伍的最低标准。理解和适用本条内容应着重考虑以下五个方面：（1）具有中华人民共和国国籍，领导干部在任职期间，不得在拥有中国国籍时再加入或取得他国国籍，且任职期间不得退出中国国籍。（2）年满十八周岁，《宪法》规定年满十八周岁的公民都有选举权和被选举权，对于部分选任制的领导干部，只有拥有被选举权才具备成为选任制公务员的资格。（3）拥护中华人民共和国宪法，拥护中国共产党领导和社会主义制度，领导干部作为公务员队伍的"关键少数"，必须坚持旗帜鲜明讲政治，要始终在政治立场、政治方向、政治原则、政治道路上同以习近平同志为核心的党中央保持高度一致。（4）具有良好的政治素质和道德品行，政治素质要求领导干部在日常工作中及时地学习相关的论述与精神，不断提高自己的"政治三力"。（5）具有正常履行职责的身体条件和心理素质，健康的身体和良好的心理素质是公务员高质量完成工作的前提条件，领导干部也要关注自身心理健康问题，主动调节工作节奏，化解精神压力。

典型案例

案例一

2023年4月，何某考上了某县的乡镇公务员，且正处在公示期。群众举报其在学生时期曾经发表过辱华言论。接到举报后，该县委组织部会同纪检监察组成工作小组进行调查，查实何某2019年在大学期间曾于校内论坛发表辱华言论,产生严重负面影响,被学院通报批评,并取消年度奖学金及荣誉称号。鉴于以上事实,考察组认为何某政治素质不合格,不宜录用为公务员。

案例二

2016年8月,某乡政府副主任科员程某,将其在其他微信群里看到的淫秽图片转发给某朋友时,不慎转发至工作群。

该群共有500余名党政干部,程某的行为客观上造成了传播淫秽图片的事实。最终县纪委给予程某党内严重警告、行政降级处分,并进行通报曝光。

▍案例解读 ▍

公务员任职条件不仅是一种门槛,也是一条准绳。习近平总书记提出好干部要符合"信念坚定、为民服务、勤政务实、敢于担当、清正廉洁"的二十字标准。公务员代表国家形象,为保证国家机构的运转,保障公民权益,公务员必须满足这些基本条件。公务员要时刻牢记责任使命,正确行使人民赋予的权力,以实绩赢得广大群众的信任、爱戴和拥护。

案例中,由于当事人的政治素质、道德品行的不合格,导致遭遇处分乃至失去成为公务员的资格。因此,领导干部应在日常工作中充分把握自己的政治方向,将自己的日常行为积极对标法律规定的条件,积极学习政治理论,提高自己的道德水准,提高自己的心理素质,维护公务员队伍的良好形象。

▍习近平法治思想指引 ▍

好干部要做到信念坚定、为民服务、勤政务实、敢于担当、清正廉洁。

——习近平:《习近平谈治国理政》,北京:外文出版社2014年版,第412页。

▍重点法条 ▍

> 《公务员法》第二十一条 公务员的领导职务、职级应当对应相应的级别。公务员领导职务、职级与级别的对应关系,由国家规定。
>
> 根据工作需要和领导职务与职级的对应关系,公务员担任的领导职务和职级可以互相转任、兼任;符合规定资格条件的,可以晋升领导职务或者职级。

> 公务员的级别根据所任领导职务、职级及其德才表现、工作实绩和资历确定。公务员在同一领导职务、职级上，可以按照国家规定晋升级别。
>
> 公务员的领导职务、职级与级别是确定公务员工资以及其他待遇的依据。

‖ 条文解读 ‖

本条是关于公务员领导职务、职级与级别对应的规定。职务职级并行制度的引入，是以习近平同志为核心的党中央在全面从严治党、从严管理干部的新形势下，持续激励公务员担当作为的重要举措，是建设高素质专业化公务员队伍的重要制度安排。理解和适用本条内容应着重考虑以下两个方面：

（1）领导职务、职级与级别的对应关系。领导职务和职级可以互相转任、兼任，具体对应关系如表 4-1 所示：

表 4-1　厅局级以下领导职务与综合管理类公务员最低职级、级别对应表

厅局级以下领导职务	职级	级别
厅局级正职	一级巡视员	十三级至八级
厅局级副职	二级巡视员	十五级至十级
县处级正职	二级调研员	十八级至十二级
县处级副职	四级调研员	二十级至十四级
乡科级正职	二级主任科员	二十二级至十六级
乡科级副职	四级主任科员	二十四级至十八级

（2）领导职务、职级与级别、待遇的确定。公务员级别的确定和晋升应在所任领导职务、职级对应的级别范围内进行。领导职务与职级是确定公务员待遇的重要依据。担任领导职务且兼任一定职级的公务员，以就高原则享受相应待遇。但公务员的职级晋升，不改变工作职位和领导指挥关系，不享受相应层次领导职务的政治待遇、工作待遇。

‖ 典型案例 ‖

2020 年 5 月，某市驻市委办纪检监察组发现某综合监督单位未征求廉政意见就已经开会决定干部职级晋升，违反了职级晋升的程序。同时，还发

现该单位有一名同志的职级晋升未达到最低任职年限条件，不符合职级晋升规定。针对存在的问题，该组对该单位领导班子进行集体谈话，要求严肃整改落实，根据有关规定对负责此次人事任免的经办同志进行了批评教育并责令作出检查。

||| 案例解读 |||

职务职级并行制度的改革，是按照党中央建设高素质专业化公务员队伍的部署与要求，中央公务员主管部门研究制定了适用于各级机关的职务职级的试点工作。试点结果与最终实践表明，公务员的职务职级并行制度，拓展了公务员的职业发展空间，有效促进了公务员立足本职安心工作，也有效解决了实际工作中非领导职务的种种问题。

通过案例可知，实践中职务职级并行制度已稳步运转，但仍有部分领导干部对职务职级并行制度、晋升程序等不甚了解，造成违规晋升的问题。因此，领导干部应深入学习我国目前的职务职级相关规定，并在日常工作中严格遵守，以提高公务员管理效能与科学化水平。

||| 习近平法治思想指引 |||

各级党委及组织部门要坚持党管干部原则，坚持正确用人导向，坚持德才兼备、以德为先，努力做到选贤任能、用当其时，知人善任、人尽其才，把好干部及时发现出来、合理使用起来。

——习近平：《习近平谈治国理政》，北京：外文出版社2014年版，第418页。

||| 重点法条 |||

> 《公务员法》第二十六条　下列人员不得录用为公务员：
> （一）因犯罪受过刑事处罚的；
> （二）被开除中国共产党党籍的；
> （三）被开除公职的；
> （四）被依法列为失信联合惩戒对象的；
> （五）有法律规定不得录用为公务员的其他情形的。

条文解读

本条是关于公务员录用条件的禁止性规定。理解和适用本条内容应着重考虑以下四个方面：（1）因犯罪受过刑事处罚的。如仅构成犯罪，但被免于起诉或者免于刑事处罚的。（2）被开除中国共产党党籍和被开除公职的。被开除党籍或被开除公职的人员，一般存在严重违纪行为，为了保证公务员队伍的先进性与纯洁性，其不得被录用为公务员。（3）被依法列为失信联合惩戒对象的。党的十八届三中全会指出："建立健全社会征信体系，褒扬诚信，惩戒失信。"据此我国建立起一套失信联合惩戒体系，违背诚信守法而被列为失信联合惩戒的人员，不得被录用为公务员。（4）根据报考资格条件对报考申请进行审查。目前资格审查主要通过两种方式，一是报名阶段的网络审查，二是面试阶段的现场审查。

典型案例

2003年6月，张某报名参加A省公务员考试，经过笔试和面试，综合成绩名列第一，按规定进入体检程序。9月，张某的体检报告显示乙肝阳性，主检医生依据《A省国家公务员录用体检实施细则（试行）》确定其体检不合格。11月10日，张某以被告B市人事局的行为剥夺其担任国家公务员的资格，侵犯其合法权利为由，向法院提起行政诉讼，请求依法判令被告的具体行政行为违法，撤销其不准许原告进入考核程序的具体行政行为，依法准许原告进入考核程序并被录用至相应的职位。

案例解读

以习近平同志为核心的党中央高度重视建设高素质专业化公务员队伍，多次强调公务员应恪守的标准的问题，提出"有才无德会坏事，有德无才会误事，有德有才方能干成事"。公务员的录用是保障高素质专业化公务员队伍的源头，如果无法保证公务员的录用标准得到实施，则会极大损害公务员队伍的素质，破坏公务员队伍在人民群众心中的形象。

我国公务员的准入是需要满足法律中的各项条件的，但同时现实中也存在某些单位没有严格遵守法律规定的禁止性条件的情况，在上述张某因乙肝阳性而被剥夺担任国家公务员资格的案例中，B市人事局的具体行政行为违反了《公务员法》第26条的禁止性规定，侵犯了公民的平等就业权，造成不公平现象的出现。因此，领导干部在招录公务员时应充分把握《公务员法》中的禁止性条件，严格执行法律中的各项标准，做好公务员队伍的准入工作，同时，不能将法律中没有规定的条件作为公务员的禁止性条件，做到一视同仁，让真正有才者能够进入公务员队伍，为党和国家的事业添砖加瓦，真正贯彻落实习近平总书记关于加强干部源头培养和公务员队伍建设的重要指示要求。

‖ 习近平法治思想指引 ‖

年轻干部选拔任用要严格标准、严格把关。

——中共中央党史和文献研究院：《十九大以来重要文献选编》（上），北京：中央文献出版社2019年版，第572-573页。

‖ 重点法条 ‖

> 《公务员法》第四十四条 公务员因工作需要在机关外兼职，应当经有关机关批准，并不得领取兼职报酬。

‖ 条文解读 ‖

本条是关于公务员兼职的规定。理解和适用本条内容应着重考虑以下三个方面：（1）机关外兼职需经有关机关批准。公务员因工作需要只可在机关外兼任事业单位、社会团体的某些职务，但必须按干部管理权限申报相关事项，经审批后方可兼职。（2）不得领取兼职报酬。这里的报酬包括薪酬、奖金、津贴等，也不得获取股权和其他额外利益。2013年中共中央组织部印发的《关于进一步规范党政领导干部在企业兼职（任职）问题的意见》进行了更详细的规定，现职和不担任现职但未办理退（离）休手续的党政领导干部不得在企业兼职，符合兼职情形的兼职必须经有关机关批准，兼职不得兼薪。（3）违规兼职的后果。根据《中国共产党纪律处分条例》第103条的规定，党员干部在经济组织、社会组织等单位中兼职，或者经批准兼职但获取薪酬、奖金、津贴等额外利益的，情节较轻的，给予警告或者严重警告处分；情节较重的，给予撤销党内职务或者留党察看处分；情节严重的，给予开除党籍处分。

典型案例

某市实业投资集团有限公司原党委委员、总经理骆某曾利用其职务便利，为某控股公司谋取巨额利益。该控股公司董事长张某为感谢骆某，许诺其辞职后到自己公司工作将获得300万元"安家费"。后骆某辞去公职到该公司工作，并实际收受261万元"安家费"。2020年11月5日，骆某因犯国有公司人员滥用职权罪、受贿罪，被判处有期徒刑十二年，并处罚金150万元。

案例解读

习近平总书记曾在中央党校县委书记研修班学员座谈会上告诫："当官就不要发财，发财就不要当官。"各级党政领导干部应始终牢记，全心全意为人民服务才是为官从政的基本宗旨，而不是将权兑成钱，"脚踏两条船"，走上"权""利"双收的歧路。一般违规兼职主要有挂职取酬、在职兼职、退休兼职或任职。

而上述案例中的"隐蔽兼职""权力投资"是两种领导干部难以发现或难以意识到是违规违纪的兼职模式，因此领导干部应充分学习相关案例，在日常工作中要始终保持定力，筑牢纪律和规矩的防线，做到"富贵不能淫"。天上掉馅饼之时，就是地上有陷阱之时，企业以肥差、优待相约，背后多半隐藏"围猎"的陷阱和权钱交换的企图，党员领导干部要学会鉴别，切勿在糖衣炮弹面前丧失清醒。

习近平法治思想指引

推动形成清清爽爽的同志关系、规规矩矩的上下级关系、亲清统一的新型政商关系，当好良好政治生态和社会风气的引领者、营造者、维护者。

——习近平：《在学习贯彻习近平新时代中国特色社会主义思想主题教育工作会议上的讲话》，载《求是》2023年第9期。

重点法条

《公务员法》第五十条　公务员的职务、职级实行能上能下。对不适宜或者不胜任现任职务、职级的，应当进行调整。

公务员在年度考核中被确定为不称职的，按照规定程序降低一个职务或者职级层次任职。

条文解读

本条是关于公务员职务职级调整的规定。2022年《推进领导干部能上能下规定》正式实施，与《公务员法》一起，进一步从严管理公务员中的领导干部。理解和适用本条内容应着重考虑以下三个方面：（1）能上能下要求畅通领导干部"能下"的渠道。《公务员法》吸取了党管理领导干部的经验，为解决机关人事中"不容易下"的问题提供了法律依据，进一步督促领导干部勤于履职、奉公廉洁。（2）能上能下的适用范围。"能下"的渠道具体应当包括干部到龄免职（退休）、任期届满离任、加大问责追究、调整不适宜担任的现职干部等。（3）对"不适宜"、"不胜任"以及"调整"的理解。依据《推进领导干部能上能下规定》第5条，不适宜主要指干部的德、能、勤、绩、廉与所任职务要求不符，不宜在现岗位继续任职的情形，并具体列明了15项情况。"不胜任"是指公务员因能力、态度或其他因素无法满足当前职务或职级的要求，无法有效履行职责或完成工作任务。而"调整"在《公务员法》中指按照特定程序进行职务或职级的变动，包括降级、调岗等措施，以确保公务员队伍的整体素质和工作效能。

典型案例

案例一

2013年至2022年，某省检察院原一级高级检察官张某多次收受辖区企业负责人和下属所送的高档白酒、高档香烟；多次接受管理和服务对象安排的宴请；违规接受私营企业主安排的赴日本旅游，相关费用由企业支付；2019年初，在参加有关会议期间，主动要求某企业高管在其企业内部会所安排饭局，并饮用高档白酒。张某受到党内严重警告、政务撤职处分，降为二级巡视员。

案例二

2015年至2017年，徐某在任区扶贫办党组成员、副主任分管扶贫产业项目和产业扶贫工作期间，严重不负责任，对相关企业木瓜扶贫试点项目监督检查不力，对验收资料审核把关不严，致使国家扶贫资金478.78万元被套用。徐某受到撤销党内职务、政务撤职处分，降为一级科员，其所犯玩忽职守罪被免予刑事处罚。

案例解读

党的十八大以来，我们党把全面从严治党作为新时代党的建设的鲜明主题，提出一系列创新理念，进行一系列变革实践，健全一系列制度规范。上述案例中，领导干部在任职期间作风不良、触犯党纪国法，不仅受到了党纪处分，还被降职、降级，体现了党对"不适宜""不胜任"的领导干部必须向"下"走的严格管理态度。

《公务员法》第50条规定公务员的职务、职级要能上能下，让违纪违法的领导干部下去，让有能者上，劣者则被淘汰，破除"干好干坏一个样"的思想，旨在激发公务员的工作热情，明确公务员应当恪尽职守，能者居之；督促领导干部严守党的纪律，遵守法律规定，奋发向上，能够敢作为、有作为和会作为。

习近平法治思想指引

必须以党章为根本遵循，把党的政治建设摆在首位，思想建党和制度治党同向发力，统筹推进党的各项建设，抓住"关键少数"，坚持"三严三实"，坚持民主集中制，严肃党内政治生活，严明党的纪律，强化党内监督，发展积极健康的党内政治文化，全面净化党内政治生态，坚决纠正各种不正之风，以零容忍态度惩治腐败，不断增强党自我净化、自我完善、自我革新、自我提高的能力，始终保持党同人民群众的血肉联系。

——习近平：《决胜全面建成小康社会 夺取新时代中国特色社会主义伟大胜利》，载《人民日报》2017年10月28日，第1版。

重点法条

《公务员法》第五十七条　机关应当对公务员的思想政治、履行职责、作风表现、遵纪守法等情况进行监督,开展勤政廉政教育,建立日常管理监督制度。

对公务员监督发现问题的,应当区分不同情况,予以谈话提醒、批评教育、责令检查、诫勉、组织调整、处分。

对公务员涉嫌职务违法和职务犯罪的,应当依法移送监察机关处理。

条文解读

本条是关于公务员日常管理监督制度的规定。领导干部应当以该条款与《中国共产党党内监督条例》《中华人民共和国监察法》等相关文件为指引,自觉接受管理监督。理解和适用本条内容应着重考虑以下两个方面:(1)明确机关对公务员的日常管理监督内容,包括对公务员思想政治的监督、对公务员履行职责的监督、对公务员作风表现的监督、对公务员遵纪守法的监督等。(2)监督发现问题时针对不同情况进行不同处置。根据《中华人民共和国监察法》等相关规定,对有职务违法行为但情节较轻的公职人员,按照管理权限,直接或者委托有关机关、人员,进行谈话提醒、批评教育、责令检查,或者予以诫勉;对违法的公职人员依照法定程序作出警告、记过、记大过、降级、撤职、开除等政务处分决定;对不履行或者不正确履行职责负有责任的领导人员,按照管理权限对其直接作出问责决定,或者向有权作出问责决定的机关提出问责建议;对涉嫌职务犯罪的,监察机关经调查认为犯罪事实清楚,证据确实、充分的,制作起诉意见书,连同案卷材料、证据一并移送人民检察院依法审查、提起公诉。

典型案例

案例一

向某,A市人大常委会原主任,B市纪委根据向某的妹夫周某参与一个政府项目投资的举报信息开展调查,并在B市监委正式成立后对向某的亲属账户进行调查,最终发现向某利用职务便利受贿的违法事实,市纪委监委根据相关程序立案，并对该案 5 名涉案人员正式采取有关调查措施。6 月 8 日，B 市人民检察院依法对向某予以逮捕。

案例二

刘某，2013 年 2 月至 2023 年 3 月任某市政府党组成员、副市长时先后多次违规收受管理和服务对象所送的海参、购物卡等。刘某还存在其他严重违纪违法问题。2023 年 8 月，刘某受到开除党籍、开除公职处分，涉嫌犯罪问题被移送检察机关依法审查起诉。

案例解读

随着我国监察体制进一步完善，公务员的日常管理监督工作也在进一步完善，如向某与刘某等的违纪违法行为暴露在监察机关的日常监督之下。党中央紧抓"关键少数"，加强对"一把手"教育的针对性、管理的经常性、监督的有效性，促使各级"一把手"带头遵守党章党规和宪法法律，认真贯彻执行民主集中制，不断提高党性修养，做到位高不擅权、权重不谋私。

本条对公务员遵纪守法提出了要求，并对违纪违法的处理办法进行了纲领性规定，要求建立日常管理监督制度，对于公务员不同程度的违纪违法，要采取不同程度的惩戒措施，体现了宽严相济的管理监督智慧。上述案例中，违纪违法的领导干部不仅受到了开除党籍和开除公职的党纪处分、政务处分，还因涉嫌职务犯罪而被移送检察机关依法审查起诉。

习近平法治思想指引

强化党内监督，重在日常、贵在有恒。党的各级组织要敢于较真碰硬，见物见人见细节，从点滴抓起，从具体问题管起，及时发现问题、纠正偏差。要坦诚相见、开诚布公，让正常的批评和自我批评成为党内政治空气的清洁剂，让党员、干部习惯在相互提醒和督促中进步。

——《全面贯彻落实党的十八届六中全会精神 增强全面从严治党系统性创造性实效性》，载《人民日报》2017 年 1 月 7 日，第 1 版。

重点法条

《公务员法》第五十八条 公务员应当自觉接受监督，按照规定请示报告工作、报告个人有关事项。

条文解读

本条是关于请示报告制度的规定。理解和适用本条内容应着重考虑以下两个方面：（1）明确请示报告工作、报告个人事项所包含的内容。《中国共产党重大事项请示报告条例》具体规定了领导干部应当向党组织请示的事项。（2）无正当理由不报、漏报、瞒报的处理。重大事项请示报告责任追究制度要求有违反政治纪律、对重大事项请示报告不重视不部署、请示报告内容不实等情形，应当依规依纪追究有关党组织和党员、领导干部以及工作人员的责任，涉嫌违法犯罪的，按照有关法律规定处理。领导干部存在无正当理由不按时报告、漏报少报、隐瞒不报或其他违纪违法问题的，根据情节轻重，给予批评教育、组织调整或者组织处理、纪律处分。

典型案例

2017年8月，某市委常委、市政府党组副书记、副市长费某在美国洛杉矶购置房产1套，2019年12月，在某市某小区购置房产1套，并投资和加盟多家公司。2014年至2020年，费某在填写领导干部个人有关事项报告表时，未向组织如实报告上述情况。费某还存在其他严重违纪违法问题，已被立案审查调查，并被采取留置措施。

案例解读

如实向党组织报告个人事项是检验领导干部是否对党忠诚的试金石，是衡量党员干部党性的重要标准。在上述案例中，相关领导干部对自己的房产、投资情况隐瞒不报，未向组织如实报告个人有关事项，违反了《公务员法》第58条以及《中国共产党纪律处分条例》第81条的相关规定，必须坚决予以纠正。领导干部必须吸取上述案例的深刻教训，如实填报，特别是必须如实报告他人代持的房产、经商办企业、投资理财等情况。

本条规定了公务员如实且及时请示报告的义务，公务员应当在生活和工作中时刻牢记，没有如实报告既违反了党的纪律，也违反了国家法律的相关规定。如果领导干部向组织报告个人有关事项时弄虚作假、瞒天过海，那么最终将沦为反面典型，可能会滑向违法犯罪的深渊。

▌ 习近平法治思想指引 ▌

作为干部特别是领导干部，在涉及重大问题、重要事项时按规定向组织请示报告，这是必须遵守的规矩，也是检验一名干部合格不合格的试金石。连这一点都做不到，还是一个合格的领导干部吗？领导干部要有组织观念、程序观念，该请示的必须请示，该报告的必须报告，决不能我行我素，决不能遮遮掩掩甚至隐瞒不报。请示报告不是小事，不要满不在乎，这些年来一些干部出事就出在这个上面。该请示报告的不请示报告，或者不如实请示报告，那就是违纪，那就要严肃处理，问题严重的就不能当领导干部。

——中共中央文献研究室：《十八大以来重要文献选编》（上），北京：中央文献出版社2014年版，第767-768页。

▌ 重点法条 ▌

《公务员法》第五十九条　公务员应当遵纪守法，不得有下列行为：

（一）散布有损宪法权威、中国共产党和国家声誉的言论，组织或者参加旨在反对宪法、中国共产党领导和国家的集会、游行、示威等活动；

（二）组织或者参加非法组织，组织或者参加罢工；

（三）挑拨、破坏民族关系，参加民族分裂活动或者组织、利用宗教活动破坏民族团结和社会稳定；

（四）不担当，不作为，玩忽职守，贻误工作；

（五）拒绝执行上级依法作出的决定和命令；

（六）对批评、申诉、控告、检举进行压制或者打击报复；

（七）弄虚作假，误导、欺骗领导和公众；

（八）贪污贿赂，利用职务之便为自己或者他人谋取私利；

（九）违反财经纪律，浪费国家资财；

（十）滥用职权，侵害公民、法人或者其他组织的合法权益；

（十一）泄露国家秘密或者工作秘密；

（十二）在对外交往中损害国家荣誉和利益；

（十三）参与或者支持色情、吸毒、赌博、迷信等活动；

（十四）违反职业道德、社会公德和家庭美德；

（十五）违反有关规定参与禁止的网络传播行为或者网络活动；

（十六）违反有关规定从事或者参与营利性活动，在企业或者其他营利性组织中兼任职务；

（十七）旷工或者因公外出、请假期满无正当理由逾期不归；

（十八）违纪违法的其他行为。

条文解读

本条是关于公务员遵纪守法的规定。本条内容可归纳为以下几个方面：（1）政治纪律。政治纪律是公务员在政治立场、政治方向、政治言论、政治行为方面必须遵守的规矩。（2）组织纪律。组织纪律是规范和处理各级机关与公务员之间以及公务员与公务员之间关系的行为规则。（3）廉洁纪律。廉洁纪律是公务员在从事公务活动或者其他与行使职权有关的活动中应当遵守的廉洁用权的行为规则，是干部清正、政府清廉、政治清明的重要保障。（4）群众纪律。群众纪律是公务员坚持以人民为中心的发展思想和处理干群、政群、党群关系时必须遵守的行为规则。（5）工作纪律。工作纪律是各级机关和全体公务员在各项具体工作中必须遵守的行为规则，是各项工作正常开展的重要保证。（6）生活纪律。生活纪律是公务员在日常生活和社会交往中应当遵守的行为规则，涉及个人品德、家庭美德、社会公德等各个方面。

典型案例

案例一

2017 年 2 月，李某在中国银行保险监督管理委员会借调工作期间通过微信将当时央行制定的、尚处于内部征求意见阶段的"关于规范金融机构资产管理业务的指导意见"及起草说明拍了下来发给原单位（某银行总行）法律合规部总经理郑某。后经多次传播，造成国家秘密泄露。李某最终被判处故意泄露国家秘密罪，判处有期徒刑一年。

案例二

2014年至2021年，张某先后利用任某县林业局、财政局"一把手"的职务便利，在工程项目承揽、采购、招标、工程评审等方面为他人谋取利益，非法收受他人财物，2019年，在项目评审结算过程中，采取侵吞手段非法占有公共财政资金30余万元。2021年11月，张某因严重违反中央八项规定精神、廉洁纪律、工作纪律、生活纪律及国家法律法规被该县纪委监委给予开除党籍、开除公职处分。

‖ 案例解读 ‖

以习近平同志为核心的党中央高度重视党内监督，反复强调严肃党的纪律、规范党内政治生活的重要性。一个拥有最高纯洁性和先进性的队伍关键在于发挥领导干部示范带头作用，只有领导干部带头尊法学法守法用法，才能避免犯错误、走邪路。案例二中的张某，背弃了党和群众，最终走向了违法乱纪的道路。而案例一中的李某则是典型的理想信念不坚定，思想浮躁、纪律意识淡薄，以致违反工作纪律，致使国家秘密泄露，造成恶劣影响。

本条通过列举式规定，强调公务员不得有所列举的十八项行为，要求公务员的一言一行需谨慎，一作一为需自律。虽然本条没有对公务员作出上述行为的法律后果予以明确，但在党章党规以及其他部门法中早有明确。对于违反党的纪律和国家法律的领导干部，将按照相关规定，严肃处理。

‖ 习近平法治思想指引 ‖

领导干部具体行使党的执政权和国家立法权、行政权、监察权、司法权，是全面依法治国的关键。领导干部必须带头尊崇法治、敬畏法律，了解法律、掌握法律，遵纪守法、捍卫法治、厉行法治、依法办事，不断提高运用法治思维和法治方式深化改革、推动发展、化解矛盾、维护稳定的能力，做尊法学法守法用法的模范，以实际行动带动全社会尊法学法守法用法。

——《加强党对全面依法治国的领导》，载《求是》2019年第4期。

重点法条

《公务员法》第六十条　公务员执行公务时，认为上级的决定或者命令有错误的，可以向上级提出改正或者撤销该决定或者命令的意见；上级不改变该决定或者命令，或者要求立即执行的，公务员应当执行该决定或者命令，执行的后果由上级负责，公务员不承担责任；但是，公务员执行明显违法的决定或者命令的，应当依法承担相应的责任。

条文解读

本条是关于公务员如何对待上级有错误或违法的决定或命令的规定。领导干部应当坚持权责一致，谨慎用权，认真听取下级提出的意见。理解和适用本条内容应着重考虑以下两个方面：（1）下级认为上级的决定或命令有错误的，有权陈述意见。下级在执行公务时，如果认为上级的决定或命令有错误，即不合理、一般违法或明显违法，则可以提出改正或撤销的意见。但是下级仅具有陈述意见的权利，不代表其拥有审查决定和命令的权利。（2）下级以服从上级命令为原则，不服从为例外。上级不改变或者要求立即执行决定和命令的，下级应当予以执行。对于上级坚决要求执行的决定和命令，由上级承担责任，这体现了权责一致的原则。另外，公务员对于明显违法的决定和命令拒绝执行，既是权利也是义务。公务员执行明显违法的决定和命令，应当承担责任。

典型案例

案例一

A市城乡规划服务中心主任夏某和城乡规划服务中心用地规划股股长刘某，在明知A市副市长骆某和A市住建局局长梁某召开会议形成的会议纪要关于同意开发商新增楼层的规定违反法律的情况下，仍以A市城乡规划服务中心名义说明新增楼层符合规划要求，并依上级指示签署"同意办理"的审核意见，为新增楼层违法办理了建设工程规划许可证，致使B小区擅自增加的7 900余平方米建筑"合法化"，形成违法收入约1 806千万元。夏某、刘某二人构成滥用职权罪，但免予刑事处罚。

案例二

2012年至2017年，市交警队巡逻大队副大队长收受他人贿赂，通过对行政强制措施凭证背面签批的方式改变违法事实，减轻行政相对人处罚。罗某系市交警队巡逻大队违章处理科科长，负责违章处理科全面工作，李某系市交警队巡逻大队违章处理科民警，负责交通违法处理工作。他们在收到经签批改变违法事实意见的行政强制措施凭证后，故意逾越职权，减轻对违法行为人的处罚。两人在处理交通违法行政处罚案件时，滥用职权，致使国家利益遭受重大损失，其行为已构成滥用职权罪。

▎案例解读 ▎

当命令与法律不一致时，是执行命令还是执行法律？我国科层体系中下级需要服从上级的命令，同时在但书部分规定公务员发现上级决定或命令明显违法时，怠于履行拒绝执行义务需要承担责任。本条不仅突出体现了党的"权责一致"理念，还有利于防范"官本位"思想对司法公平正义的冲击。

由于法条用语的模糊性和"官本位"思想的顽固性，实践中执行命令而不执行法律的案例屡次发生，有些公务员甚至与不法分子为伍，彻底走上错误道路。因此，领导干部要坚持权责一致、有权必有责，对下级的意见悉心听取；认为上级有错误的命令时要提出自己的意见，对待明显违法的决定和命令要有拒绝执行的勇气，破除"官本位"思想的束缚。

▎习近平法治思想指引 ▎

有权就有责，权责要对等。无论是党委还是纪委或其他相关职能部门，都要对承担的党风廉政建设责任进行签字背书，做到守土有责。出了问题，就要追究责任。决不允许出现底下问题成串、为官麻木不仁的现象！

——中共中央党史和文献研究院：《习近平关于全面从严治党论述摘编》，北京：中央文献出版社2021年版，第458页。

▎重点法条 ▎

《公务员法》第六十一条　公务员因违纪违法应当承担纪律责任的，

依照本法给予处分或者由监察机关依法给予政务处分；违纪违法行为情节轻微，经批评教育后改正的，可以免予处分。

对同一违纪违法行为，监察机关已经作出政务处分决定的，公务员所在机关不再给予处分。

▍条文解读▍

本条是关于公务员违纪违法承担责任的规定。理解和适用本条内容应着重考虑以下三个方面：（1）行政处分制度与监察机关的政务处分制度相衔接。本条明确了公务员实施违纪违法行为的责任追究实行政务处分与行政处分并行的双轨处分体制，不同于行政处分，监察机关作出政务处分的对象范围更广，处分的内容和程序都存在一定差异。（2）同一违纪违法行为不重复处分。对于同一违纪违法行为，应当明确不得重复处分，对于已经受到监察机关政务处分的，不再受到所在机关单位的处分。（3）处分不影响公务员承担法律责任。本条讲述的是公务员因违纪违法承担纪律责任，而对于公务员触犯《中华人民共和国刑法》（以下简称《刑法》）或其他法律所要承担的法律责任，不因承担纪律责任而被免除。

▍典型案例▍

案例一

某县档案局副局长W代理了某公司产品，在微信朋友圈从事微商活动，获利几千元。2017年9月，W调任某乡党委副书记、乡长后未再卖过商品。W在案发后主动认错悔错，深刻反思，上缴了违纪所得。2020年8月，县纪委监委对W免予政务处分，给予诫勉谈话处理。

案例二

"网民发帖称医院食堂价高难吃被拘留"在网上引起热议，网民对警方的批评质疑声较为集中。某市公安局对该舆情事件高度关注，组织工作组对本案的事实、证据和法律适用进行重新审查。派出所民警W，执法程序不规范，违规出具行政处罚决定书，给予其行政警告处分。撤销对乙某的处罚决定，责令该派出所向当事人赔礼道歉。

案例解读

追责是个精细活,"精准"是关键。全面从严治党的目的不是要把人管死,让人瞻前顾后、畏首畏尾,搞成暮气沉沉、无所作为的一潭死水,而是要通过明方向、立规矩、正风气、强免疫,营造积极健康、干事创业的政治生态和良好环境。对公务员进行处分,要综合考量其违纪违法动机、事后态度以及社会影响等因素,体现惩治与教育相结合、约束与关爱并重的监督执纪目的。此外,根据"一事不再罚"原则,在受到任免机关、单位处分或者是监察机关处分后,不会再对公务员进行重复处分。

探索就有可能失误,做事就有可能出错。在实现第二个百年奋斗目标新征程上,既要严惩为一己私欲有意为之的违法违纪行为,又要态度坚定地为探索者撑腰,让他们轻装上阵、施展作为。每一名党员领导干部都要增强公正用权、依法用权、廉洁用权的自觉性,坚守初心、不改本色,敢于担当、积极作为。

习近平法治思想指引

要不断探索完善全面从严治党的有效举措,坚持"三个区分开来",坚持严管和厚爱结合、激励和约束并重,更好激发广大党员、干部的积极性、主动性、创造性,形成奋进新征程、建功新时代的浓厚氛围和生动局面。

——习近平:《时刻保持解决大党独有难题的清醒和坚定,把党的伟大自我革命进行到底》,载《求是》2024年第6期。

重点法条

《公务员法》第六十三条　对公务员的处分,应当事实清楚、证据确凿、定性准确、处理恰当、程序合法、手续完备。

公务员违纪违法的,应当由处分决定机关决定对公务员违纪违法的情况进行调查,并将调查认定的事实以及拟给予处分的依据告知公务员本人。公务员有权进行陈述和申辩;处分决定机关不得因公务员申辩而加重处分。

处分决定机关认为对公务员应当给予处分的,应当在规定的期限内,按照管理权限和规定的程序作出处分决定。处分决定应当以书面形式通知公务员本人。

条文解读

本条是关于公务员处分合法性要件与程序的规定。理解和适用本条内容应着重考虑以下三个方面：（1）公务员处分的合法性要件。对公务员作出处分决定，要求具备事实清楚、证据确凿、定性准确、处理恰当、程序合法、手续完备这六项要件。（2）公务员处分的调查与告知程序。一般而言，公务员的处分程序要经过初步核查、调查取证；经负责人批准形成书面调查报告；随后将调查认定的事实和拟给予的处分告知公务员本人，并告知拥有陈述和申辩的权利；经领导机关集体讨论，决定给予公务员的处分，并以书面形式告知公务员，在一定范围内公布；最后将处分决定存入公务员个人档案。（3）公务员享有陈述和申辩权。处分决定机关不得因公务员申辩而加重处罚。

典型案例

案例一

2021年1月，某省生态环境保护督察组在A市开展环保督察期间，该市B区纪委监委根据督察组移交的问题线索，在未按程序报请区委主要负责人批准的情况下，对A市生态环境局领导干部启动问责调查。B区纪委监委在给予上述人员处理、处分前，未形成事实材料与其见面核对并听取其陈述和申辩。此后，省委巡视组在有关专项巡视中发现上述问责存在简单泛化、未履行处理、处分所依据的事实材料应当同本人见面核对的程序等问题，并移交A市纪委监委处理。A市纪委监委按程序核查后，责令B区纪委监委及时依规依纪依法予以纠正。

案例二

华东某市一慈善项目长期存在违规经营等问题，市民政局两任局长及多名领导干部与项目投资人存在不正当经济往来，但该市仅查处了直接违纪的市民政局局长等相关领导干部，未向上追究领导责任。经上级督办后，该市分管民政工作的副市长和市纪委监委驻市民政局纪检监察组组长才受到问责处理。

案例解读

守法律、重程序是公务员特别是纪检监察部门相关人员的重要工作依据，习近平总书记强调，领导干部提高法治思维和依法办事能力，守法律、重程序是第一位要求。以上案例反映了在实践中监察机关和任免机关问责不规范、不精确和简单泛化的问题：在问责对象上问下不问上，在问责程序上求快不求准，在问责处理上简单粗暴，在问责效果上只问责不管理。

本条对公务员处分程序进行了较为详细的规定，各级纪检监察机关要充分认识到，严格依规依纪依法规范精准问责，是推动纪检监察工作高质量发展的应有之义和必然要求。纪检监察机关在开展执纪执法工作时，应当严格执行《中国共产党问责条例》等规定，既要查清具体事实、分清责任、严肃问责，又要区别情况、体现政策，做到规范精准问责。

习近平法治思想指引

领导干部提高法治思维和依法办事能力，关键是要做到以下几点。一是要守法律、重程序，这是法治的第一位要求。二是要牢记职权法定，明白权力来自哪里、界线划在哪里，做到法定职责必须为、法无授权不可为。三是要保护人民权益，这是法治的根本目的。四是要受监督，这既是对领导干部行使权力的监督，也是对领导干部正确行使权力的制度保护。

——中共中央文献研究室：《习近平关于社会主义政治建设论述摘编》，北京：中央文献出版社2017年版，第97页。

重点法条

《公务员法》第七十六条　公务员执行公务时，有下列情形之一的，应当回避：

（一）涉及本人利害关系的；

（二）涉及与本人有本法第七十四条第一款所列亲属关系人员的利害关系的；

（三）其他可能影响公正执行公务的。

条文解读

本条是关于公务员公务回避的规定。理解和适用本条内容应着重考虑以下三个方面：（1）公务回避中利害关系指向的对象包括公务员本人、特定亲属和其他可能影响公正执行公务的主体。法定的特定亲属关系包括夫妻关系、直系血亲关系、三代以内旁系血亲关系以及近姻亲关系。其他可能影响公正执行公务的情形，在实践中通常表现为师生关系、战友关系、同学关系等感情深厚、联系紧密的社会关系。（2）公务员应当回避的公务活动有明确的法定范围，《公务员回避规定》第13条作出了明确规定。（3）公务员应当及时主动报告需要回避的情形，违反公务回避规定将承担法律责任，《公务员回避规定》和《行政机关公务员处分条例》明确规定了相关法律责任。

典型案例

案例一

某食品卫生监督执法大队的工作人员赵某，接到亲戚王某投诉称附近饭店销售过期食品。实际上，王某与该饭店存在竞争关系，意图利用赵某职权打压对手。赵某的同事得知赵某与王某有亲戚关系，劝其主动回避，并将此投诉交其他同事办理。赵某未听擅自前往，不顾该饭店并未销售过期食品的事实，责令该饭店停业整改。饭店不服，向赵某领导反映情况。事后，赵某因违反工作纪律，滥用职权，受到党纪严重警告、政务记大过处分。

案例二

A省纪委监委决定给予B市纪委原副书记、市监委原副主任、原二级巡视员龙某开除党籍处分；由A省监委给予其开除公职处分；收缴其违纪违法所得；将其涉嫌犯罪问题移送检察机关依法审查起诉，所涉财物一并移送。经查，龙某背离初心使命，毫无党性原则，执纪违纪、执法破法……在参与针对利害关系人的监督执纪工作中，不正确履行职责，未主动申请回避。

案例解读

党的十八大以来，习近平总书记多次强调干部一定要知敬畏、存戒惧、守底线，敬畏党、敬畏人民、敬畏法纪。这两起案件是典型的公职人员违反回避规定、滥用职权。违反回避规定往往会与其他违法行为高度关联，如滥用职权、说情干预、徇私舞弊等，究其根本在于公务员在办理公务时掺杂了私人问题，被私人利益蒙蔽了双眼，突破了遵纪守法的底线，失去了实事求是、公事公办的判断力与执行力，进而侵害群众和社会利益，造成严重不良影响。

公务回避制度设立的目的，就是防止领导干部因私情妨碍公正执行公务。在日常工作中，领导干部必须增强规范意识，正确理解和执行公务回避制度，树牢纪法意识，依法依规公正履职用权，不断提高自身的法律和道德修养，树立正确的权力观和公私观。在执行公务时若涉及个人利益，领导干部则应主动回避，以维护权力运行的公正、公开、透明。领导干部应以案为鉴，严格界定个人与公务的边界，确保权力行使不越轨，保障人民权利不受侵害，推动实现社会的公平正义。

▏▎▍ 习近平法治思想指引 ▍▎▏

要懂得权力是把"双刃剑"，始终保持对权力的敬畏感，坚持公正用权、依法用权、为民用权、廉洁用权，不能把公权力变成谋取个人或利益集团、"小圈子"私利的工具，不能成为任何利益集团、权势团体、特权阶层的代言人、代理人。

——习近平：《努力成长为对党和人民忠诚可靠、堪当时代重任的栋梁之才》，载《求是》2023年第13期。

▏▎▍ 重点法条 ▍▎▏

《公务员法》第七十七条 公务员有应当回避情形的，本人应当申请回避；利害关系人有权申请公务员回避。其他人员可以向机关提供公务员需要回避的情况。

机关根据公务员本人或者利害关系人的申请，经审查后作出是否回避的决定，也可以不经申请直接作出回避决定。

▏▎▍ 条文解读 ▍▎▏

本条是关于公务员回避程序的规定。理解和适用本条内容应当结合《公务员法》第十一章的其他条文和《公务员回避规定》的细化规定，着重考虑以下三个方面：（1）公务员法定的回避情形包括任职回避、地域回避和公务回避。（2）公务员的回避方式包括自行回避、申请回避和决定回避。（3）特殊岗位的公务员适用特殊回避规定。打铁必须自身硬，由于职责的特殊性和工作的敏感性，针对特殊岗位的公务员，如监察官、法官、检察官等，国家出台了一系列专门的法律对其进行规范，对其回避制度的规定往往比《公务员法》更为严格和具体。

典型案例

2020年，某市畜牧兽医局局长李某因涉嫌受贿罪被提起公诉。李某把儿子安排进畜牧局下属单位动物卫生监督所，堂妹也在其打点下进入畜种场当会计。除了自己的亲属，畜牧局办公室原主任王某的儿子、原副局长张某的儿子也被李某分别安排进畜种场担任要职，逐渐形成"管啥吃啥、各吃一摊""近亲繁殖、硕鼠成群"的贪腐格局。

案例解读

家风败坏往往是领导干部走向严重违纪违法道路的重要原因。二十届中央纪委二次全会要求，加强新时代廉洁文化建设，树立良好家教家风，营造和弘扬崇尚廉洁、抵制腐败的良好风尚，构建清廉社会生态。这起案件中，领导干部家风不正，无视回避制度规定，利用职务职权便利大搞"近亲繁殖"，破坏政治生态，对当地的党风政风社风民风产生了极大的错误示范影响。

公务员回避制度是预防"家族式腐败"的重要制度防线。该制度的实施有助于遏制因私人关系网络而引起的利益输送和不当干预，确保公务员在执行公务时的公正性和客观性。特别是在领导干部中，回避制度的严格执行对于维护良好的政治生态至关重要。领导干部应成为遵守回避制度的典范，通过自身的言行对家庭成员进行正面引导，树立良好的家教家风，同时积极参与和推动廉洁文化的建设。

习近平法治思想指引

要坚决贯彻中央八项规定精神，保持定力、寸步不让，防止老问题复燃、新问题萌发、小问题坐大。要加强对各级"一把手"的监督检查，完善任职回避、定期轮岗、离任审计等制度，用好批评和自我批评武器。

——《一以贯之全面从严治党强化对权力运行的制约和监督 为决胜全面建成小康社会决战脱贫攻坚提供坚强保障》，载《人民日报》2020年1月14日，第1版。

重点法条

《公务员法》第八十四条 任何机关不得违反国家规定自行更改公务员工资、福利、保险政策，擅自提高或者降低公务员的工资、福利、保险待遇。任何机关不得扣减或者拖欠公务员的工资。

条文解读

本条是关于公务员工资、福利、保险待遇法律保障的规定。工资、福利和保险制度涉及公务员的切身利益，是满足公务员物质需求、保证其安心工作的重要制度。理解和适用本条内容需要明确津贴补贴或福利的合法范围。《违规发放津贴补贴行为处分规定》对津贴补贴的范围作出了界定，即国家统一规定的津贴补贴和工作性津贴、生活性补贴、离退休人员补贴、改革性补贴以及奖金、实物、有价证券等。有违规发放津贴补贴行为的单位，其负有责任的领导人员和直接责任人员，以及有违规发放津贴补贴行为的个人，应当承担纪律责任。

典型案例

案例一

2017年春节前，某市某镇党委书记王某以某镇各项工作任务完成较好及工作辛苦为由，给该镇所有科级干部及各辖区负责人每人发放高档白酒一箱。2017年12月，王某主持召开会议进行自我批评，并要求有关人员清退酒款。2020年9月，王某受到党内严重警告处分。

案例二

2016年7月至2019年12月，某市司法局公证处以创收绩效、省级文明公证处奖励、职业公证员补贴等名义违规发放奖金补贴共计 39.1 万元。2020 年 4 月，公证处主任贾某受到党内严重警告处分；2020 年 5 月，公证处党支部书记汪某受到党内严重警告处分，司法局局长张某受到诫勉谈话处理。

‖ 案例解读 ‖

党的十八大以来，各级纪检监察机关大力整治违规发放津贴补贴或福利的问题，有效遏制了明显违规的滥发和乱发福利行为。然而，依然存在一些党员干部持有诸如"体恤部属""促进工作""雨露均沾""合情合理""法不责众"等不正确观念和侥幸心态，通过边缘操作和欺骗手段，滥用公共资源以求个人利益，通过名义上的正常福利发放进行实质上的违规行为。这种行为本质上是责任主体滥用职权，严重违反了党纪国法，破坏了中央八项规定精神的严格约束，产生了严重的"破窗效应"，损害了党和政府的形象，应当受到严肃的追责和问责。

国务院及其授权部门享有对工资、奖金、津贴、补贴制度的制定与修改权限，各地区、各部门未经批准不得自行决定。领导干部作为关键少数，应积极推动和监督津贴补贴和福利的合规发放，对自己的行为和决策负责，确保在福利发放等问题上不仅符合纪法规定，而且体现公平透明。一旦发现违规行为，应立即采取措施进行纠正，并对相关责任人进行适当的处理，从而进一步营造严的氛围，推动中央八项规定精神落实落细。

‖ 习近平法治思想指引 ‖

必须发扬党的优良作风，持之以恒落实中央八项规定精神，在常和长、严和实、深和细上下功夫，治"四风"树新风并举，坚决铲除腐败滋生的作风温床，坚决纠正形式主义、官僚主义问题，以好作风好形象创造新伟业。

——习近平：《全面从严治党探索出依靠党的自我革命跳出历史
周期率的成功路径》，载《求是》2023 年第 3 期。

‖ 重点法条 ‖

《公务员法》第八十六条　公务员有下列情形之一的，不得辞去公职：

（一）未满国家规定的最低服务年限的；

（二）在涉及国家秘密等特殊职位任职或者离开上述职位不满国家规定的脱密期限的；

（三）重要公务尚未处理完毕，且须由本人继续处理的；

（四）正在接受审计、纪律审查、监察调查，或者涉嫌犯罪，司法程序尚未终结的；

（五）法律、行政法规规定的其他不得辞去公职的情形。

条文解读

本条是关于公务员不得辞职情形的规定。理解和适用本条内容应着重考虑以下两个方面：（1）领导干部辞去公职适用特殊规定，《党政领导干部辞职暂行规定》明确规定了不得辞去领导职务的情形。（2）公务员辞去公职需符合相关程序规定。《公务员辞去公职规定》明确规定了公务员辞去公职的程序。公务员在辞去公职审批期间应当正常履职并依法办理相关手续，擅自离职的或拒不办理公务交接手续将受到开除处分。

典型案例

案例一

2017年底，某省纪委对该省××有限公司党委书记、董事长李某涉嫌违纪问题开展初核。李某可能感觉到了风吹草动，多次向组织提出辞职请求。当李某再次向省委组织部提出辞职，以患有严重心脏病为由需赴美就诊时，专案组初核预判李某有外逃风险，于2017年12月30日对李某及时立案并采取相应措施。2018年8月，李某被开除党籍、开除公职，其涉嫌职务犯罪问题被移送至检察机关依法审查、提起公诉。

案例二

2017年底，某市开展扫黑除恶专项行动。该市公安局某区分局成立了董某案件的分析研判小组，储某作为局长部署开展工作，要求现场排查涉董案件线索。此前储某曾多次收受董某现金，故在处理涉及董某的警情上投鼠忌器，导致了董某案一度无法突破。2018年7月，储某主动辞去公职，希望以此躲避组织调查。2019年11月14日，储某因涉嫌严重违纪违法被查。

2020年11月，储某因受贿罪被判处有期徒刑十年三个月。

案例解读

2023年以来，中央纪委国家监委高度重视"逃逸式辞职"这种新型腐败、隐性腐败，要求严把离退关口，防止带"病"离职。"逃逸式辞职"主要表现为领导干部试图以辞职躲避审查调查，并在离职后迅速实现政商角色转化。一些领导干部以辞职为掩护，自认为能够逃脱党纪国法的约束，为企业大搞"公关"，大肆收受过去约定的好处。"政商旋转门"既为腐败疏通了渠道，也会破坏市场秩序。

"离职"并非"离管"，反腐惩恶也不存在"既往不咎"一说。一方面，领导干部辞去公职前需要接受离任审计和廉政鉴定，确保其在任职期间的行为和决策符合纪法要求，确保公共资源的合理使用和职务权力的正确行使。另一方面，领导干部即便已经离职，一旦被发现在任职期间触犯了党纪或国家法律，也仍将面临相应的责任追究。不论其职务高低，任何人一旦违反了党纪国法，都将难以逃避被"秋后算账"的命运。

习近平法治思想指引

坚决查办案件，不是要和什么人过不去，而是要严肃法纪。如果是你先同党和人民过不去、同党纪国法过不去，而我们不讲原则让你过去了，党和人民、党纪国法是不会答应的。

——中共中央纪律检查委员会，中共中央文献研究室：《习近平关于党风廉政建设和反腐败斗争论述摘编》，北京：中国方正出版社2015年版，第96-97页。

重点法条

《公务员法》第八十七条　担任领导职务的公务员，因工作变动依照法律规定需要辞去现任职务的，应当履行辞职手续。

担任领导职务的公务员，因个人或者其他原因，可以自愿提出辞去领导职务。

> 领导成员因工作严重失误、失职造成重大损失或者恶劣社会影响的，或者对重大事故负有领导责任的，应当引咎辞去领导职务。
>
> 领导成员因其他原因不再适合担任现任领导职务的，或者应当引咎辞职本人不提出辞职的，应当责令其辞去领导职务。

条文解读

本条是关于辞去领导职务的规定。理解和适用本条内容应着重考虑以下两个方面：（1）辞去领导职务不代表失去公务员身份。公务员辞去领导职务后既有可能不再担任领导职务，也有可能担任其他领导职务，不能将辞去领导职务与失去公职画等号。（2）领导干部辞职主要包括因公辞职、自愿辞职、引咎辞职和责令辞职。

典型案例

案例一

2022年9月25日4时25分许，A县××有限公司的预热器分解炉在改造施工过程中发生脚手架坍塌事故，造成5人死亡、2人受伤，直接经济损失845.8万元。某镇党委副书记、镇长邵某未认真落实地方党政领导干部安全生产责任制，未认真履行对辖区内生产经营单位安全生产状况监督检查职责，协助A县有关部门依法履行水泥行业安全生产监督管理职责不力。10月1日，A县县委同意其引咎辞去该镇党委副书记、镇长职务。

案例二

2022年1月，"某县生育八孩女子"引发社会广泛关注。经调查发现，该县县委副书记、县长郑某，违反工作纪律，工作不负责任，存在形式主义、官僚主义，维护群众正当权利和利益不力，在精神障碍患者救治救助、计划生育管理等工作中失职失责，未认真组织核查事实，同意发布信息不实的情况通报，造成严重不良影响，决定给予其党内严重警告处分，免去党内职务，责令辞去县长职务。

案例解读

权责统一是行政法的基本原则之一。党的十八届四中全会明确指出，完善纠错问责机制，努力形成科学有效的权力运行制约和监督体系，增强监督合力和实效。只有严格问责，才能保证制度落地、责任落实。以上两个案例反映出部分领导干部在工作中失管失察，只享受权利不承担责任，面对困难只想绕着走，应对风险挑战宁可选择"失明"，以形式主义、官僚主义来弄虚作假、欲盖弥彰。

领导干部应对自己的行为和决策承担责任，特别是在其行为导致严重后果时，应主动承担责任，体现责任意识和担当精神。主要领导是第一责任人，要切实担起分内责任，不能用党委的集体责任掩盖个人领导责任。对于失职失责造成严重后果的领导干部，不仅要求其辞职，还要依法依规对其进行相应的纪律或法律处分，确保问责机制的严肃性和有效性。

▮ 习近平法治思想指引 ▮

领导干部要坚守正道、弘扬正气，坚持以信念、人格、实干立身；要襟怀坦白、光明磊落，对上对下讲真话、实话、心里话，绝不搞弄虚作假、口是心非那一套；要坚持原则、恪守规矩，严格按党纪国法办事，不成为不正当社会关系的编织者，绝不搞看人下菜、翻云覆雨那一套；要严肃纲纪、疾恶如仇，对一切不正之风敢于亮剑，绝不搞逃避责任、明哲保身那一套；要艰苦奋斗、清正廉洁，正确行使权力，在各种诱惑面前经得起考验，"不以一毫私意自蔽，不以一毫私欲自累"。

——中共中央纪律检查委员会，中共中央文献研究室：《习近平关于党风廉政建设和反腐败斗争论述摘编》，北京：中国方正出版社2015年版，第88页。

▮ 重点法条 ▮

《公务员法》第九十三条 公务员符合下列条件之一的，本人自愿提出申请，经任免机关批准，可以提前退休：

（一）工作年限满三十年的；

（二）距国家规定的退休年龄不足五年，且工作年限满二十年的；

（三）符合国家规定的可以提前退休的其他情形的。

条文解读

本条是关于公务员提前退休条件的规定。理解和适用本条内容应着重考虑以下两个方面：（1）公务员退休分为强制退休和自愿退休。根据《中共中央关于建立老干部退休制度的决定》的规定：担任中央、国家机关部长、副部长，省、市、自治区党委第一书记、书记、省政府省长、副省长，以及省、市、自治区纪律检查委员会和法院、检察院主要负责干部的，正职一般不超过65岁，副职一般不超过60岁。担任司局长一级的干部，一般不超过60岁。强制退休是指公务员在达到国家规定的退休年龄或者完全丧失工作能力时，由任免机关按照法定程序命令其退休，并享受相应的退休待遇。自愿退休是指公务员满足法定条件时，可以向任免机关申请退休，经批准后退出工作岗位，享受退休待遇。（2）公务员退休后享受国家规定的待遇，主要包括经济待遇、生活福利待遇以及其他待遇。

典型案例

案例一

某县人大常委会原副主任马某"退而不休"的行为被群众多次反映，给当地的政治生态造成不良影响。其退休后在该县某银行任职取酬144余万元，任职结束后又获得银行各种"补贴"56万元。2021年9月24日，某市人民法院一审认为马某犯受贿罪、利用影响力受贿罪，判处其有期徒刑九年，并处罚金95万元。

案例二

2015年7月至2018年2月，某市规划局原副局长胡某先后4次接受其在任领导岗位期间的服务对象某私人老板邀请，到香港、澳门旅游，相关费用由私人老板承担。胡某在退休后仍收受在职期间服务对象的钱物，是典型的"退休前办事、退休后收钱"，妄图规避纪律和法律制裁，但在党纪国法面前，最终只能是黄粱一梦。

案例解读

党的十八大以来，退休官员被查处的案例屡见不鲜，有的是在位时就以权谋私，等到退休后问题才得以暴露，也有的是在退休后利用在任时的关系或者影响力以权谋私，"发挥余热"。有些人采取了"先办事后收钱"的方式，试图将利益交换的实际发生时间推迟到退休之后，削弱其行为与收受利益之间直接关联的可识别性，以此降低被查处的风险。他们寄希望于退休后逃避监督，自以为即使问题暴露也能以"退休"之名大事化小、小事化了。然而，在全面从严治党的新形势下，这样的行为终究无法逃脱党纪和国法的严格审查。

领导干部需要增强自身的纪法意识和廉洁意识，明确退休不是违纪违法行为的"避风港"。对于违纪违法的退休领导干部，应严格按照法律法规和纪律规定进行处理，不仅取消相应的退休待遇，还追究其他责任。贯彻落实公务员退休制度，有助于持续推进全面从严治党，为构建廉洁高效的公务员队伍和实现国家治理体系和治理能力现代化提供坚实保障。

‖ 习近平法治思想指引 ‖

新征程反腐败斗争，必须在铲除腐败问题产生的土壤和条件上持续发力、纵深推进。总的要求是，坚持一体推进不敢腐、不能腐、不想腐，深化标本兼治、系统施治，不断拓展反腐败斗争深度广度，对症下药、精准施治、多措并举，让反复发作的老问题逐渐减少，让新出现的问题难以蔓延，推动防范和治理腐败问题常态化、长效化。

——《深入推进党的自我革命 坚决打赢反腐败斗争攻坚战持久战》，载《人民日报》2024年1月9日，第1版。

‖ 重点法条 ‖

《公务员法》第九十五条　公务员对涉及本人的下列人事处理不服的，可以自知道该人事处理之日起三十日内向原处理机关申请复核；对复核结果不服的，可以自接到复核决定之日起十五日内，按照规定向同级公务员主管部门或者作出该人事处理的机关的上一级机关提出申诉；也可以不经复核，自知道该人事处理之日起三十日内直接提出申诉：

（一）处分；

（二）辞退或者取消录用；

（三）降职；

（四）定期考核定为不称职；

（五）免职；

（六）申请辞职、提前退休未予批准；

（七）不按照规定确定或者扣减工资、福利、保险待遇；

（八）法律、法规规定可以申诉的其他情形。

对省级以下机关作出的申诉处理决定不服的，可以向作出处理决定的上一级机关提出再申诉。

受理公务员申诉的机关应当组成公务员申诉公正委员会，负责受理和审理公务员的申诉案件。

公务员对监察机关作出的涉及本人的处理决定不服向监察机关申请复审、复核的，按照有关规定办理。

条文解读

本条是关于公务员申请复核和申诉的规定。理解和适用本条内容应当明确复核、申诉的程序。《公务员申诉规定》明确指出复核申诉程序包括复核程序、申诉程序和再申诉程序。复核程序中，公务员应当向原人事处理机关提交书面申请。在复核决定作出前，申请复核的公务员不得提出申诉。复核决定逾期未作出的，申请复核的公务员可以在复核期满之日起15日内提出申诉。公务员对复核结果不服的，可以自接到复核决定之日起15日内提出申诉；也可以不经复核，自知道人事处理之日起30日内直接提出申诉。公务员对申诉处理决定不服的，可以自接到申诉处理决定之日起30日内提出再申诉。此外，申请人撤回复核、申诉和再申诉后，如无正当理由，不得再以同一事由提出。

典型案例

2018年8月，某县扶贫办多次下发通知，要求全县帮扶责任人做好接受省脱贫攻坚巡察组电话访谈准备。8月23日19:31至19:35，省巡察组四次拨打县农村公路局副局长张某手机，张某未接听电话。2018年10月8日，县纪委常委会研究决定，给予张某党内警告处分。同年11月，县委复查后认为，原处分决定定性不准确，处理不恰当，决定撤销该处分。

‖ 案例解读 ‖

要保护领导干部干事创业积极性，激励新时代新担当新作为。实施问责的目的，是督促党组织和领导干部强化责任意识，激发担当精神，而不是为了惩戒而惩戒，束缚领导干部手脚。执纪问责是严肃的事情，要明确"三个区分开来"，要不得官僚主义、形式主义。近年来，中央一直在讲要为各级干部尤其是基层干部松绑减压、撑腰容错，但从上述案例来看，一些领导干部还没有真正贯彻落实。

监督执纪问责应当以事实为基础，以纪法为准绳，不放过一个违纪者，也不冤枉一个无辜者。案例中，县纪委常委会仅因张某未接听电话，便予以党内警告处分，无疑与此原则相悖。领导干部在面对不当处分时，可以依法提出复核及申诉，确保自己的合法权益得到保护。这一机制的建立，不仅体现了对领导干部个人权利的尊重，也是完善党内监督、确保公正执行纪律的重要措施。通过实施精准的问责，既要敢于对那些不作为、乱作为的行为进行严厉的惩处，也要防止因问责过程中的不当操作给那些敢于担当、积极作为的干部造成不必要的心理负担和职业困扰。

‖ 习近平法治思想指引 ‖

要坚持严格管理和关心信任相统一，坚持真管真严、敢管敢严、长管长严，贯彻惩前毖后、治病救人的一贯方针，抓早抓小、防微杜渐，最大限度防止干部出问题，最大限度激发干部积极性。

——《全面贯彻落实党的十九大精神 以永远在路上的执着把从严治党引向深入》，载《人民日报》2018年1月12日，第1版。

‖ 重点法条 ‖

《公务员法》第一百零六条 对有下列违反本法规定情形的，由县级以上领导机关或者公务员主管部门按照管理权限，区别不同情况，分别予以责令纠正或者宣布无效；对负有责任的领导人员和直接责任人员，根据情节轻重，给予批评教育、责令检查、诫勉、组织调整、处分；构成犯罪的，依法追究刑事责任：

（一）不按照编制限额、职数或者任职资格条件进行公务员录用、调任、转任、聘任和晋升的；

（二）不按照规定条件进行公务员奖惩、回避和办理退休的；

（三）不按照规定程序进行公务员录用、调任、转任、聘任、晋升以及考核、奖惩的；

（四）违反国家规定，更改公务员工资、福利、保险待遇标准的；

（五）在录用、公开遴选等工作中发生泄露试题、违反考场纪律以及其他严重影响公开、公正行为的；

（六）不按照规定受理和处理公务员申诉、控告的；

（七）违反本法规定的其他情形的。

条文解读

本条是关于违反本法规定的行为及法律责任的规定。法律责任是指当个人或组织违反法律规定时，按照法律的规定承担的后果或处罚。理解和适用本条内容应着重考虑以下三个方面：（1）违法行为主体包括国家机关及其工作人员，既包括了个别公务员的个人行为，也可能涉及国家机关的组织行为。（2）监督主体为县级以上领导机关或者公务员主管部门。（3）承担责任的方式多样化，具体包括责令纠正、宣布无效、批评教育、责令检查、诫勉、组织调整、处分等行政责任措施，以及构成犯罪的，依法追究刑事责任。

典型案例

案例一

S省是我国西部人口大省，有121个县（市、区）的上级财政转移支付超过其可用财力的40%。2009年1月，该省印发了关于严格控制机构编制和财政供养人口增长的通知，明确规定今后五年内冻结财政转移支付超过可用财力40%的121个县的机构编制。S省人口计生委以考核等方式干预下级机构编制，新增事业编制360多名，其中40个县为机构编制冻结县，违规新增事业编制205名。事后，相关责任人被依规依法追究责任。

案例二

吴某利用担任省纪委纪检监察一室副主任、执法监察一室副主任、副厅级纪律检查员等职务上的便利或者职权形成的便利条件，索取他人财物，单独或通过其妻子朱某非法收受他人财物，为他人在工程招投标、药品销售、子女工作、药品提价、申诉处理等方面谋取利益，索取、非法收受他人财物合计价值151余万元。2018年，吴某被判处有期徒刑5年零6个月，并处罚金50万元。

案例解读

党的十八届三中全会对全面深化改革作出部署，提出强化权力运行制约和监督体系。我们党全面领导、长期执政，必须把公权力置于有效监督之下，确保公权力不滥用、不变质；必须继续扎细扎密扎牢制度的笼子，让权力受到监督和制约，强化不能腐的约束力，铲除不良作风和腐败现象滋生蔓延的土壤。对违法行为相关责任人的追责，体现了党和国家对公务员严格管理的坚定态度和决心，有利于促进公务员队伍的规范化管理，防止类似违规用权行为的发生。案例一中违规增加编制，案例二中以权谋私，这两种违法乱纪的行为最终受到了法律的制裁。

《公务员法》第106条的相关规定，通过列举公务员管理过程中的禁止行为，并对违法行为设定相应的纪律和法律责任，构建了公务员制度内部的自我纠错和约束机制，为深化改革和全面建设社会主义现代化国家提供坚强的制度保障和干部支撑。

习近平法治思想指引

党的十八大以来，党中央以"十年磨一剑"的定力推进全面从严治党，以"得罪千百人，不负十四亿"的使命担当推进史无前例的反腐败斗争，打出一套自我革命的"组合拳"。全面从严治党永远在路上，党的自我革命永远在路上，我们要持之以恒推进党的自我革命，确保党永远不变质、不变色、不变味，使党始终成为中国特色社会主义事业的坚强领导核心。

——《心往一处想劲往一处使推动中华民族伟大复兴号巨轮乘风破浪扬帆远航》，载《人民日报》2022年10月18日，第1版。

重点法条

《公务员法》第一百零七条 公务员辞去公职或者退休的，原系领导成员、县处级以上领导职务的公务员在离职三年内，其他公务员在离职两年内，不得到与原工作业务直接相关的企业或者其他营利性组织任职，不得从事与原工作业务直接相关的营利性活动。

公务员辞去公职或者退休后有违反前款规定行为的，由其原所在机关的同级公务员主管部门责令限期改正；逾期不改正的，由县级以上市场监管部门没收该人员从业期间的违法所得，责令接收单位将该人员予以清退，并根据情节轻重，对接收单位处以被处罚人员违法所得一倍以上五倍以下的罚款。

条文解读

本条是关于公务员离职后执业禁止的规定。理解和适用本条内容应着重考虑以下两个方面：（1）从适用主体上看，该条限制的是辞职或退休的公务员，不包括辞退和开除的。（2）从禁止行为上看，该条限制的是与原业务直接相关的营利行为。这不仅包括直接进入相关行业的公司或企业任职，也包括通过咨询、顾问等形式变相参与相关行业的经营或管理。但离职后从事与原工作业务无关的营利性活动，以及从事与原工作业务直接相关的非营利性活动则不受限制。

典型案例

案例一

2008年，某市政协主席郭某到龄退休，同年即进入当地一家公司担任监事。他通过某发改委、国土局的官员，为该公司协调商业项目有关手续。商人马某在2009年买下某地的一栋价值304万元的别墅送给郭某。此后，他利用影响力四处打招呼，帮商人拿工程，从5人处受贿837余万元。最终，法院以受贿罪、利用影响力受贿罪判处郭某有期徒刑14年。

案例二

2016年9月，51岁的姜某在某区旅游局党组书记、局长的职位上申请提前退休。任职期间，姜某在工程承揽、施工矛盾协调、工程款拨付等方面为他人谋取利益，收受巨额贿赂款。退休后，他将收受的大部分贿赂款用于经营××有限公司，利用其在区旅游局任职期间积累的人脉和资源，为自己在旅游行业经商谋利铺路架桥。2022年4月，姜某因涉嫌受贿、滥用职权犯罪，被移送某区人民检察院审查起诉。

案例解读

随着反腐败斗争走向深水区，腐败和反腐败的较量还在激烈进行，呈现出新的阶段性特征。习近平总书记在二十届中央纪委三次全会上强调，以永远在路上的坚韧和执着，精准发力、持续发力，坚决打赢反腐败斗争攻坚战持久战。有的领导干部搞"政商旋转门""逃逸式辞职"，在岗办事、转岗兑现，在位用权、离职回报，筹谋在位施恩、退休回报的"期权腐败"等，这种行为不仅损害了公共利益，也破坏了公平竞争的市场环境。

针对这一现象，《公务员法》第107条明确规定了公务员离职后从业限制，旨在切断公职人员与营利性组织之间可能存在的不正当利益链条，从而有效遏制"期权腐败"等违纪违法行为的发生，防止公职人员利用职权为自己或他人谋取私利，确保公权力始终在阳光下运行，进一步推动反腐败斗争向纵深发展，为建设清廉高效的政府提供坚实保障。

习近平法治思想指引

必须清醒看到，腐败这个党执政的最大风险仍然存在，存量还未清底，增量仍有发生。政治问题和经济问题交织，威胁党和国家政治安全。传统腐败和新型腐败交织，贪腐行为更加隐蔽复杂。腐败问题和不正之风交织，"四风"成为腐败滋长的温床。腐蚀和反腐蚀斗争长期存在，稍有松懈就可能前功尽弃，反腐败没有选择，必须知难而进。

——《充分发挥全面从严治党引领保障作用 确保"十四五"时期目标任务落到实处》，载《人民日报》2021年1月23日，第1版。

第五章 《行政复议法》重点条文理解与适用

‖ 重点法条 ‖

《行政复议法》第一条 为了防止和纠正违法的或者不当的行政行为，保护公民、法人和其他组织的合法权益，监督和保障行政机关依法行使职权，发挥行政复议化解行政争议的主渠道作用，推进法治政府建设，根据宪法，制定本法。

‖ 条文解读 ‖

本条是关于立法目的的规定，体现了《行政复议法》的核心价值，统领其规则结构和具体制度，领导干部应予掌握。理解和适用本条内容应着重考虑以下三个方面：（1）要对标《行政复议法》的立法目的，不断提升行政复议服务大局的能力水平。（2）要学会强化利用行政复议化解行政争议的能力，发挥行政复议化解行政争议的主渠道作用，牢牢把握行政复议对于创新预防和化解社会矛盾体制、完善多元化纠纷解决机制、提升社会治理效能具有的重要意义。（3）通过建设统一、科学的行政复议体制，完善行政复议工作机制，发挥行政复议监督依法行政的制度优势，为深入推进法治国家、法治政府、法治社会一体建设提供有力的法治支撑。

典型案例

案例一

罗某在某市某区建有房屋并长期在此居住生活，持有土地登记表和某镇人民政府及居委会开具的证明，该房屋位于某区消防通道及棚户区改造项目征收范围内。于是罗某向有关机关申请信息公开，申请内容为"某市某区棚户区改造项目征收范围内分户补偿情况"。被申请人依据《中华人民共和国政府信息公开条例》（以下简称《政府信息公开条例》）第15条"涉及商业秘密、个人隐私等公开会对第三方合法权益造成损害的政府信息，行政机关不得公开"，作出政府信息公开申请答复书，决定不予公开。罗某就此提起行政复议，复议机关基于被申请人在事实认定与程序方面存在问题的情况下作出答复行为，认定该答复的作出属于适用法律不当，撤销了被申请人作出的政府信息公开申请答复书并责令其在法定期限内重新作出答复。

案例二

A市某市场监督管理局在抽检某石化有限公司柴油闪点过程中发现其产品不符合《车用柴油》（GB19147—2016）Ⅵ等级0号标准，依据《A市车用柴油产品质量监督抽查实施细则（2022年）》，判定产品不合格。依照《中华人民共和国产品质量法》第49条的规定，对该石化有限公司三个加油站共行政处罚60余万元后，该石化有限公司不服，提起行政复议。经过行政复议机关的调解，双方在行政复议调解书上签字确认，争议得到实质性化解。

案例解读

新《行政复议法》第1条在立法目的中专门增加规定：发挥行政复议化解行政争议的主渠道作用，推进法治政府建设。这是对行政复议制度功能定位的鲜明宣示。新《行政复议法》按照其所要实现和达到的目标，对行政复议制度进行了重新构建和完善，代表了整个行政复议制度的价值追求。党员领导干部应该把握行政复议制度的功能定位，将其作为化解行政争议的重要抓手，在复议全过程贯彻其保护人民群众、社会公共权益和监督行政主体依法行政的价值导向。

党的二十大报告提出，推进多层次多领域依法治理，提升社会治理法治化水平。习近平总书记强调，要坚持把非诉讼纠纷解决机制挺在前面。《法治政府建设实施纲要（2021—2025年）》明确要求健全行政争议实质性化解机制，推动诉源治理。在案例一中，行政机关应当秉承在确保政府信息公开和申请人享有知情权的同时，维护好第三方合法权益的原则，全面履行职责，保障两者间的平衡。案例二反映出领导干部在办理案件过程中，根据基本案情和当事人的意愿，着手开展协调化解工作，通过多次协调、多方论证，在合法合理合规的情况下，助企纾困，实质化解行政争议。

习近平法治思想指引

要落实行政复议体制改革方案，优化行政复议资源配置，推进相关法律法规修订工作，发挥行政复议公正高效、便民为民的制度优势和化解行政争议的主渠道作用。

——《全面提高依法防控依法治理能力　为疫情防控提供有力法治保障》，载《人民日报》2020年2月6日，第1版。

重点法条

《行政复议法》第二条　公民、法人或者其他组织认为行政机关的行政行为侵犯其合法权益，向行政复议机关提出行政复议申请，行政复议机关办理行政复议案件，适用本法。

前款所称行政行为，包括法律、法规、规章授权的组织的行政行为。

条文解读

本条是关于行政复议适用范围的规定。回应了部分行政争议救济渠道不畅通的问题，有利于充分激发行政复议的制度优势，领导干部应予掌握。理解和适用本条内容应着重考虑以下三个方面：（1）行政机关是否对公民、法人或者其他组织的合法权益造成侵犯仅需申请人的主观判断，不需要提供证据加以证明。（2）只要公民、法人或者其他组织认为行政机关作出的行政行为可能对其合法权益产生影响，就可提出行政复议申请，无须等待实际损害结果的发生。（3）本条的定位属于法律适用范围的规定，并非对受案范围的规定。

典型案例

案例一

A市市场监督管理局向举报人张某作出情况回复，告知张某所举报商场过期食品的情况已经处理，将给予张某举报奖励及领取奖励的方式等内容。张某对情况回复不服，提请行政复议。复议机关A市人民政府作出不予受理行政复议申请决定书。张某不服，诉至法院。

案例二

2018年12月2日，陆某在天猫某旗舰店购买了两瓶黑芝麻丸，后怀疑该产品不符合《食品安全法》规定的食品安全标准，向B市食品药品监督管理局投诉举报。2019年2月25日，B市食品药品监督管理局作出《关于对B市××有限公司投诉的回复》，陆某不服，向B市人民政府申请复议。复议机关以陆某与原B市食品药品监督管理局的回复之间不具有利害关系，作出27号不予受理决定。

案例解读

案例中涉及投诉举报的奖励问题，根据相关法律规定，当事人在市场监督管理部门承诺"给予奖励"后，对奖励给予的金额和方式不服的，可以向上一级行政主管部门提出复核请求。但要注意的是，复核和复议不是排斥关系，即当事人既可以选择申请复核，也可以选择提起行政复议。不管是否提出复核请求，都不会影响当事人提起行政复议的权利，并且，奖励的金额和方式会对当事人权利义务造成实际影响，应当受理，最终该复议决定被法院撤销。

领导干部在实际工作中，要深入群众，重视公民监督的作用。这两个案例都涉及市民对市场监督管理局行为的不满和通过行政复议寻求救济的过程。这提示领导干部需要加强法律意识，确保在处理公民举报时能够严格依法办事。对于公民提出的复议申请，应依照法律规定认真处理，不应轻易以不具有利害关系等为由拒绝受理，避免造成行政不作为或乱作为。领导干部在处理行政复议请求时，要提高行政透明度，加强法律意识，优化服务态度和流程，以及建立健全复议和救济机制等。

习近平法治思想指引

社会治理是一门科学，管得太死，一潭死水不行；管得太松，波涛汹涌也不行。要讲究辩证法，处理好活力和秩序的关系，全面看待社会稳定形势，准确把握维护社会稳定工作，坚持系统治理、依法治理、综合治理、源头治理。在具体工作中，不能简单依靠打压管控、硬性维稳，还要重视疏导化解、柔性维稳，注重动员组织社会力量共同参与，发动全社会一起来做好维护社会稳定工作。

——中共中央文献研究室：《习近平关于全面建成小康社会论述摘编》，北京：中央文献出版社2016年版，第139页。

重点法条

> 《行政复议法》第四条　县级以上各级人民政府以及其他依照本法履行行政复议职责的行政机关是行政复议机关。
> 　　行政复议机关办理行政复议事项的机构是行政复议机构。行政复议机构同时组织办理行政复议机关的行政应诉事项。
> 　　行政复议机关应当加强行政复议工作，支持和保障行政复议机构依法履行职责。上级行政复议机构对下级行政复议机构的行政复议工作进行指导、监督。
> 　　国务院行政复议机构可以发布行政复议指导性案例。

条文解读

本条是关于行政复议机关、机构及其职责的规定，领导干部应予掌握。理解和适用本条内容应着重考虑以下三个方面：（1）本条的行政复议机关是各级人民政府，即省、市、区县人民政府，如果对其政府组成部门作出的行政行为不服，应当向该政府申请行政复议。（2）根据本条第2款的规定"行政复议机关办理行政复议事项的机构是行政复议机构"，基于我国现状，目前承担政府行政复议职能的机构是司法行政部门。（3）本条第3款指出政府要加强对司法行政工作的领导，上级行政复议机构对下级行政复议机构的行政复议工作是指导、监督关系。

典型案例

某县人民政府某街道办事处、某县农业行政主管部门、某县水利行政主管部门和某市生态环境行政主管部门某分局（以下简称4部门）认为白某存在养殖排污造成环境污染和未按规定备案等违法行为，作出限期拆除养殖设施设备及建（构）筑物通知书，要求白某限期拆除养殖设施设备及建（构）筑物。白某不服，提起行政复议。复议机关审理认为：4部门按照某县委深改办制定的养殖专项治理方案要求组织开展联合执法；在行政复议法定答复期限内，某县人民政府某街道办事处进行了答辩但未提交作出限期拆除通知的相关依据、证明材料；其他3部门未进行答辩，也未提交相关依据、证明材料。因此，复议机关以某县人民政府某街道办事处作出责令限期拆除通知主要事实不清、证据不足，其他3部门作出责令限期拆除通知没有证据和相关依据为由，撤销了4部门作出的限期拆除决定。

案例解读

本案体现了行政复议管辖制度改革的意义：行政复议权力下放改革的意义在于优化行政复议体制，提高行政争议解决的效率和公正性。将复议权力下放至具有更广泛管辖范围的政府机关，可以进一步对行政行为进行有效监督和审查。这一改革有助于减轻中央政府的负担，使得地方政府能够更快速、更灵活地处理与本地区相关的行政复议案件，从而提高行政决策的透明度和公众的满意度。同时，下放复议权力还有利于利用地方政府领导干部对本地情况的熟悉度，作出更为精准和合理的判断，增强行政复议决定的针对性和实效性，进一步促进法治政府建设。

新《行政复议法》将原来"条块结合"的管辖体制改为以"块块管辖"为主、"条条管辖"为补充的管辖体制，即相对集中的复议管辖体制，有利于优化行政复议资源配置，统一办案标准，实现"同案同判"，增强行政复议的公正性，发挥其化解行政争议的主渠道作用。

习近平法治思想指引

要加强和创新基层社会治理，坚持和完善新时代"枫桥经验"，加强城乡社区建设，强化网格化管理和服务，完善社会矛盾纠纷多元预防调处化解综合机制，切实把矛盾化解在基层，维护好社会稳定。

——《把加强顶层设计和坚持问计于民统一起来 推动"十四五"规划编制符合人民所思所盼》，载《人民日报》2020年9月20日，第1版。

重点法条

> **《行政复议法》第五条** 行政复议机关办理行政复议案件，可以进行调解。
>
> 调解应当遵循合法、自愿的原则，不得损害国家利益、社会公共利益和他人合法权益，不得违反法律、法规的强制性规定。

条文解读

本条是关于行政复议调解及其原则的规定。新《行政复议法》坚持和发展新时代"枫桥经验"，围绕实质性化解行政争议这一目标导向，将调解作为行政复议办案的重要内容在总则中予以规定，明确在合法、自愿的前提下，行政复议机关对各类行政争议都可以开展调解，领导干部应予掌握。理解和适用本条内容应着重考虑以下三个方面：（1）领导干部要在行政复议调解中找准职责定位，主动融入党委领导下的社会治理体系和诉源治理大格局，摆正自己"主导者"的位置，出对场、做对事，做到不缺位、不越位、不错位。（2）行政复议调解是行政争议多元化解机制中的重要一环，领导干部要充分发挥行政复议调解在矛盾纠纷多元化解机制中的基础性作用，进一步健全和完善行政复议调解与人民调解、司法调解的衔接联动。（3）政府要大力指导和支持行政复议调解工作创新发展，不断强化行政复议调解的"第一道防线"作用。

典型案例

案例一

2023年5月9日，A市市场监督管理局在对某车行销售电动自行车进行现场监督检查时，发现该车行销售的12辆电动自行车与产品说明书不符，存在《中华人民共和国产品质量法》第50条规定的以不合格产品冒充合格产品等违法行为。经法定调查程序，A市市场监督管理局于2023年9月6日作出某市监处罚〔2023〕226号行政处罚决定书。A市人民政府行政复议办公室于2023年11月17日组织该车行与A市市场监督管理局就一起因不服行政处罚而提起的行政复议纠纷进行调解，促成争议双方握手言和，行政争议得以圆满解决。

案例二

某拆迁工程公司中标取得某洗煤厂输煤廊道的所有权，后该输煤廊道被划定为某区工业遗址公园保护范围，因未就补偿问题达成一致意见，该拆迁工程公司欲拆除输煤廊道，某区文化旅游广电局向申请人出具不允许拆除的函，该拆迁工程公司不服，申请复议，请求支持其拆除输煤廊道。行政复议机关对申请人释法说理，说服申请人同意就输煤廊道的补偿问题进行调解。

案例解读

上述案例旨在提醒领导干部要摒弃"行政执法就是处罚"的错误思想，纠正"以罚代管""处罚万能""不处罚无监管"的错误认识，不断创新执法方式，特别是要探索行政指导、告诫等柔性执法方式的普遍使用，以彰显"以人为本"的执法理念，增强老百姓对法治政府建设的获得感、幸福感和安全感。

行政复议调解在行政复议过程中有其广泛的实践意义和积极作用，能够充分尊重当事人对解决行政争议方式的选择权。领导干部要学会突出"以人为本"的行政管理理念，提高行政机关办事效率，降低行政成本，减少行政诉讼，加强政府与民众之间的沟通，以构建和谐社会，减少当事人之间的对立情绪。这对维护社会稳定、促进安定团结、构建和谐社会具有重大的现实意义。

习近平法治思想指引

要推动更多法治力量向引导和疏导端用力，完善预防性法律制度，坚持和发展新时代"枫桥经验"，完善社会矛盾纠纷多元预防调处化解综合机制，更加重视基层基础工作，充分发挥共建共治共享在基层的作用，推进市域社会治理现代化，促进社会和谐稳定。

——习近平：《坚定不移走中国特色社会主义法治道路 为全面建设社会主义现代化国家提供有力法治保障》，载《求是》2021年第5期。

▍重点法条 ▍

《行政复议法》第十三条　公民、法人或者其他组织认为行政机关的行政行为所依据的下列规范性文件不合法，在对行政行为申请行政复议时，可以一并向行政复议机关提出对该规范性文件的附带审查申请：

（一）国务院部门的规范性文件；

（二）县级以上地方各级人民政府及其工作部门的规范性文件；

（三）乡、镇人民政府的规范性文件；

（四）法律、法规、规章授权的组织的规范性文件。

前款所列规范性文件不含规章。规章的审查依照法律、行政法规办理。

▍条文解读 ▍

本条是关于行政复议附带审查规范性文件制度的规定。完善行政复议附带审查规范性文件制度，有利于充分发挥行政复议的制度优势，领导干部应予掌握。理解和适用本条内容应着重考虑以下三个方面：（1）"行政行为所依据的下列规范性文件"中"规范性文件"的制定，属于抽象行政行为，是指行政机关制定在其管辖范围内具有普遍约束力、可以反复适用的规范性文件的行为。（2）规章是行政机关作出行政行为的依据，行政相对人不能在申请行政复议时一并提出对规章的审查申请。（3）行政复议机关对行政规范性文件的"合法性"进行审查时认为相关条款合法的，在行政复议决定书中一并告知；认为相关条款超越权限或者违反上位法，不作为认定行政行为合法依据的，向制定机关提出处理建议，建议制定机关修改或者废止。

▍典型案例 ▍

毛某与其夫祝某系 A 镇生猪养殖户。2015 年 5 月 31 日，A 镇人民政府（以下简称 A 镇政府）与祝某签订生猪养殖场关停退养协议，约定祝某关停其生猪养殖场，不得在原址上再从事生猪养殖，彻底拆除占地 374.3 平方米的养殖设施，由镇政府给予其 10 元/平方米的补偿。当日，A 镇政府对拆除养殖设施完成验收，并于同年 7 月 23 日将退养补助款转账支付至祝某个人账户。2015年8月30日，A镇政府发现祝某夫妇存在恢复生猪养殖的行为，向其发送责令关停退养通知书，责令其于当日无偿关停退养，并拆除栏舍。2015年9月1日上午，A镇政府发现其仍存在生猪养殖情形，遂于当日下午组织对养猪场建筑进行强制拆除。祝某夫妇因对A镇政府实施的强制拆除行为不服，提起行政诉讼，请求法院确认A镇政府的强制拆除行为违法，赔偿其各项损失408 230元，并申请对某市人民政府作出的《关于深入推进生猪养殖污染整治和规范管理的通知》（某政办发〔2014〕29号）进行附带审查。

‖ 案例解读 ‖

本案涉及行政机关在行政处罚中遵循法定程序查清案件事实，作出行政处罚的问题。行政机关在执法过程中要坚持实体与程序并重原则，既要按照《行政处罚法》及相关法律法规的规定及时发现和纠正违法行为，同时也要深入查清查透相关涉案事实。

本案明确了规范性文件附带审查制度中审查对象的附带性，即作为被诉行政行为依据的规范性文件才可能成为人民法院的审查对象。如果规范性文件不是行政机关实施行政行为的法律依据，人民法院将不予审查。要建立健全行政复议附带审查规范性文件制度，实现化解行政争议的同时附带审查规范性文件的合法性、合理性、适当性和可操作性。

‖ 重点法条 ‖

《行政复议法》第二十三条　有下列情形之一的，申请人应当先向行政复议机关申请行政复议，对行政复议决定不服的，可以再依法向人民法院提起行政诉讼：

（一）对当场作出的行政处罚决定不服；

（二）对行政机关作出的侵犯其已经依法取得的自然资源的所有权或者使用权的决定不服；

（三）认为行政机关存在本法第十一条规定的未履行法定职责情形；

（四）申请政府信息公开，行政机关不予公开；

（五）法律、行政法规规定应当先向行政复议机关申请行政复议的其他情形。

> 对前款规定的情形，行政机关在作出行政行为时应当告知公民、法人或者其他组织先向行政复议机关申请行政复议。

▌条文解读 ▌

本条是关于行政复议前置情形的规定。对于特定行政争议，通过复议前置在复议阶段就能够解决，可以将矛盾有效化解在行政系统内部，在为相对人解决问题的同时使其避免讼累，领导干部应予掌握。理解和适用本条内容应着重考虑以下三个方面：（1）适用复议前置的具体情形，大部分来自《行政复议法》的规定，也有来自其他法律、行政法规的规定。涉及多个行政部门和管理领域的，一般在《行政复议法》中予以规定；涉及单个行政部门和管理领域的，则由部门法律、行政法规规定。（2）对于复议前置的情形，行政机关在作出行政行为时负有告知行政相对人先申请行政复议的法定义务。如果行政机关未告知，即为程序违法，行政机关将因此承担行政法上的责任。（3）确定复议前置范围要考虑复议制度的实际消化能力。打造行政复议主渠道将是一个循序渐进的过程，不能仅靠强行设定一大堆复议前置情形来实现。

▌典型案例 ▌

2024年1月1日，新修订的《行政复议法》正式实施，对行政复议前置、通过互联网渠道提交相关材料等事项作出了全新规定。某区高效贯彻新法规定要求，1月2日，区市场监管局依规查办首起当场行政处罚复议前置案件。1月2日，执法人员在检查中发现某早餐店从事食品加工的人员未取得健康证明，违反了《食品安全法》第45条第2款的规定。区市场监管局依法责令商家改正，并当场作出警告的行政处罚决定。同时，依据新修订的《行政复议法》相关规定，执法人员开展以案释法，充分告知当事人如对处罚决定不服，应当先向行政复议机关申请行政复议，也可直接通过某区市场监管局提交行政复议申请。

▌案例解读 ▌

案例中体现了行政复议前置制度的重要性，该制度要求在某些情况下当事人提起行政诉讼前必须先申请行政复议。这一做法有助于减轻人民法院的案件负担,促进行政机关自我纠错,提高行政决策的效率和公正性。通过行政复议前置,争议双方有机会在行政机关内部解决问题,这不仅可以加快争议的解决速度,还有助于提升行政机关的责任感和服务意识。同时,案例中执法人员充分告知当事人行政复议的权利和程序,体现了新修订《行政复议法》强调的透明度和公正性,确保当事人的合法权益得到有效保障。前置制度的实施,可以促进行政执法与行政复议的有机结合,提高行政管理的法治化、规范化水平。

案例中,行政机关充分保障当事人的救济权利,有效发挥新法对行政复议公正高效、便民为民的制度优势和化解行政争议的主渠道作用。领导干部应该持续加大执法队伍的业务能力培训和行政执法以案释法工作的力度,持续做好新《行政复议法》和其他法律法规的学习贯彻工作,在充分理解、掌握法律法规精神的前提下,将行政执法的法律效果和社会效果相统一,不断打造法治化营商环境和公平有序的市场经济环境。

‖ 习近平法治思想指引 ‖

要坚持好、发展好新时代"枫桥经验",坚持党的群众路线,正确处理人民内部矛盾,紧紧依靠人民群众,把问题解决在基层、化解在萌芽状态。

——《始终干在实处走在前列勇立潮头 奋力谱写中国式现代化浙江新篇章》,载《人民日报》2023年9月26日,第1版。

‖ 重点法条 ‖

《行政复议法》第三十条　行政复议机关收到行政复议申请后,应当在五日内进行审查。对符合下列规定的,行政复议机关应当予以受理:

(一)有明确的申请人和符合本法规定的被申请人;

(二)申请人与被申请行政复议的行政行为有利害关系;

(三)有具体的行政复议请求和理由;

(四)在法定申请期限内提出;

(五)属于本法规定的行政复议范围;

(六)属于本机关的管辖范围;

（七）行政复议机关未受理过该申请人就同一行政行为提出的行政复议申请，并且人民法院未受理过该申请人就同一行政行为提起的行政诉讼。

对不符合前款规定的行政复议申请，行政复议机关应当在审查期限内决定不予受理并说明理由；不属于本机关管辖的，还应当在不予受理决定中告知申请人有管辖权的行政复议机关。

行政复议申请的审查期限届满，行政复议机关未作出不予受理决定的，审查期限届满之日起视为受理。

‖ 条文解读 ‖

本条是关于行政复议机关应当受理行政复议申请的条件的规定，行政机关对于符合受理条件的行政复议案件要做到应收尽收，要注意受理条件并不等于行政复议案件范围，案件本身属于行政复议范围时还要满足受理条件，这样行政复议机关才能受理该案件，属于《行政复议法》的受案范围只是受理条件之一，领导干部应予掌握。理解和适用本条内容应着重考虑以下三个方面：（1）本条规定是强制性规定。（2）根据法条的字面表述和其蕴含的基本精神，在满足全部条件的情况下才能适用本条规定。（3）本条中"利害关系"应当与《行政诉讼法》的规定保持一致。《行政复议法》对"申请人与被申请行政复议的行政行为有利害关系"进行了规定，与《行政诉讼法》中相关规定相同。

‖ 典型案例 ‖

刘某请求A区市场监督管理局纠正××分公司违法经营行为，责成该公司为刘某提供爆破施工服务，并赔偿刘某损失5 000元。A区市场监督管理局收到刘某的申请后，分别作出投诉不予受理决定书和举报不予立案告知书。刘某不服，向A区人民政府申请复议，A区人民政府作出不予受理行政复议申请决定书，认为刘某的申请不符合《行政复议法》规定的行政复议受案范围。刘某不服，提起行政诉讼。

案例解读

行政复议机关在作出行政复议决定前，应当认真审查申请人提出的行政复议申请，对其请求进行审查。首先判断案件是否属于行政复议范围，对于其他条件能够进行补正的要一次性告知申请人进行补正，对于不能补正的条件，应该对其说明理由，不能用拒绝受理的方式一劳永逸。

案例向领导干部提供了重要的启示，特别是在处理行政复议工作时的责任和透明度方面。领导干部需要认识到，对公众申请的认真处理是其职责所在，无论是对违法经营行为的投诉还是对政府信息公开的申请，都应当严格按照法律规定及时、公正地处理。案例强调了行政机关在行政复议过程中应当保持的透明度和责任感。即使在面对不符合受理条件的行政复议申请时，也应当依法作出明确的解释和指导，而不是简单地不予受理。

重点法条

《行政复议法》第三十一条　行政复议申请材料不齐全或者表述不清楚，无法判断行政复议申请是否符合本法第三十条第一款规定的，行政复议机关应当自收到申请之日起五日内书面通知申请人补正。补正通知应当一次性载明需要补正的事项。

申请人应当自收到补正通知之日起十日内提交补正材料。有正当理由不能按期补正的，行政复议机关可以延长合理的补正期限。无正当理由逾期不补正的，视为申请人放弃行政复议申请，并记录在案。

行政复议机关收到补正材料后，依照本法第三十条的规定处理。

条文解读

本条是关于行政复议申请材料补正的规定。本条明确了行政复议机关通知补正的法定职责，同时，也明确了申请人提交补正材料的具体要求，对实践中行政复议机关处理行政复议申请具有重要的指导性意义，领导干部应予掌握。理解和适用本条内容应着重考虑以下五个方面：（1）通知补正的主体为行政复议机关。履行通知补正法定职责的行政复议机关必须是一个独立的行政机关，即能对外实施行政管理、能以自己的名义对外独立作出具体的行政行为。(2)行政复议机关应当一次性通知申请人补正。为了便利申请人，防止行政复议机关滥用权力故意多次告知本可以一次性告知的补正事项，规定了必须"一次性载明需要补正的事项"。(3)明确申请人提交补正材料的期限。在法律层面提高了补正期限规范的确定性，同时也提高了实践中行政复议机关适用本条的灵活性。(4)限缩申请人无正当理由逾期不补正被视为放弃行政复议申请的适用范围。对于申请人无正当理由逾期不补正的判断应当遵循主客观相结合的原则，只有当申请人主观上存在不想补正且不希望行政复议申请被受理的故意，客观上作出了无正当理由逾期不补正的行为时，才能视为申请人放弃行政复议申请。(5)申请人无正当理由逾期不补正被视为放弃行政复议申请的，仍可以在法定申请期限内以同一事实和理由再次提出行政复议申请。

典型案例

2019年4月22日，××废品站向A区政府提出行政复议申请，复议请求载明"要求确认A区某街道社会治理联动大队某中队拆除该站彩钢棚、掩埋相关材料、强制破坏没收拖离设施设备及汽车、私自卖掉本站有价值废料等行政行为违法"。A区政府收到该行政复议申请后，分别于2019年4月24日、5月10日书面通知××废品站对申请材料进行补正。××废品站提供了情况说明、特别授权委托书、身份证复印件等补正材料后，A区政府于2019年5月20日受理其行政复议申请。2019年7月12日，A区政府作出复议决定，认为其行政复议申请不符合法定受理条件而予以程序性驳回。××废品站不服，诉至法院。

案例解读

习近平总书记在中央全面依法治国委员会第三次会议上指出，一些领导干部还不善于运用法治思维和法治方式推进工作，领导干部心中无法、以言代法、以权压法是法治建设的大敌。在行政复议中，领导干部应当强化以人民为中心的法治意识，在履职过程中遵循高效、便民、为民的原则。

虽然《行政复议法》第31条明确规定，允许公民、法人或者其他组织进行补正，但为了简化行政复议受理流程，通知补正的范围被限定在行政复议申请材料不齐全或者表述不清楚导致行政复议机关无法判断行政复议申请是否符合法定受理条件的情形下。在案例中，本应一次性告知申请人的申请材料补正事项，分成了两次进行，不符合高效便民的原则。领导干部作为第一负责人，应当做好相关的监督工作。由于行政复议申请材料中的某些事项专业性较强，而其又与行政复议申请受理与否有很大的关联，因此，领导干部应当在履行行政复议申请受理职权时发挥带头作用，保证在通知补正中体现高效、便民、为民的原则。

重点法条

> 《行政复议法》第四十五条 行政复议机关有权向有关单位和个人调查取证，查阅、复制、调取有关文件和资料，向有关人员进行询问。
>
> 调查取证时，行政复议人员不得少于两人，并应当出示行政复议工作证件。
>
> 被调查取证的单位和个人应当积极配合行政复议人员的工作，不得拒绝或者阻挠。

条文解读

本条是关于行政复议机关调查取证的规定。对于行政复议调查权使用程序的明确，有利于维护行政复议机关在化解行政争议中的中立地位，提升行政复议的公信力，领导干部应予掌握。理解和适用本条内容应着重考虑以下三个方面：（1）行政复议机关调查取证方式较为灵活。本条第1款的规定表明行政复议机关调查取证的证据既可以是书证、物证、鉴定意见、勘验笔录和现场笔录，也可以是证人证言、视听资料和电子数据。（2）调查取证的程序性要求有利于监督行政复议机关依法履职。（3）被调查人员负有配合义务。被调查人员的范围比较广泛，不局限于作为行政相对人的公民、法人或者其他组织，行政机关、与案件没有利害关系的第三人也能成为行政复议调查的对象，均负有配合行政复议机关调查取证的义务。

典型案例

A大队根据交通技术监控设备固定的证据认定和某实施了机动车违反停

车规定的违法行为，对和某作出了处理机动车违法记录告知书，同日，A 大队适用简易程序，对和某的违法行为处以罚款 200 元。和某不服，向 B 区政府提起行政复议。2018 年 9 月 14 日，B 区政府决定予以受理，于当日作出行政复议答复通知书，并于 2018 年 9 月 20 日向 A 大队送达。2018 年 9 月 25 日，A 大队提交行政复议答复书及相关证据材料。2018 年 11 月 7 日，B 区政府作出复议决定，决定维持 A 大队作出的被诉处罚决定。和某不服，诉至法院。

案例解读

在全面梳理、清理调整、审核确认、优化流程的基础上，将政府职能、法律依据、实施主体、职责权限、管理流程、监督方式等事项以权力清单的形式向社会公开，逐一厘清与行政权力相对应的责任事项、责任主体、责任方式。这要求领导干部做到严格依法行政，起到带头模范作用，保证行政复议过程中程序的公正性，提高行政复议公信力。

《行政复议法》第 45 条规定了行政复议机关有权向有关单位和个人调查取证，查阅、复制、调取有关文件和资料，向有关人员进行询问，并且对调查权行使的程序作出了相应规定。上述案件中，行政复议机关在作出行政复议决定前，向作出行政行为的行政机关调取了相关证据及材料，行政机关也配合了行政复议机关调查取证，是行政法公平公正原则的体现。

习近平法治思想指引

要树立正确权力观，坚持为民用权、公正用权、依法用权、廉洁用权，时刻警惕来自各方面的"围猎"，防止落入别人设置的"陷阱"。

——习近平：《为实现党的二十大确定的目标任务而团结奋斗》，载《求是》2023 年第 1 期。

重点法条

《行政复议法》第四十九条 适用普通程序审理的行政复议案件，行政复议机构应当当面或者通过互联网、电话等方式听取当事人的意见，并将听取的意见记录在案。因当事人原因不能听取意见的，可以书面审理。

条文解读

本条是关于行政复议审理方式的规定。在行政复议审理方式上，改变了以往行政复议的书面审理原则，调整为以通过互联网、电话等更为灵活的方式听取当事人意见为原则，书面审理为例外，领导干部应予掌握。理解和适用本条内容应着重考虑以下三个方面：（1）当事人的概念。本条所指的当事人，主要包括申请人、被申请人、行政复议程序中的第三人以及行政复议决定可能对其产生不利后果的其他利害关系人。（2）以听取当事人意见原则取代书面审理原则。根据本条规定，听取当事人意见可以通过互联网、电话等方式进行，根据程序公正原则，听取意见需要由两名或两名以上的行政复议机构的工作人员进行，并且行政复议机构的工作人员需要将听取的意见如实记录在案。（3）可以书面审理的例外情形。一是"不能听取意见"是指客观上没有通过互联网、电话和当面的方式听取意见的可能性，如果当事人能够通过第三人代为表达等方式表达意见，仍应听取当事人意见；二是"因当事人原因不能听取意见"是指当事人主观方面拒绝表达意见，或者客观方面无法正确表达甚至无法表达；三是对于部分当事人意见无法听取的，行政复议机构仍应当听取其他当事人的意见。

典型案例

2018年10月9日，A县B镇人民政府作出××政决〔2018〕12号行政处理决定书，李某、张某、郑某不服，向A县人民政府申请行政复议。2019年3月22日，A县人民政府作出某政复决字〔2019〕1号行政复议决定书，撤销A县B镇人民政府作出的××政决〔2018〕12号行政处理决定书，并责令60日内重新作出行政行为。经调查、听证调解等程序，A县B镇人民政府于2019年8月19日作出××政决字〔2019〕1号行政处理决定书；A县人民政府依法受理复议申请后，针对复议请求，采取现场勘查、证据核实、听取当事人意见等方法，从程序和实体上对A县B镇人民政府作出的××政决字〔2019〕1号行政处理决定书进行审查，从而作出某政复决字〔2019〕8号行政复议决定书。

▍案例解读 ▍

在推进法治政府建设的过程中，应当加强行政复议工作。健全完善行政复议制度，改革行政复议体制，积极探索整合地方行政复议职责。健全行政复议案件审理机制，加大公开听证审理力度，采取灵活方式听取行政复议当事人的意见，纠正违法或不当行政行为。

《行政复议法》第 49 条是对于适用普通程序审理的行政复议案件，行政复议机关审理方式的详细规定。在上述案例中，行政复议机关依法听取了当事人的意见，这对于促进行政复议制度发挥实质性化解行政争议的主渠道作用具有重要的规范意义。领导干部作为尊法学法守法用法的模范，更应当在实践中多听取当事人的意见或建议，促进争议的实质性、高效性化解。

▍重点法条 ▍

> 《行政复议法》第五十条　审理重大、疑难、复杂的行政复议案件，行政复议机构应当组织听证。
> 行政复议机构认为有必要听证，或者申请人请求听证的，行政复议机构可以组织听证。
> 听证由一名行政复议人员任主持人，两名以上行政复议人员任听证员，一名记录员制作听证笔录。

▍条文解读 ▍

本条是关于行政复议审理普通程序中听证程序的规定，是行政复议机构作出合理行政复议决定的重要保障，领导干部应予掌握。理解和适用本条内容应着重考虑以下三个方面：（1）应当组织听证的类型。一是"重大"是指涉及的人数众多、影响范围大或者涉及群体利益，二是"疑难"是指案件事实或者法律关系模糊、实践中新出现的情形、在法律适用或者依据的理解上存在较大争议等，三是"复杂"是指存在涉外因素等。（2）可以组织听证的类型。可以听证的情况有两种。一是行政复议机构认为有必要听证，二是申请人请求听证的。行政复议机构在判断是否有必要举行听证时，不仅需要考虑案件事实、法律适用，还要从组织听证是否更利于行政争议实质性化解的角度考量。(3)听证的程序要求。根据本条第3款的规定，举行听证，需要三名以上行政复议人员参与，即需要一名行政复议人员任主持人，两名以上行政复议人员任听证员。原则上，行政复议听证应当公开举行，但是涉及国家秘密、商业秘密或者个人隐私的行政复议案件除外。

典型案例

2014年11月2日，付某向A市B政府递交政府信息公开申请，B政府于同月7日收到申请，并于同年11月17日作出2014年第88号政府信息公开申请告知书，付某不服，向A市政府申请行政复议。A市政府于2015年2月16日作出复议决定，维持了B政府的第88号政府信息公开申请告知书。付某仍不服，认为其未举行听证，诉至法院。

案例解读

行政复议公开要求政府工作人员特别是领导干部在履职过程中恪守合法行政、合理行政、程序正当、高效便民、诚实守信、权责统一等依法行政的基本要求，做尊法学法守法用法的模范。领导干部想问题、作决策、办事情必须守法律、重程序、受监督，让权力在阳光下运行。

《行政复议法》第50条是对行政复议审理普通程序中听证程序的具体规定。在案例中，付某向A市政府申请行政复议听证，A市政府根据2009年版《行政复议法》第22条和《中华人民共和国行政复议法实施条例》第33条的规定，认为行政复议中的听证并非必经程序，复议申请人有权要求，但在该情况下并不必然启动听证程序。从上述案例可以看出，《行政复议法》第50条的规定，在实践中具有很强的操作性。

重点法条

《行政复议法》第五十二条　县级以上各级人民政府应当建立相关政府部门、专家、学者等参与的行政复议委员会，为办理行政复议案件提供咨询意见，并就行政复议工作中的重大事项和共性问题研究提出意见。行政复议委员会的组成和开展工作的具体办法，由国务院行政复议机构制定。

> 审理行政复议案件涉及下列情形之一的,行政复议机构应当提请行政复议委员会提出咨询意见:
> (一)案情重大、疑难、复杂;
> (二)专业性、技术性较强;
> (三)本法第二十四条第二款规定的行政复议案件;
> (四)行政复议机构认为有必要。
> 行政复议机构应当记录行政复议委员会的咨询意见。

条文解读

本条是关于行政复议委员会组成和职责的规定。在实践中,行政复议委员会制度具有提升行政复议公正性和说服力、提升行政复议专业性和审理质效和促进行政复议职能发挥的重要作用,领导干部应予掌握。理解和适用本条内容应着重考虑以下四个方面:(1)行政复议委员会的建立主体。县级以上各级人民政府均有建立行政复议委员会的法定义务。(2)行政复议委员会的组成成员。根据本条第1款的规定,相关政府部门,专家、学者等法律专业人士是行政复议委员会的组成成员。在实践中,县级以上各级人民政府可以根据实际需要,将具有法律专业知识、法律专业素养高的其他人员列入行政复议委员会成员名单。(3)行政复议委员会是提供咨询的机构。行政复议委员会的功能在于对具体行政复议案件提供咨询意见,对重大事项和共性问题,通过讨论给出专业性意见和建议。(4)行政复议委员会的咨询意见需要记录在案。

典型案例

2016年10月10日,李某因不服某区公安局2016年8月19日作出的某区公(西)行罚决字〔2016〕67号行政处罚决定,向某市人民政府提起行政复议申请。2016年12月29日,某市人民政府行政复议委员会根据《某市人民政府行政复议委员会会议议事规则》对某区公安局的行政处罚决定进行讨论表决,一致同意该局的处理意见。2017年1月4日,被告某市人民政府根据行政复议委员会的审理意见,作出行政复议决定,维持某区公安局对第三人张某作出的行政处罚决定。

案例解读

《法治政府建设实施纲要（2015—2020年）》强调：要建立政府法制机构人员为主体、吸收专家和律师参加的法律顾问队伍，保证法律顾问在制定重大行政决策、推进依法行政中发挥积极作用。要注重发挥法律顾问和法律专家的咨询论证、审核把关作用，坚持集体讨论决定，集体讨论情况和决定要如实记录、完整存档。

《行政复议法》第52条对行政复议委员会建立、职能、具体适用情形和程序要求进行了具体规定。上述案例中，某市人民政府在作出行政复议决定前，参考了行政复议委员会的审理意见。这对于保证行政复议委员会制度在推进依法行政中发挥积极作用，使行政复议决定的作出更符合公平公正、合法合理、以人民为中心的行政法基本要求有重要意义。

习近平法治思想指引

我们努力建设了解民情、反映民意、集中民智、珍惜民力的决策机制，增强决策透明度和公众参与度，保证了决策符合人民利益和愿望。我们积极发展广纳群贤、充满活力的选人用人机制，广泛把各方面优秀人才集聚到党和国家各项事业中来。

——习近平：《在庆祝全国人民代表大会成立六十周年大会上的讲话》，载《求是》2019年第18期。

重点法条

《行政复议法》第五十八条　行政复议机关依照本法第五十六条、第五十七条的规定有权处理有关规范性文件或者依据的，行政复议机构应当自行政复议中止之日起三日内，书面通知规范性文件或者依据的制定机关就相关条款的合法性提出书面答复。制定机关应当自收到书面通知之日起十日内提交书面答复及相关材料。

行政复议机构认为必要时，可以要求规范性文件或者依据的制定机关当面说明理由，制定机关应当配合。

条文解读

本条是关于行政复议机关有权处理规范性文件和依据的程序以及制定机关配合义务的规定，领导干部应予掌握。理解和适用本条内容应着重考虑以下两个方面：（1）制定机关应当自收到书面通知之日起十日内提交书面答复及相关材料，在必要情况下当面说明理由。"相关材料"既包括证据材料，也包括制定文件所依据的法律、法规、规章、国家政策和制定过程中其他有关的材料等。（2）由于规范性文件或依据的合法性未被确定，行政行为的合法性也处于未知状态，因此，为避免其影响复议工作，对行政行为中止审查是有必要的。

典型案例

2022年7月28日，束某以某省人社厅为被申请人向人社部提交行政复议申请，复议请求为：申请人养老金被被申请人违法减损，请求人社部撤销被申请人不依国发〔2005〕38号、某政〔2006〕59号计发养老金的行政行为，依据国发〔2005〕38号、某政〔2006〕59号计发养老金。申请人依据《行政复议法》第7条的规定，依法提出对某劳社〔2006〕66号第21条、某劳社秘函〔2009〕23号的审查申请，请求人社部对违法的某劳社〔2006〕66号第21条、某劳社秘函〔2009〕23号予以撤销。2022年10月28日，人社部作出被诉复议决定，并依法送达。束某不服，诉至法院。经查，某省人民政府于2015年11月6日作出《对有关规范性文件审查意见的函》，确认某劳社〔2006〕66号、某劳社秘函〔2009〕23号文件符合国务院有关规定，适合某省工作实际。人社部作出的行政复议决定对上述文件合法性再次予以确认，被告人社部不予重复处理并无不当。

案例解读

习近平总书记指出，要落实行政复议体制改革方案，优化行政复议资源配置，推进相关法律法规修订工作，发挥行政复议公正高效、便民为民的制度优势和化解行政争议的主渠道作用。政府工作人员特别是领导干部要系统学习中国特色社会主义法治理论，学好宪法以及与自己所承担工作密切相关的法律法规。

《行政复议法》第 58 条规定了行政复议机关审查规范性文件或依据的程序，以及制定机关的配合义务。在上述案例中，申请人提出行政复议申请时附带提出了规范性文件审查申请，人社部通过对规范性文件制定机关作出的《对有关规范性文件审查意见的函》的合法性再次予以确认的方式，进行了审查，在实践中灵活处理对规范性文件的审查申请，符合本条的规定。行政机关对于规范性文件或依据的附带审理均符合法定程序和规定，推动了法治政府的建设。

重点法条

> 《行政复议法》第六十一条　行政复议机关依照本法审理行政复议案件，由行政复议机构对行政行为进行审查，提出意见，经行政复议机关的负责人同意或者集体讨论通过后，以行政复议机关的名义作出行政复议决定。
>
> 　　经过听证的行政复议案件，行政复议机关应当根据听证笔录、审查认定的事实和证据，依照本法作出行政复议决定。
>
> 　　提请行政复议委员会提出咨询意见的行政复议案件，行政复议机关应当将咨询意见作为作出行政复议决定的重要参考依据。

条文解读

本条是关于行政复议决定程序的规定。引入专家学者和专业人士组成咨询委员会是构建行政复议委员会的初衷，改变原有体制制度下仅由行政机关内部处理行政复议案件的状况，对增强行政复议决定的中立性、公信力和权威性具有重要意义，领导干部应予掌握。理解和适用本条内容应着重考虑以下三个方面：（1）构建行政复议委员会应当以实质性解决行政纠纷为宗旨，定分止争、案结事了，构建多元化纠纷解决机制，成立具有实践性和有效性的行政复议委员会。（2）确立行政复议委员会的咨询型定位。在功能定位上，行政复议委员会是咨询机构，而非决议机构，其提供的咨询意见仅具有参考价值，不具有最终效力。（3）行政复议委员会在人员组成上应当兼顾专业性和多样性。行政复议委员会成员应涵盖行政公务人员和专家学者。

▍典型案例▍

马某向某区住建委递交投诉信，反映：窗台高度与竣工备案图纸严重不符，要求责令建设单位将地面标高之上高出的倒坡高度全部铲除，恢复成竣工备案图纸标高，责令建设单位将西侧主卧窗户高度整改。2021年4月26日，住建委作出处理意见，称未发现西侧窗台高度与竣工备案图纸不符，实际完成面标高与园林景观竣工图基本一致，未发现现场实测外窗规格违反施工图设计文件要求。来信人反映的问题关系民生问题，某市住房和城乡建设委员会高度重视，继续督促建设单位妥善处理。马某不服该处理意见申请行政复议。

▍案例解读▍

司法部行政复议与应诉局局长周院生在《认真贯彻实施新修订的行政复议法 全面提升新时代行政复议工作水平》一文中写道，"建立健全普通程序中的听取意见、听证等审理程序，将传统的'书面审理'转化为'开门办案'，使公平正义对于人民群众而言更加可见、可感、可享。"在行政纠纷解决机制中，作为与诉讼、信访并行的三大手段之一，行政复议制度应当成为行政相对人首选的救济途径。领导干部应当抓好行政复议委员会尽职履职的监督管理工作。

《行政复议法》规定，县级以上各级人民政府应当建立相关政府部门、专家、学者等参与的行政复议委员会，对于案情重大、疑难、复杂，专业性、技术性较强，本法第24条第2款规定的行政复议案件以及行政复议机构认为有必要的案件，应当提请行政复议委员会提出咨询意见。《行政复议法》第61条规定，提请行政复议委员会提出咨询意见的行政复议案件，行政复议机关应当将咨询意见作为作出行政复议决定的重要参考依据。上述案例中，行政机关因其他领域的专业知识模糊，而使处理结果有失公允，行政复议机关负责人尤其是领导干部要实事求是，充分发挥行政复议委员会的作用，努力让人民群众在每一个司法案件中都感受到公平正义。

▍重点法条▍

《行政复议法》第六十三条　行政行为有下列情形之一的，行政复议机关决定变更该行政行为：

（一）事实清楚，证据确凿，适用依据正确，程序合法，但是内容不适当；

（二）事实清楚，证据确凿，程序合法，但是未正确适用依据；

（三）事实不清、证据不足，经行政复议机关查清事实和证据。

行政复议机关不得作出对申请人更为不利的变更决定，但是第三人提出相反请求的除外。

条文解读

本条是关于行政复议处理方式之变更决定的规定。新《行政复议法》对行政复议的决定方式进行了大幅修改，将变更决定、撤销决定和确认违法决定的适用规则进行明确细化，并将变更决定放在首位，领导干部应予掌握。理解和适用本条内容应着重考虑以下三个方面：（1）把握变更决定在行政复议决定体系中的优先适用地位。（2）新《行政复议法》是对习近平法治思想中有关"法治建设既要抓末端、治已病，更要抓前端、治未病""把非诉讼纠纷解决机制挺在前面""发挥行政复议公正高效、便民为民的制度优势"等重要论述精神的贯彻落实，有利于进一步化解行政纠纷。（3）行政复议机关在办理行政复议案件过程中不能仅对下级行政机关的行为是否合法进行判断，而是要对下级行政机关的行为进行全面的调查和评价，如遇法定情形，应当依照本条规定，依法决定变更下级行政机关的行政行为。

典型案例

某州生态环境保护行政主管部门对某种禽有限公司外排未经无害化处理废水的行为作出行政处罚，该种禽有限公司不服，向行政复议机关申请行政复议。复议机关审理认为，根据国务院《畜禽规模养殖污染防治条例》第19条、第41条的规定，申请人的排污行为属未经无害化处理直接向环境排放畜禽养殖废弃物的违法行为，应当由县级以上地方人民政府环境保护主管部门责令限期治理，可以处5万元以下的罚款。从复议机关查明的事实来看，申请人的行为违反国务院《畜禽规模养殖污染防治条例》第19条规定而非违反《中华人民共和国水污染防治法》第39条规定，不应当适用《中华人民共和国水污染防治法》第 83 条规定进行行政处罚。复议机关以适用法律依据错误、处罚明显不当为由，将被申请人作出的行政处罚决定书中罚款金额由 50.10 万元人民币变更为 3.0 万元人民币。

‖ 案例解读 ‖

习近平总书记在中央全面依法治国委员会第三次会议上提到"执法司法公正高效权威才能真正发挥好法治在国家治理中的效能"。上述案例中，原机关作出的处罚决定确有错误的，可以由行政复议机关在行政复议决定中适用本条规定变更原具体行政行为。这既能提高行政复议效率，又能客观公正地处理申请人与被申请人之间的行政争议。

行政复议是行政救济的重要方式之一，行政复议机关在审查行政行为时，要及时纠正行政机关的违法不当行为，为公民、法人和其他组织的合法权益提供有力法治保障，使其免受不法行政行为的侵害。根据《行政复议法》及其实施条例的规定，行政复议机关有权针对行政机关的违法不当行政行为，依法作出变更、撤销或者部分撤销、责令重作、确认违法、责令履行、确认无效、维持决定、驳回等复议决定，具体适用何种类型的行政复议决定应当结合案件实际情况决定。

‖ 习近平法治思想指引 ‖

严格文明公正执法是一个整体，要全面贯彻。文明执法、公正执法要强调，严格执法也要强调，不能畸轻畸重。如果不严格执法，执法司法公信力也难以建立起来。

——中共中央文献研究室：《习近平关于全面依法治国论述摘编》，北京：中央文献出版社 2015 年版，第 58 页。

‖ 重点法条 ‖

> 《行政复议法》第六十四条　行政行为有下列情形之一的，行政复议机关决定撤销或者部分撤销该行政行为，并可以责令被申请人在一定期限内重新作出行政行为：

（一）主要事实不清、证据不足；

（二）违反法定程序；

（三）适用的依据不合法；

（四）超越职权或者滥用职权。

行政复议机关责令被申请人重新作出行政行为的，被申请人不得以同一事实和理由作出与被申请行政复议的行政行为相同或者基本相同的行政行为，但是行政复议机关以违反法定程序为由决定撤销或者部分撤销的除外。

条文解读

本条是关于行政复议处理方式之撤销或者部分撤销、责令重作的规定。理解和适用本条内容应着重考虑以下三个方面：（1）行政复议机关应审慎启动撤销行政复议决定程序。行政复议决定属于行政机关作出的具体行政行为，复议决定作出后即具有确定力、执行力、拘束力。为维护法的安定性，保障当事人的信赖利益，行政复议机关不应随意对行政复议决定进行撤销。（2）严格撤销或者部分撤销、责令重作复议决定的启动程序。根据行政法"程序正当"原则的精神，行政机关实施行政管理，除涉及国家秘密和依法受到保护的商业秘密、个人隐私的外，应当公开，注意听取公民、法人和其他组织的意见；要严格遵循法定程序，依法保障行政管理相对人、利害关系人的知情权、参与权和救济权。（3）明确撤销原行为与重新作出行政复议决定的先后性。行政复议机关不应在一份文书中既撤销原行政复议决定又同时重新作出行政复议决定，以免引起争议。

典型案例

2006年1月16日，H省国土厅向丙公司颁发采矿许可证，开采矿种为"锡矿、钨、砷"，之后矿山与Z集团合作成立乙公司，2010年11月和2011年10月，乙公司在某部办理了采矿许可延续登记手续，采矿证的有效期为2011年10月7日至2012年10月7日。2006年3月24日，B市国土局颁发采矿许可证，开采矿种为"铅矿、锌、银"，有效期限为2006年4月至2011

年3月，之后矿山登记成立甲公司作为新的采矿权人；经延续和变更登记，甲公司采矿证的有效期为2011年9月1日至2014年9月1日。因在采矿许可证有效期内无法解决重叠问题，乙公司于2012年11月向某部申请行政复议，请求撤销甲公司取得的采矿许可证。2014年7月14日，某部作出行政复议决定，撤销H省国土厅向甲公司颁发的采矿许可证。甲公司不服提起行政诉讼。

案例解读

上述案例中，作出具体行政行为的原机关存在本条规定的主要事实不清、证据不足，违反法定程序，适用的依据不合法，超越职权或者滥用职权等情形，可以由行政复议机关在行政复议决定中决定撤销或者部分撤销、责令重作。但是，行政复议机关决定撤销行政复议决定的，应告知申请人及第三人对该撤销决定享有的权利救济途径，以保障相对人的合法权益。

基于依法行政原则，依照《行政复议法》第64条之规定，领导干部在处理复议案件时应审慎启动撤销或者部分撤销行政复议决定的程序，若启动，应当履行事先告知、听证等程序，以充分保障申请人、第三人的合法权益。

习近平法治思想指引

一个国家实行什么样的司法制度，归根到底是由这个国家的国情决定的。评价一个国家的司法制度，关键看是否符合国情、能否解决本国实际问题。实践证明，我国司法制度总体上是适应我国国情和发展要求的，必须增强对中国特色社会主义司法制度的自信，增强政治定力。

——中共中央文献研究室：《习近平关于全面依法治国论述摘编》，北京：中央文献出版社2015年版，第76-77页。

重点法条

《行政复议法》第六十五条　行政行为有下列情形之一的，行政复议机关不撤销该行政行为，但是确认该行政行为违法：

（一）依法应予撤销，但是撤销会给国家利益、社会公共利益造成重大损害；

（二）程序轻微违法，但是对申请人权利不产生实际影响。

行政行为有下列情形之一，不需要撤销或者责令履行的，行政复议机关确认该行政行为违法：

（一）行政行为违法，但是不具有可撤销内容；

（二）被申请人改变原违法行政行为，申请人仍要求撤销或者确认该行政行为违法；

（三）被申请人不履行或者拖延履行法定职责，责令履行没有意义。

条文解读

本条是关于行政复议处理方式之确认违法的规定。根据本条文的含义，对于不需要撤销或者履行的，行政复议机关可以作出确认违法的决定进行结案，领导干部应予掌握。理解和适用本条内容应着重考虑以下三个方面：（1）把握行政行为的违法程度。其可以分为重大且明显违法、一般违法、程序轻微违法。变更决定对应重大且明显违法的行政行为；撤销或者部分撤销、责令重作对应一般违法的行政行为；在确认违法的决定下，行政行为的效力分为两种情况，即确认违法但不撤销和确认违法但不需要撤销。（2）区分确认违法但不撤销和确认违法但不需要撤销的区别。在确认违法但不撤销的情形下，原行政行为会得到保留；在确认违法但不需要撤销的情形下，原行政行为的效力不复存在。（3）行政复议机关应当细致判断程序违法的程度，区分重大程序瑕疵与轻微程序瑕疵，对重大程序违法的行政行为作出不准予执行的处理，对轻微程序违法的行政行为作出准予执行的处理。

典型案例

2021年12月4日17时许，贾某在小区物业办公室门口因物业费问题与物业工作人员赵某及其婆母黄某产生争吵，继而贾某、其父、其母与赵某、黄某发生肢体冲突。县公安局某派出所出警并立案受理后，在贾某起诉前（2022年11月1日前），未对赵某、黄某作出处理决定。直到2022年11月16日，县公安局分别对赵某、黄某作出不予行政处罚决定书，并于2022年11月17日向各涉案当事人送达。法院最终作出了确认该行政行为违法、但并不撤销的判决。

案例解读

习近平总书记强调：让老百姓过上好日子，是我们一切工作的出发点和落脚点。上述案例中，对于被申请人在行政复议期间自行纠错的情形，当时的《行政复议法》和新《行政复议法》在处理规则上并无不同，即被申请人改变原违法行政行为，且不需要撤销或者责令履行的，行政复议机关确认该行政行为违法。复议机关对于程序轻微违法，但是对申请人权利不产生实际影响的情形，可以确认违法的决定方式结案。但是，采用此种方式结案需严格权衡对相对人权利、义务的影响，切实保障相对人的实体权利。

行政复议案件中被确认违法的行政行为，多数被依法予以撤销。比如请求确认处罚决定违法，确认吊销许可违法，等等。从一般人理解法律条文的视角出发，行政行为违法应当失去法律效力，不然提起行政复议或行政诉讼就没有意义。但是在实务中，行政行为的合法性和有效性并非完全一致。行政行为违法的程度不同，决定了行政行为的效力是否能够被撤销。

习近平法治思想指引

政法战线的同志要肩扛公正天平、手持正义之剑，以实际行动维护社会公平正义，让人民群众切实感受到公平正义就在身边。

——中共中央文献研究室：《习近平关于全面依法治国论述摘编》，北京：中央文献出版社2015年版，第96页。

重点法条

《行政复议法》第六十九条　行政复议机关受理申请人认为被申请人不履行法定职责的行政复议申请后，发现被申请人没有相应法定职责或者在受理前已经履行法定职责的，决定驳回申请人的行政复议请求。

条文解读

本条是关于行政复议处理方式之驳回请求的规定。关于驳回请求的适用情形，领导干部应予掌握。在对本条的把握上，领导干部要善于探索驳回复议请求决定更加广泛的适用范围。实务中，对于部分不适宜通过维持决定化解的争议，也可以寻找适用驳回复议请求决定结案的可能性。如证据不足且行政行为不存在明显违法或者不当时，即合法状态存疑，以驳回复议请求决定结案能够为行政行为的效力保留一定合理空间。

▍典型案例 ▍

2021年4月12日，赵某向被申请人某镇人民政府提交申请书，请求该镇人民政府依法处理其与陈某之间案涉承包土地经营权的权属问题。某镇人民政府于2022年6月27日作出关于某村村民赵某与陈某土地承包经营权争议事项的处理决定，并于2022年7月2日依法送达赵某。后赵某对该处理决定不服向人民法院提起行政诉讼，一审法院于2023年4月10日裁定驳回赵某的起诉。赵某不服一审裁定提起上诉，二审法院于2023年7月29日裁定驳回上诉，维持原裁定。赵某于2023年10月13日申请行政复议。

▍案例解读 ▍

习近平总书记提道：执法司法公正高效权威才能真正发挥好法治在国家治理中的效能。上述案例中，申请人认为行政机关不履行法定职责而申请行政复议，但行政复议机关如果受理后发现该行政机关没有相应法定职责或者在其受理行政复议案件前已经履行法定职责，则会依法驳回复议申请。

对照新《行政复议法》第33条的驳回复议申请规定，本条新增的实体驳回申请人的复议请求和程序驳回复议请求与行政诉讼非常相似，对应的就是《行政诉讼法》中裁定驳回起诉和判决驳回诉讼请求。根据新《行政复议法》的规定，申请人、复议机关、法院立案庭能够准确地判断复议决定的结果是实体驳回申请人的复议请求还是程序驳回复议请求，提高决定作出的准确性和说服力，进而促进各行政机关提升依法行政水平，推动法治政府建设不断迈上新台阶。

▍习近平法治思想指引 ▍

面向未来，我们要按照新时代党的建设总要求，继续深化党的建设新的伟大工程,着力把我们党建设好。要把我们党建设好,必须抓住"关键少数"。

——《推进党的建设新的伟大工程要一以贯之》,载《求是》2019 年第 19 期。

▍重点法条 ▍

> 《行政复议法》第七十条 被申请人不按照本法第四十八条、第五十四条的规定提出书面答复、提交作出行政行为的证据、依据和其他有关材料的,视为该行政行为没有证据、依据,行政复议机关决定撤销、部分撤销该行政行为,确认该行政行为违法、无效或者决定被申请人在一定期限内履行,但是行政行为涉及第三人合法权益,第三人提供证据的除外。

▍条文解读 ▍

本条是关于如何处理被申请人不提交书面答复等情形的规定,领导干部应予掌握。理解和适用本条内容应着重考虑以下三个方面:(1)明确行政机关应当依法依规作出行政决定。(2)着力提高基层行政机关工作人员的法治意识和依法办事能力。在实践中,少数行政机关工作人员,甚至是一些领导干部,缺乏法律思维和法律专业知识,没有对复议案件足够重视。(3)明确复议机关的审查是全面审查。行政复议机关进行审理时,需要对原具体行政行为主体适格、事实、证据、适用依据、程序、内容等进行全面审查。对于被申请人这种不履行法定义务的违法行为,本条规定了严格的法律责任,以制裁这种不作为的违法行为,保障行政复议的顺利进行。

▍典型案例 ▍

案例一

某物业管理公司对县自然资源局作出的《关于某小区增设围栏事宜的回复》不服,向县人民政府申请行政复议。县人民政府依法受理,并向被申请人送达了被申请人答复通知书及行政复议申请书副本。被申请人未在法定期限内向县人民政府提交书面答复和当初作出该具体行政行为的证据、依据和其他有关材料。复议机关根据 2017 年版《行政复议法》第 28 条第 1 款第 4 项规定，撤销了县自然资源局作出的《关于某小区增设围栏事宜的回复》。

案例二

吕某向某街道办事处提出请求，要求查阅某村动迁的公示内容以及要求被申请人作出政府信息公开告知书。申请人对被申请人作出的政府信息公开告知书不服，向复议机关申请行政复议。复议机关受理后向被申请人送达了行政复议答复通知书，被申请人在法定期限内未提出书面答复，亦未提交当初作出该告知书的证据、依据和其他有关材料。依据 2017 年版《行政复议法》第 28 条第 1 款第 3 项、第 4 项之规定，复议机关决定撤销被申请人作出的政府信息公开告知书，并且责令被申请人 15 日内重新作出具体行政行为。

案例解读

上述案例中，被申请人某行政机关未向行政复议机关提交书面答复，也未提交证据材料，视为被申请人未履行政府信息公开职责，申请人申请行政复议的理由成立。根据本条规定，行政复议机关有权决定撤销、部分撤销该行政行为，确认该行政行为违法、无效或者决定被申请人在一定期限内履行，但是行政行为涉及第三人合法权益，第三人提供证据的除外。

行政复议制度是行政机关自我纠错的一项重要监督制度。行政机关应当进一步强化履职过程中的程序意识、责任意识、证据意识，依法履行复议案件中的答复职责，在法定期限内提交书面答复、证据及相关材料，及时、全面、依法、准确做好行政复议答复工作。同时，复议机关也应当依法严格办理复议案件，保护公民、法人和其他组织的合法权益。

习近平法治思想指引

各级领导干部要提高运用法治思维和法治方式深化改革、推动发展、化解矛盾、维护稳定能力，努力推动形成办事依法、遇事找法、解决问题用法、化解矛盾靠法的良好法治环境，在法治轨道上推动各项工作。

——中共中央文献研究室：《习近平关于全面依法治国论述摘编》，北京：中央文献出版社 2015 年版，第 109 页。

‖‖ 重点法条 ‖‖

> 《行政复议法》第七十一条　被申请人不依法订立、不依法履行、未按照约定履行或者违法变更、解除行政协议的，行政复议机关决定被申请人承担依法订立、继续履行、采取补救措施或者赔偿损失等责任。
>
> 被申请人变更、解除行政协议合法，但是未依法给予补偿或者补偿不合理的，行政复议机关决定被申请人依法给予合理补偿。

‖‖ 条文解读 ‖‖

本条是关于如何处理行政协议案件的规定。本条将行政协议纳入行政复议受案范围，并且为进一步保障行政相对人权利，增设行政机关相关告知义务，同时明确行政机关存在违法履行行政协议情形时的责任，领导干部应予掌握。理解和适用本条内容应着重考虑以下三个方面：（1）掌握本条款与《行政诉讼法》中行政协议相关规定的衔接。《行政诉讼法》第12条行政诉讼受案范围规定，"人民法院受理公民、法人或者其他组织提起的下列诉讼：……（十一）认为行政机关不依法履行、未按照约定履行或者违法变更、解除政府特许经营协议、土地房屋征收补偿协议等协议的"。（2）明确行政协议的内涵。行政机关为了实现行政管理或者公共服务目标，与公民、法人或者其他组织协商订立的具有行政法上权利义务内容的协议，属于《行政诉讼法》第12条第1款第11项规定的行政协议。（3）明确行政协议的范围。司法解释对政府特许经营协议、土地房屋征收补偿协议两类协议之外的类型进行了列举。

‖‖ 典型案例 ‖‖

案例一

2001年3月7日，A县民族工贸公司取得案涉土地国有土地使用证，修建厂房以从事水泥电线杆的生产，后因经营不善停产。2006年10月，民族工贸公司与周某订立协议书，约定民族工贸公司将电杆厂空地租给周某使用，租金按月计退补，同时约定民族工贸公司需要使用厂房时，应提前一周告知周某。2013年12月，民族工贸公司与周某再次订立协议书，约定租赁范围及租金。2014年9月，因民族工贸公司土地上房屋涉及征收，A县人民政府（以下简称 A 县政府）与周某订立《A 县城市棚户区改造项目房屋征收与补偿安置协议书》（以下简称《安置协议》），并将相应补偿款支付给周某。民族工贸公司认为《安置协议》中的房屋及构筑物等属其所有，A 县政府与周某订立《安置协议》并支付补偿款的行为侵犯了其财产权，遂提起诉讼，请求撤销《安置协议》。

案例二

2008 年 12 月 3 日，××有限责任公司与 A 市政府、B 镇政府签订某搬迁项目委托协议并约定：甲方为××有限责任公司某铁矿，乙方为 A 市政府，丙方为 B 镇政府。某食品厂诉至法院，请求判令 A 市政府、B 镇政府履行职责，安排某食品厂搬迁并负责恢复重建。

案例解读

上述案例中，案例一为最高法公布的指导案例，案例二则是最高法判决的案件，最高人民法院将认定行政协议的标准总结为三个要素：主体要素（协议一方为行政机关）、内容要素（协议内容涉及行政法上的权利义务）和目的要素（协议的目的系为实现公共利益或者行政管理目标）。行政协议同时具有行政性特征，具有公定力、确定力等，在未依法否定其效力之前，领导干部应当注意，无论是行政机关还是公民、法人，受其影响的主体应当予以尊重及执行，以保障相关主体的合法权益。

行政协议又称行政合同或者行政契约，兼具民事性与行政性，在我国行政管理领域已得到较多应用。行政协议体现了现代社会行政管理活动的重大变革，是社会公众参与治理和分享资源、现代社会服务行政、给付行政的具体体现。在最高法相关规定出台前，学界对将行政协议纳入民事还是行政案件审理范畴存在争议，但自《行政诉讼法》摒弃"具体行政行为"而将行政协议纳入行政诉讼受案范围，以及最高法相关规定出台后，行政协议的界定在人民法院司法审查规范体系中已日趋完善。

习近平法治思想指引

要健全政法部门分工负责、互相配合、互相制约机制，通过完善的监督管理机制、有效的权力制衡机制、严肃的责任追究机制，加强对执法司法权的监督制约，最大限度减少权力出轨、个人寻租的机会。

——中共中央文献研究室：《习近平关于全面依法治国论述摘编》，北京：中央文献出版社2015年版，第76页。

▍重点法条▍

《行政复议法》第七十六条　行政复议机关在办理行政复议案件过程中，发现被申请人或者其他下级行政机关的有关行政行为违法或者不当的，可以向其制发行政复议意见书。有关机关应当自收到行政复议意见书之日起六十日内，将纠正相关违法或者不当行政行为的情况报送行政复议机关。

▍条文解读▍

本条是关于制发行政复议意见书的规定，领导干部应予掌握。理解和适用本条内容应着重考虑以下三个方面：（1）明确行政复议制度建立的基础是行政系统内部上下级间存在层级监督关系，被申请人作为下级行政机关应当向上级行政机关就作出行政行为的合法性、适当性作出答复并提交证据、依据，这既是下级行政机关的法定义务，也是下级必须服从上级的行政责任和纪律。（2）明确制发行政复议意见书是《行政复议法》规定的重要监督制度，是行政复议机构履行监督职责的重要体现。（3）明确被申请人只有在法定期限内提出书面答复并提交当初作出具体行政行为的证据、依据，才能保证行政复议工作在法定期限内完成。

▍典型案例▍

案例一

某科技有限公司搬迁了办公场所，但未及时向市场监管部门申请变更登记的住所，导致无法联系，相关市场监管部门遂将其列入经营异常名录。之后，该科技有限公司申请办理了住所变更登记，但因为未向市场监管部门申请移出经营异常名录，某市场监督管理局将其列入严重违法失信企业名单，导致企业无法正常开展经营活动，申请人遂依法提出行政复议申请。

案例二

2023年7月7日9时，某采购项目开标，评标报告推荐第一中标候选供应商为甲、第二中标候选供应商为乙、第三中标候选供应商为丙。2023年7月11日，乙对中标结果提出质疑。7月18日，乙对质疑答复不服，向财政部门进行投诉。7月20日，财政部门暂停对该项目的采购活动。8月8日，评标专家对该项目供应商甲、乙、丙进行资格复审、评标复审，经评审专家评标后推荐第一中标候选供应商为乙、第二中标候选供应商为甲、第三中标候选供应商为丙。8月10日，财政部门作出投诉处理决定，支持乙的投诉请求。8月16日，甲提出行政复议申请。

案例解读

行政复议意见书是充分发挥行政复议监督能动性的一项制度设计。在实质性化解行政争议的总要求中，行政复议意见书满足了行政复议监督功能的制度需求，促进了行政复议功能的实现。设计行政复议意见书的目的是强化行政复议的监督功能，领导干部应当进一步强化行政复议实质性化解行政争议的能力，推动行政复议主渠道目标的实现。新《行政复议法》对行政复议意见书制度重新建构，扩大了行政复议个案监督的范围，为实质性化解行政争议提供了新的方向。

上述案例涉及有权机关正确适用法律依据、遵守法定程序作出行政处罚的问题。行政管理中，要创新执法方式，广泛运用说服教育、劝导示范、警示告诫、指导约谈等方式，做到宽严相济、法理相融，让执法既有力度又有温度。在行政复议时，行政复议机关应当发挥复议制度优势，主动服务企业，引导当事人和解调解，弥合政企矛盾，实质性化解行政争议。

习近平法治思想指引

抓纪律，就要敢于板起脸来批评。不要等犯了大错误才去批评，平常有问题就要及时批评。担心批评得罪人、会丢选票的心态在不少领导干部身上存在，有的不仅不敢批评、不愿批评，而且还经常以表扬代替批评。这些现象必须纠正。

——中共中央文献研究室：《十八大以来重要文献选编》（上），
北京：中央文献出版社2014年版，第771页。

重点法条

《行政复议法》第七十九条　行政复议机关根据被申请行政复议的行政行为的公开情况，按照国家有关规定将行政复议决定书向社会公开。

县级以上地方各级人民政府办理以本级人民政府工作部门为被申请人的行政复议案件，应当将发生法律效力的行政复议决定书、意见书同时抄告被申请人的上一级主管部门。

条文解读

本条是关于行政复议决定书公开和文书抄告的规定。全面推行行政复议决定书公开和文书抄告，是进一步规范行政复议案件文书管理、促进法治政府建设的重大举措。行政复议决定书公开和文书抄告的相关规定，领导干部应予掌握。理解和适用本条内容应着重考虑以下三个方面：（1）明确行政复议是化解行政争议的法定机制，行政复议决定书的抄告制度有利于上一级主管部门及时掌握被申请人依法行政情况，实现个案监督纠错与倒逼依法行政的有机结合，提升行政复议制度的权威性和公信力。（2）推行行政复议决定书公开和文书抄告，是保障公民知情权、促进行政复议工作规范化建设、增强行政复议公开度和透明度的重要举措。（3）将行政复议案件的办理结果放在阳光下，呈现在社会公众面前。

典型案例

张某于2022年8月7日向市农业农村部门投诉举报在该市所辖的某区内购买的驱蚊手环涉嫌假农药。市农业农村部门接诉后，8月16日将投诉举报线索转交区农业农村部门处理。9月20日，区农业农村局决定对涉案违法行为立案调查。投诉人张某认为市农业农村局未在法定时限内告知投诉举报事项是否受理、立案，因此8月24日向市农业农村部门申请公开该案立案告知书信息。投诉人在法律规定的期限内未收到市农业农村局对上述信息公开申请的答复，于是11月21日向市人民政府申请行政复议。11月25日，市农业农村局作出信息申请告知书（答复）。2023年1月9日，市人民政府复议认为，市农业农村部门对该信息公开申请的实体处理（答复内容）符合法律规定，但处理时限超出了法定期限。因此，认定被申请人作出政府信息公开告知书程序违法。

▌案例解读 ▌

上述案例中，行政机关信息公开不及时或公开信息不全，导致公民与行政机关产生行政纠纷。政府信息公开已成为人民群众了解及获取政府信息的主要渠道，现阶段政府信息以公开为原则，以不公开为例外。复议机关应当依据《行政复议法》，并按照国家有关规定将行政复议决定书向社会公开。县级以上地方各级人民政府办理以本级人民政府工作部门为被申请人的行政复议案件，应当将发生法律效力的行政复议决定书、意见书同时抄告被申请人的上一级主管部门。

领导干部要强化依法治理，善于运用法治思维和法治方式解决城市治理顽症难题，让法治成为社会共识和基本准则，进一步增强行政复议透明度，提高行政复议公信力，保障行政复议当事人、社会公众的知情权、参与权和监督权。根据行政复议法律、法规和行政复议体制改革有关要求推进行政复议公开，是行政复议体制改革的一项重要举措，也是畅通行政复议渠道、践行"复议为民"宗旨的重要体现。

▌习近平法治思想指引 ▌

我们抓作风建设，归根到底，就是希望各级干部都能树立和发扬好的作风，既严以修身、严以用权、严以律己，又谋事要实、创业要实、做人要实。

——中共中央党史和文献研究院：《习近平关于全面从严治党论述摘编》，北京：中央文献出版社2021年版，第318页。

▌重点法条 ▌

《行政复议法》第八十五条　行政机关及其工作人员违反本法规定的，行政复议机关可以向监察机关或者公职人员任免机关、单位移送有关人员违法的事实材料，接受移送的监察机关或者公职人员任免机关、单位应当依法处理。

▍条文解读 ▍

本条是关于行政机关及其工作人员违法事实材料移送的规定。由《行政复议法》第86条和本条规定可知，授权行政复议机关可以移送有关人员违法的事实材料，接受移送的单位应当依法处理，监察机关依法调查处置。关于行政机关及其工作人员违法事实材料移送的规定，领导干部应予掌握。理解和适用本条内容应着重考虑以下三个方面：（1）明确本条和《行政复议法》第86条中的规定所指情形是公职人员涉嫌贪污贿赂、失职渎职等职务违法犯罪情形，行政复议机关是应当移送，而不是可以移送。（2）明确履职人员不履行行政复议职责或不配合履行行政复议义务，复议机关可以向监察机关或者公职人员任免机关、单位移送有关人员违法的事实材料，接受移送的监察机关或者公职人员任免机关、单位应当依法对违法人员给予相应的处分处理。（3）明确行政复议机关在办理行政复议案件过程中，发现公职人员涉嫌贪污贿赂、失职渎职等职务违法或者职务犯罪的问题线索，应当依照有关规定移送监察机关，由监察机关依法调查处置。

▍典型案例 ▍

申请人经营的面皮在市场监管局的监督抽检中，因硼砂（以硼酸计）项目不符合国家食品要求，被判定为不合格。被申请人作出没收违法所得12万元整，并处罚款10万元整的行政处罚决定。申请人认为供货单位给其出具的国家规定的食品购货凭证（电子一票通）是某省市场监督管理局监制的，上面印有凭证二维码及微信码。该凭证上供货单位还承诺："以上商品均已履行进货检查验收法定程序，索验票证齐全。"因此，其有充分的理由相信涉案食品是安全的，同时涉案食品并未销售造成实际损害。申请人以被申请人作出的处罚决定事实认定部分错误，适用法律错误，处罚结果明显过重，向行政复议机关申请行政复议。

▍案例解读 ▍

上述案例中，复议机关均撤销了原行政机关的行政行为，维护了法律的权威性和公正性，切实保护了公民、法人的合法权益。实务中，结合本条的规定，复议机关应当同时审查原行政机关行政人员在作出行政行为时，是否有涉嫌贪污贿赂、失职渎职等职务违法或者职务犯罪的情形，对于涉嫌违法的相关人员，行政复议机关应当将其移送至监察机关或公职人员任免机关、单位应当依法处理，以维护行政机关的公信力。

新《行政复议法》宗旨之一是监督和保障行政机关依法行使职权，发挥行政复议化解行政争议的主渠道作用，推进法治政府建设，从监督和保障行政复议机关角度完善了监督体系。监察机关作为行使国家监察职能的专责机关，应当发挥合署办公优势。领导干部要促进执纪执法贯通，实现领导体制和工作机制、依纪监督和依法监察、适用纪律和适用法律、执纪审理和执法审理的融合，有效衔接司法。

‖ 习近平法治思想指引 ‖

要本着于法周延、于事简便的原则，体现改革精神和法治思维，把中央要求、群众期盼、实际需要、新鲜经验结合起来，努力形成系统完备的制度体系，以刚性的制度规定和严格的制度执行，确保改进作风规范化、常态化、长效化，切实防止"四风"问题反弹。

——中共中央纪律检查委员会，中共中央文献研究室：
《习近平关于党风廉政建设和反腐败斗争论述摘编》，
北京：中国方正出版社2015年版，第88页。

第六章 《行政诉讼法》重点条文理解与适用

▌重点法条 ▌

《行政诉讼法》第一条 为保证人民法院公正、及时审理行政案件，解决行政争议，保护公民、法人和其他组织的合法权益，监督行政机关依法行使职权，根据宪法，制定本法。

▌条文解读 ▌

本条是关于《行政诉讼法》立法目的的规定，上述立法目的的修改体现了行政诉讼制度发展的需要，对领导干部具有指引和导向作用。具体而言，理解和适用本条内容应着重考虑以下四个方面：（1）保证人民法院公正、及时审理案件。公正审理案件是对审理质量的要求，指在查清案件事实的基础上，正确适用法律规范并作出正确判决。而及时审理体现了对审理效率的要求，指法院应尽快查明事实、适用法律并作出裁判，以减少当事人诉累。（2）该内容旨在进一步发挥法院在行政争议中定分止争的作用，推动社会关系和谐稳定。（3）保护公民、法人和其他组织的合法权益。（4）监督行政机关依法行使职权。将"维护"行政机关依法履行职权删除，体现了《行政诉讼法》的特定目的，即对行政机关的行政行为进行监督和控制，从而保护行政相对人的合法权益。

典型案例

案例一

孙某系××公司员工，受××公司负责人指派去机场接人途中受伤。孙某向园区劳动局提出工伤认定申请，园区劳动局作出工伤认定决定书，决定不认定为工伤。同时，××公司认为"在法律无明确规定的情况下，对于法律的理解适用应当尊重作为行政机关的上诉人的理解和认定"。法院经审理认为，行政机关对法律的理解违背立法本意，人民法院在审理相关行政诉讼案件时，应当依法作出正确的解释，这也是对行政机关行使职权的监督，判定撤销园区劳动局所作的工伤认定决定书。

案例二

2009年5月，原告××市新华印刷有限公司经公开竞价方式取得3-1-44-3号宗地的国有土地使用权。原告于同年6月与××市国土资源局签订了国有建设用地使用权出让合同，并足额缴纳了土地出让金、契税及相关费用。直到2020年，原告多次向被告下属的××市不动产登记中心申请办理案涉土地使用权的不动产登记证书，但××市不动产登记中心一直推诿不办。法院经审理后认为本着实质性解决行政纠纷等立法目的，由行政机关限期履行对原告申请的3-1-44-3号地块办理不动产权证书的法定职责。

案例解读

习近平总书记强调，行政机关要支持人民法院受理和审理行政案件，保障公民、法人和其他组织的起诉权利。领导干部应当在行政诉讼中尊重法院判决，推进自身依法履职。

《行政诉讼法》第1条明确规定了制定本法的目的，两个案例都体现了立法目的内容。案例一体现了法院对行政机关履行职权的司法监督，以及维护行政相对人的合法权益；案例二体现了法院践行实质性解决行政纠纷的立法目的，使当事人的利益诉求得以实现。

《行政诉讼法》的立法目的不仅是《行政诉讼法》制定的根本要求，也对法院审理行政案件具有指引和导向作用。因此，人民法院在审理行政案件时应当监督行政机关依法履职并保护当事人的合法权益，从而从实质上解决行政争议。领导干部应牢记《行政诉讼法》对公民、法人和其他组织合法权益的保护，提升自身依法履职的能力，以减少行政争议的产生。

▍习近平法治思想指引▍

行政诉讼是解决行政争议，保护公民、法人和其他组织合法权益，监督行政机关依法行使职权的重要法律制度。

——《鼓励基层改革创新大胆探索 推动改革落地生根造福群众》，载《人民日报》2015年10月14日，第1版。

▍重点法条▍

> 《行政诉讼法》第二条　公民、法人或者其他组织认为行政机关和行政机关工作人员的行政行为侵犯其合法权益，有权依照本法向人民法院提起诉讼。
> 前款所称行政行为，包括法律、法规、规章授权的组织作出的行政行为。

▍条文解读▍

本条是关于《行政诉讼法》调整和适用范围的规定。该条为法院受理行政机关作出的行政行为提供了规范基础，也有利于领导干部知晓作出行政行为的主体。具体而言，理解和适用本条内容应着重考虑以下四个方面：（1）从概念上看，行政行为是指行政主体行使行政职权作出的产生法律效果的行为。一般而言，行政行为包括了作为和不作为。（2）行政机关及其工作人员作出的行政行为。行政机关是根据国家宪法和有关组织法的规定而设立的国家机关，它代表国家依法行使行政权，组织和管理国家行政事务。行政机关工作人员在履职过程中作出行政行为的法律后果也应由行政机关承担[①]。（3）合法权益不仅包括人身权和财产权，还包括劳动权、社会保障权、知情权、公平竞争权、受教育权等。（4）法律、法规、规章授权的组织。实践中，这些组织一般包括社会团体与行业协会（如工会、妇联、文联、律师

[①] 张树义：《〈中华人民共和国行政诉讼法〉精解与案例适用》，北京：中国民主法制出版社2015年版，第7页。

协会)、事业与企业组织(如学校)、基层群众性自治组织(如村委会、居委会)。

典型案例

案例一

2017年,冉某向××县政府提交政府信息公开申请书。××县国土房管局作出回复,要求冉某在5个工作日内对申请书进行补正,否则将按放弃申请处理。后冉某未按通知要求补正申请,××县国土房管局将冉某的政府信息公开申请书等退还给冉某。法院审理认为,因冉某在回复规定的期限内未对其申请进行补正,××县国土房管局便将申请材料退还冉某,视其放弃申请,未再作出后续行政行为,行政程序终止,对冉某的权利产生了实际影响,具有可诉性。

案例二

1996年,田某在考试过程中作弊,被监考教师发现。××大学于同年按照校规规定,认为田某的行为属作弊行为,决定对田某按退学处理。田某在该校学习的4年中,成绩全部合格,通过了毕业论文答辩。1998年,××大学以原告田某不具有学籍为由,拒绝为其颁发毕业证。田某将校方告上法庭。法院认为高等学校对受教育者有进行学籍管理、奖励或处分的权力。高等学校与受教育者之间属于教育行政管理关系,受教育者对高等学校涉及受教育者基本权利的管理行为不服的,有权提起行政诉讼。

案例解读

党的二十大报告指出:"努力让人民群众在每一个司法案件中感受到公平正义。"随着社会实践的发展,不仅是行政机关,法律、法规、规章授权的社会组织也具有行使公共职能的权力,在行使职权过程中容易出现侵犯公民合法权益的情形。案例一体现了行政机关及其工作人员在侵犯行政相对人的合法权益、对其权利义务产生影响时,行政相对人能够向法院提起诉讼;案例二体现了法院能够受理高校等法律、法规和规章授权组织作出的行政行为。在行使职权的过程中,不管是行政机关还是授权的社会组织,应当充分考虑当事人的诉求,避免在履职过程中侵犯当事人的合法权益。

习近平法治思想指引

要重点解决好损害群众权益的突出问题，决不允许对群众的报警求助置之不理，决不允许让普通群众打不起官司，决不允许滥用权力侵犯群众合法权益，决不允许执法犯法造成冤假错案。

——《坚持严格执法公正司法深化改革 促进社会公平正义保障人民安居乐业》，载《人民日报》2014年1月9日，第1版。

重点法条

《行政诉讼法》第三条　人民法院应当保障公民、法人和其他组织的起诉权利，对应当受理的行政案件依法受理。

行政机关及其工作人员不得干预、阻碍人民法院受理行政案件。

被诉行政机关负责人应当出庭应诉。不能出庭的，应当委托行政机关相应的工作人员出庭。

条文解读

本条是关于保障起诉权利和依法应诉的规定。对于领导干部而言，应当充分尊重法律规定和法院行使审判权，不得干预和阻碍审判，要依法依规出庭应诉。具体而言，理解和适用本条内容应着重考虑以下三个方面：（1）人民法院应当保障公民、法人和其他组织的起诉权利。（2）行政机关及其工作人员不得干预、阻碍法院受理行政案件。本条明确禁止了行政机关干预行政案件，旨在保障法院依法和独立行使审判权。（3）被诉行政机关负责人应当出庭应诉。行政机关负责人包括行政机关首长和主管某一领域事务的副职领导。同时，考虑到行政机关负责人公务繁忙的客观情况，本条也规定了可以委托工作人员出庭。需要注意的是，委托出庭的前提是行政机关负责人确实因出现紧急情况等客观事由而不能出庭。

典型案例

案例一

2021年8月，某市中级人民法院执行局书记员刘某接受他人请托，违规接收某终结案件恢复强制执行申请资料，违法制作法律文书，致使涉案款项被错误执行。该市中级人民法院行政庭副庭长张某明知该终结案件恢复执行需要重新立案，但仍超越权限违法签批法律文书，致使涉案款项被错误执行，严重损害司法公正。经法院审理，刘某、张某分别受到开除党籍、撤职处分。

案例二

某公司的涉案工程于2013年竣工，同年业主陆续入住。2015年底，部分业主向××区住建局投诉涉案房屋存在墙体裂缝等质量问题。××区住建局于2017年8月对该公司作出行政处罚决定，处以工程合同价款1 218.15万元的4%作为罚款，该公司不服，提起行政诉讼。涉案行政争议引发后，人民法院与行政机关均高度重视，某市中院由院长担任审判长主审案件，××区住建局局长及相关负责人全程参与行政应诉活动。

案例解读

习近平总书记多次指出："各级党组织和领导干部都要旗帜鲜明支持司法机关依法独立行使职权，绝不容许利用职权干预司法、插手案件。"[①]领导干部尊重法院依法行使审判权既是落实习近平总书记系列讲话精神的要求，也是维护法治权威的客观需要。案例一体现了领导干部违规插手案件审理后对其进行严肃问责和处理，体现了中央对司法公正的严谨态度；案例二体现了行政机关负责人对出庭应诉的重视，并能够使行政相对人感受到行政机关负责、认真的态度，有利于法院解决行政纠纷。对于干预、阻碍行政案件审判的领导干部，应当予以严厉问责。同时，行政机关负责人出庭应诉也有利于充分体现被诉行政机关对行政争议的高度重视，以及化解矛盾的真心诚意，有利于促进行政机关和公民之间的和谐与信任。

习近平法治思想指引

行政机关要支持人民法院受理和审理行政案件，保障公民、法人和其他组织的起诉权利，认真做好答辩举证工作，依法履行出庭应诉职责，配合人

---

① 习近平：《坚持走中国特色社会主义法治道路 更好推进中国特色社会主义法治体系建设》，载《求是》2022年第4期。

民法院做好开庭审理工作。

——《鼓励基层改革创新大胆探索 推动改革落地生根造福群众》，
载《人民日报》2015 年 10 月 14 日，第 1 版。

重点法条

《行政诉讼法》第五条　人民法院审理行政案件，以事实为根据，以法律为准绳。

条文解读

本条是关于人民法院审理行政案件原则的规定。领导干部应尊重法院对行政案件的事实认定和裁判结果，将法治思维贯穿于行政诉讼的全过程。具体而言，理解和适用本条内容应着重考虑以下两个方面：（1）以事实为根据，指的是人民法院审理案件，必须从实际出发，调查研究，忠于事实真相，不能主观臆测。（2）以法律为准绳，指的是人民法院在审理案件的过程中，在查清案件事实的基础上，以法律为标尺评判行政行为是否正确适用法律，是否在法律规定的权限范围之内，是否符合相关的程序要求，并且依法作出公正裁判。此处所指的"法律"是广义上的法律，包括了法律、行政法规、地方性法规、自治条例和单行条例。

典型案例

2015 年 1 月，两名乘客通过网络召车软件与原告陈某取得联系，陈某驾车将乘客从某市八一立交桥附近送至车站，由乘客支付车费。当日 11 时，被告某客运管理中心的工作人员对其进行调查，查明陈某未取得出租汽车客运资格证，驾驶的车辆未取得车辆运营证。某客运管理中心认为陈某涉嫌未经许可擅自从事出租汽车客运经营，对其下达行政强制措施决定书，暂扣其车辆。法院认为，随着"互联网+"与传统行业的融合发展，客运市场上出现了"网约车"现象，该形式在很多城市和部分人群中确有实际需求且已客观存在。但这种客运行为与传统出租汽车客运经营一样，同样关系到公民生命财产的安全，关系到政府对公共服务领域的有序管理，应当在法律、法规的框架内依法、有序进行。对于此类问题形成的诉讼，法院应当坚持以事实为根据，以法律为准绳，结合涉案行为的社会危害性、行政处罚程序的正当性和行政处罚的比例原则等进行综合考量判断。

▌案例解读▐

以事实为根据，以法律为准绳既是人民法院的审判原则，也是行政机关在行使职权过程中应当遵循的原则理念。上述案例体现了法院对社会发展中所出现的新兴事物秉持的包容审慎态度，使法律符合社会发展趋势，推动社会进步。

领导干部在行政管理活动中也应以事实为根据，以法律为准绳。一方面，领导干部对于社会实践所催生的新型实践需求，应当在事实的基础上，体现法律法规中存在的人文关怀，实现社会治理与公民合法权益保护的有机统一。另一方面，对于公民明显滥用权利的情形，也应当在事实查清的基础上，依据法律，公正合理地予以约束。

▌重点法条▐

《行政诉讼法》第六条　人民法院审理行政案件，对行政行为是否合法进行审查。

▌条文解读▐

本条是关于人民法院合法性审查的规定。由于法院要对行政行为进行合法性审查，因此行政机关在作出行政行为时，应当兼顾行政管理秩序和公民的合法权益，以保障行政行为的合法性。具体而言，理解和适用本条内容应着重考虑以下两个方面：（1）法院对行政行为的合法性进行审查并作出裁判。合法性审查是指人民法院需要审查行政行为是否具有法律上的依据，此种法律依据应当包括实体法上的依据和程序法上的依据，即实体合法与程序合法。实体合法指的是行政机关作出的行政行为有法律上的依据，是在法定职权范围内作出的，适用的法律条款正确。程序合法指的是行政机关作出的行政行为符合法律规定的程序要件。（2）合法性既包括形式合法性，也包括合理性。形式合法性即行政行为具有法律上的依据等,合理性即行政机关在其法定的自由裁量权内作出的行政行为具有准确性和恰当性。司法实践中,对于明显不当、超越了合法性限度的行政行为,法院就会判决撤销或重作。

典型案例

案例一

2021年,A市交警三大队发现韩某涉嫌酒后驾车。经检测,测得韩某血液酒精含量为79 mg/100 ml。2022年,A市交警三大队书面告知韩某拟作出行政处罚,并告知其依法享有陈述和申辩的权利。韩某当场表示要提出陈述和申辩,并提交了陈述、申辩材料。但交警三大队仍即对韩某处以罚款1 000元,暂扣机动车驾驶证6个月。韩某不服,提起诉讼。人民法院认为,交警三大队虽告知韩某拟作出行政处罚的事实、理由和依据,以及其依法享有陈述和申辩的权利,但没有按照有关规定对韩某的陈述、申辩意见进行复核,没有充分保障该权利的实现,程序违法,遂判决撤销A市交警三大队作出的行政处罚决定书。

案例二

2022年,某市开发区市场监督管理分局对××公司经营场所进行现场检查,发现××公司超出经营范围在网络平台销售凉菜,价值共计300元。该市开发区市场监督管理分局依据《网络食品安全违法行为查处办法》《食品安全法》,对××公司作出没收违法所得300元,罚款52 000元的行政处罚。××公司不服,提起诉讼。人民法院认为,52 000元罚款违反过罚相当原则,明显不当,遂判决变更为"罚款10 000元"。

案例解读

依法行政是行政机关履行职能的基本要求。案例一体现了行政机关未按照法定程序作出行政行为时,法院有权予以撤销;案例二体现了法院有权对行政行为的合理性进行审查,并有权变更和撤销明显不合理的行政行为。行政机关在作出行政行为时,应当具有法律依据,并在法定职权范围内履行法定程序,保障行政相对人陈述、申辩的权利实现。此外,行政机关作出的行政行为也应当合理、正当。例如,行政机关在作出行政处罚时应当综合考虑违法行为人的主观过错、违法情节以及社会危害程度等，准确适用法律，确保行政处罚的实施既有力度，也有温度。

习近平法治思想指引

一些地方运动式、"一刀切"执法问题仍时有发生，执法不作为问题突出。强调严格执法，让违法者敬法畏法，但绝不是暴力执法、过激执法，要让执法既有力度又有温度。

——习近平：《坚定不移走中国特色社会主义法治道路 为全面建设社会主义现代化国家提供有力法治保障》，载《求是》2021年第5期。

重点法条

《行政诉讼法》第八条　当事人在行政诉讼中的法律地位平等。

条文解读

本条是关于当事人在行政诉讼中法律地位平等的规定。对于领导干部而言，摆正自己在行政诉讼活动中的法律地位，合理审慎对待原告当事人的合法权益是依法行政的应有之义。具体而言，理解和适用本条内容应着重考虑以下两个方面：（1）当事人在行政诉讼中的法律地位平等。进入行政诉讼活动中后，原告与被告的诉讼法律地位是平等的，没有高低之分，亦无贵贱之别，没有领导与服从的关系，而是处于相同的法律地位，共同受人民法院裁判的约束。（2）法院对于行政诉讼中的双方当事人都给予平等的保护。法律平等保护的核心是同等情况同等对待，不同情况不同对待。在行政诉讼中，作为被告的行政机关由于手握行政权力而处于强势地位，相比之下，作为原告一方的公民、法人或者其他组织则处于弱势地位，所以法律需要在诉讼权利、义务的规定上对原告一方予以倾斜性保护，以达到与被告的行政机关一方在实质上的平等。

典型案例

2017年8月，交警调查认为庄某驾驶的小型轿车在事发时间经过事发路段前，车辆状况正常，经过事发路段后该车的保险杠受损脱落，庄某有肇事逃逸的嫌疑。同年9月，庄某到被告A市交警大队接受询问，承认其在事发时间经过事发路段时，未随车携带机动车驾驶证，且有在机动车发生交通事故后逃逸的行为。同日，A市交警大队作出公安交通管理行政处罚决定书，对庄某作出处以罚款2 020元，并记道路交通安全违法行为13分的处罚决定。后庄某不服，提起诉讼。法院认为，公安机关交通管理部门在处理道路交通事故过程中，应按照规定拍摄现场照片，绘制现场图，提取痕迹、物证，制作现场勘查笔录，委托具备资格的鉴定机构进行检验、鉴定等，作为认定事实及行政处罚的主要依据。但A市交警大队在原审法院规定的举证期限内，未能提供上述依据，故其作出的行政处罚决定的主要证据不足，事实不清，违反法定程序，撤销公安交通管理行政处罚决定书。

案例解读

行政诉讼中当事人的法律地位平等，一方面要求法院公平公正对待每一位当事人，另一方面也要求基于行政机关的优势地位，基于实际情况对行政相对人给予倾斜性保护，对行政机关义务履行提出更高的要求，从而达到实质平等。案例体现了法院依法平等对待当事人，同时按照法律对行政机关义务的规定，作出公正裁判。对于领导干部和行政机关而言，在行政执法过程中，相较于行政相对人，处于强势地位。因此，行政机关应当正确行使被赋予的行政权力，履行行政职能，并对行政管理和行政执法提出更高、更严格的要求，以切实保障依法行政。

习近平法治思想指引

各级党组织和全体党员要带头尊法学法守法用法，任何组织和个人都不得有超越宪法法律的特权，绝不允许以言代法、以权压法、逐利违法、徇私枉法。

——习近平：《决胜全面建成小康社会 夺取新时代中国特色社会主义伟大胜利》，载《人民日报》2017年10月28日，第1版。

重点法条

《行政诉讼法》第十二条　人民法院受理公民、法人或者其他组织提起的下列诉讼：

（一）对行政拘留、暂扣或者吊销许可证和执照、责令停产停业、没收违法所得、没收非法财物、罚款、警告等行政处罚不服的；

（二）对限制人身自由或者对财产的查封、扣押、冻结等行政强制措施和行政强制执行不服的；

（三）申请行政许可，行政机关拒绝或者在法定期限内不予答复，或者对行政机关作出的有关行政许可的其他决定不服的；

（四）对行政机关作出的关于确认土地、矿藏、水流、森林、山岭、草原、荒地、滩涂、海域等自然资源的所有权或者使用权的决定不服的；

（五）对征收、征用决定及其补偿决定不服的；

（六）申请行政机关履行保护人身权、财产权等合法权益的法定职责，行政机关拒绝履行或者不予答复的；

（七）认为行政机关侵犯其经营自主权或者农村土地承包经营权、农村土地经营权的；

（八）认为行政机关滥用行政权力排除或者限制竞争的；

（九）认为行政机关违法集资、摊派费用或者违法要求履行其他义务的；

（十）认为行政机关没有依法支付抚恤金、最低生活保障待遇或者社会保险待遇的；

（十一）认为行政机关不依法履行、未按照约定履行或者违法变更、解除政府特许经营协议、土地房屋征收补偿协议等协议的；

（十二）认为行政机关侵犯其他人身权、财产权等合法权益的。

除前款规定外，人民法院受理法律、法规规定可以提起诉讼的其他行政案件。

条文解读

本条是关于行政诉讼受案范围的规定。行政诉讼受案范围是行政诉讼的基础，对于领导干部而言，知晓行政诉讼的受案范围有利于自身约束和规范行政管理活动，提升行政决定的合法性。

典型案例

案例一

罗某系 A 市 B 区 C 镇某村小组村民。2021 年 3 月，罗某向 A 市 B 区 C 镇人民政府提出政府信息公开申请，并明确要求以书面形式向其提供。2021 年 4 月，C 镇人民政府针对罗某的政府信息公开申请，召开了政府政务信息现场会，并邀请国土部门、原告及村民代表等参加。嗣后，罗某认为 C 镇人民政府收到其信息公开申请后，未向其提供政府信息公开申请内容，遂诉至法院，请求判令被告依法履行政府信息公开法定职责。某县人民法院于同年 9 月作出行政判决，责令被告 C 镇人民政府于本判决生效之日起 20 个工作日内对原告罗某向其提出的政府信息公开申请作出处理。判决后，双方均未提起上诉。

案例二

2007 年，甲公司取得涉案土地的国有土地使用权。2011 年，Y 省 W 市人民政府对 W 市城区工业企业搬迁工作制定了具体搬迁补偿细则。2015 年，Y 省 W 市某区人民政府委托乙公司对甲公司企业资产搬迁补偿价值进行评估，并与甲公司订立企业征迁补偿安置协议书。2017 年 5 月，甲公司以补偿协议显失公平为由提起行政诉讼，请求撤销补偿协议。法院审理后认为，补偿协议第六条规定对被征收人获得搬迁费用人为附加了不平等条件，明显违反法律强制性规定，补偿明显不合理，行政协议显失公平。遂判决撤销甲公司与某区政府订立的补偿协议。

案例解读

随着社会的发展，赋予行政机关的公共职能也逐渐增多，如何平衡行政管理效率和当事人的合法权益是依法行政的重要内容。习近平总书记多次指出："行政机关是实施法律法规的重要主体，要带头严格执法，维护公共利益、人民权益和社会秩序。执法者必须忠实于法律。"《行政诉讼法》对受案范围拓宽既是适应社会发展的需要，也是为了规范和约束行政机关的权力行使。案例一体现了政府信息公开主体应依法履行信息公开法定职责，规范信息公开程序，做好相关证据留存工作，同时信息公开申请人亦应按照《政府信息公开条例》的相关规定，尽可能准确表述申请公开信息内容、公开形式要求，以利于行政机关及时查找并公开相关政府信息。案例二体现了行政机关在行政协议的订立过程中，应秉持公平公正、"禁止不当联结"等原则，合理利用自身的资源优势，与相对人展开平等协商，达到既实现公共治理，又有效保护和实现相对人合法权益的目的。对于领导干部而言，在行政管理活动中，要按照法律法规的规定，积极履行行政职能，并注重对公民合法权益的保护，从源头上减少行政纠纷和行政争议的产生。

▌▌习近平法治思想指引▌▌

领导干部要牢记法律红线不可逾越、法律底线不可触碰，带头遵守法律、执行法律，带头营造办事依法、遇事找法、解决问题用法、化解矛盾靠法的法治环境。

——《领导干部要做尊法学法守法用法的模范 带动全党全国共同全面推进依法治国》，载《人民日报》2015年2月3日，第1版。

▌▌重点法条▌▌

> 《行政诉讼法》第十五条　中级人民法院管辖下列第一审行政案件：
> （一）对国务院部门或者县级以上地方人民政府所作的行政行为提起诉讼的案件；
> （二）海关处理的案件；
> （三）本辖区内重大、复杂的案件；
> （四）其他法律规定由中级人民法院管辖的案件。

▌▌条文解读▌▌

本条是关于中级人民法院管辖第一审行政案件范围的规定。明确中级人民法院管辖第一审行政案件的范围，有利于行政机关做好应诉准备工作，协调配合行政诉讼全过程高效进行，节约司法资源，领导干部应予掌握。理解和适用本条内容应着重考虑以下四个方面：（1）将对县级地方人民政府所作的行政行为提起诉讼的案件纳入中级人民法院管辖第一审行政案件范围，是为了规避由基层法院审理相应案件而可能受到县级地方人民政府不当干预的风险。(2)海关处理的案件由中级人民法院管辖,主要是因为海关的业务种类繁多,部分业务的专业技术性较强,同时又涉及对外贸易和科技文化的交往。海关处理的案件如纳税义务人同海关发生纳税争议、因海关作出行政处罚发生的纠纷等。(3)本辖区内重大、复杂的案件。一是社会影响重大的共同诉讼案件,二是涉外或者涉及香港特别行政区、澳门特别行政区、台湾地区的案件,三是其他重大、复杂案件。(4)《行政诉讼法》之外的其他法律规定由中级人民法院管辖的案件,也属于中级人民法院管辖第一审行政案件的范围。

典型案例

吕某要求某县人民政府履行政府信息公开职责,该县人民政府未依法答复,吕某遂向某市中级人民法院提起行政诉讼。法院经审理认为,根据《行政诉讼法》第15条的规定,对县级以上地方人民政府所作的行政行为提起诉讼的案件,一审由中级人民法院管辖,故本案应由本院管辖。本案中,原告吕某已在邮件备注中明确"政府信息公开申请"字样,被告某县人民政府已收到该申请,但在收到政府信息公开申请后不依法答复的行为不妥,应当予以纠正。故法院最终责令被告某县人民政府于本案判决生效之日起15日内受理原告吕某的申请并作出答复。

案例解读

习近平总书记多次强调要努力让人民群众在每一个司法案件中感受到公平正义。确定中级人民法院管辖第一审行政案件的范围,是为了通过中级人民法院对相应案件的高水平裁判,实现司法公正,切实维护公民、法人或者其他组织的合法权益。案例中,某市中级人民法院对属于其管辖范围的案件进行了开庭审理,依法认定被告未予答复的行为不妥并应当予以纠正。该法院通过依法裁判保障了原告的合法权益,实现了司法公正的目标。

《行政诉讼法》第15条规定了中级人民法院管辖的第一审行政案件范围,上述案例即涉及该条规定的对县级地方人民政府所作的行政行为提起诉讼的案件,故由相应的中级人民法院予以管辖符合该法条规定。领导干部应当知悉《行政诉讼法》第15条之规定,在本行政机关涉及应由中级人民法院管辖的行政案件时，提前做好应诉准备工作，以助推行政诉讼审判过程高效进行。

▓ 习近平法治思想指引 ▓

要围绕让人民群众在每一项法律制度、每一个执法决定、每一宗司法案件中都感受到公平正义这个目标，深化司法体制综合配套改革，加快建设公正高效权威的社会主义司法制度。

——习近平：《坚持走中国特色社会主义法治道路 更好推进中国特色社会主义法治体系建设》，载《求是》2022年第4期。

▓ 重点法条 ▓

> 《行政诉讼法》第二十六条　公民、法人或者其他组织直接向人民法院提起诉讼的，作出行政行为的行政机关是被告。
>
> 经复议的案件，复议机关决定维持原行政行为的，作出原行政行为的行政机关和复议机关是共同被告；复议机关改变原行政行为的，复议机关是被告。
>
> 复议机关在法定期限内未作出复议决定，公民、法人或者其他组织起诉原行政行为的，作出原行政行为的行政机关是被告；起诉复议机关不作为的，复议机关是被告。
>
> 两个以上行政机关作出同一行政行为的，共同作出行政行为的行政机关是共同被告。
>
> 行政机关委托的组织所作的行政行为，委托的行政机关是被告。
>
> 行政机关被撤销或者职权变更的，继续行使其职权的行政机关是被告。

▓ 条文解读 ▓

本条是关于行政诉讼被告资格认定的规定。行政机关在行政诉讼中作为被告是否适格，事关行政机关是否应当参加行政诉讼，并分配相应的资源投入应诉工作中，故领导干部对本条内容应予掌握。理解和适用本条内容应着重考虑以下三个方面：（1）复议机关作为行政诉讼的适格被告共存在三类情形。其一，复议机关决定维持原行政行为；其二，复议机关改变原行政行为；其三，复议机关在法定期限内未作出复议决定，并且公民、法人或者其他组织起诉复议机关不作为。(2)作出同一行政行为的两个以上行政机关，即为共同被告。对于"共同作出行政行为"在客观上的认定，通常可以参考法律文书，如两个以上行政机关共同制作行政行为对应的法律文书，并且在该文书上共同落款盖章，即可认定为作出同一行政行为。(3)行政机关委托的组织不能作为行政诉讼被告。行政委托是行政机关在行政管理中经常采用的一种手段，受委托组织以委托行政机关的名义行使职权，由此产生的后果则归属委托行政机关，故行政机关委托的组织所作的行政行为涉及行政诉讼时，由委托的行政机关作为被告应诉。

║典型案例║

李某山的房屋位于A区某镇某村棚户区改造项目范围内，2015年1月25日，该房屋被拆除。次日，李某山的亲属李某梅拨打110报警，派出所民警告知其房屋拆除是政府拆迁行为。李某山遂于2015年6月4日向A区人民政府申请行政复议，A区人民政府收到行政复议申请后，至李某山向法院起诉时未作任何处理决定。法院经审理认为，被告A区人民政府在收到李某山的行政复议申请后，未依法作出答复，被告不予答复的行为，违反了《行政复议法》的相关规定，属于行政不作为。法院最终确认A区人民政府对李某山的行政复议申请不予答复行为违法。

║案例解读║

领导干部不作为，人民群众的利益福祉就得不到保障。党的十八大以来，习近平总书记多次强调干部要担当作为。在上述案例中，被告复议机关未对原告的行政复议申请作出答复，显然构成行政不作为。原告的救济权利因此得不到有效行使，复议机关的领导干部作为"关键少数"责无旁贷。

《行政诉讼法》第26条规定了复议机关在法定期限内未作出复议决定的，公民、法人或者其他组织可以自主选择起诉复议机关不作为。在案例中，原告因复议机关对复议申请不予答复而向法院提起行政诉讼，法院依法认定复议机关为适格被告，并判决确认复议机关不履行法定职责的行为违法，切实维护了原告的合法权益。领导干部必须重视行政复议化解行政争议的主渠道作用，对公民、法人或者其他组织提出的复议申请，应当严格督促本行政机关的工作人员依法审查并作出决定。对本机关因复议纠纷而涉及的行政诉讼，领导干部作为机关的负责人要积极出庭应诉，配合法院的审判工作。

▌习近平法治思想指引▌

各级领导干部要自觉践行"三严三实"，增强改革创新精神，增强主动担当、积极作为的勇气，充分发挥模范带头作用。要深化干部人事制度改革，加快健全有利于科学发展的目标体系、考核办法、奖惩机制，着力解决一些干部不作为、乱作为等问题，推动干部能上能下，让那些想干事、肯干事、能干成事的干部有更好用武之地，激发全党坚定信心、鼓足干劲、增强创造活力。

——习近平：《在党的十八届五中全会第二次全体会议上的讲话（节选）》，载《求是》2016年第1期。

▌重点法条▌

> 《行政诉讼法》第三十二条　代理诉讼的律师，有权按照规定查阅、复制本案有关材料，有权向有关组织和公民调查，收集与本案有关的证据。对涉及国家秘密、商业秘密和个人隐私的材料，应当依照法律规定保密。
>
> 当事人和其他诉讼代理人有权按照规定查阅、复制本案庭审材料，但涉及国家秘密、商业秘密和个人隐私的内容除外。

▌条文解读▌

本条是关于代理诉讼的律师、当事人和其他诉讼代理人的诉讼权利的规定。理解和适用本条内容应着重考虑以下四个方面：（1）代理诉讼的律师、当事人和其他诉讼代理人均享有查阅权、复制权。为了上述主体的查阅权和复制权等诉讼权利得到有效行使，领导干部应当督导本机关的工作人员予以配合，不得有敷衍塞责或其他阻碍诉讼权利依法行使的行为。（2）除了查阅权和复制权，代理诉讼的律师还享有调查和收集权。代理诉讼的律师有权向有关组织和公民调查，并收集与正在办理的本案具有关联性的证据。（3）代理诉讼的律师对查阅、复制的本案有关材料，依材料的具体内容和性质而承担相应的保密义务。对涉及国家秘密、商业秘密和个人隐私的材料，代理诉讼的律师应当依照法律规定保密。（4）当事人和其他诉讼代理人查阅、复制本案庭审材料的权利存在除外规定。对于涉及国家秘密、商业秘密和个人隐私的内容，当事人和其他诉讼代理人不能进行查阅和复制。

典型案例

2015年1月9日，马某向某市公安局某区分局邮寄查处及保护申请书，主要内容为：申请人马某在某市某区某镇某村六组的房屋及宅基地，于2014年10月8日晚被不明身份的人员暴力拆除，申请公安机关对这一违法事件予以调查和查处，查清相关责任人并追究其违法责任。因某区分局没有及时回复，马某向法院提起行政诉讼。在诉讼中，被告某区分局下属的某派出所对马某的请求事项进行了调查，并于2015年10月14日向马某送达了接收案件回执单。马某通过查阅庭审材料获知了相关调查内容。

案例解读

习近平总书记高度重视人民权利，在多个场合均强调对人民权利的保障。诉讼权利作为人民权利在司法领域的体现，是审判工作实现公平正义的关键所在。因此，领导干部应当发挥模范带头作用，为诉讼权利的依法行使保驾护航，以促进公正裁判，让公民、法人或者其他组织的合法权益得到及时的救济。上述案例中，原告马某通过查阅庭审材料获知了被告某区分局下属的某派出所对其请求事项的调查内容，马某的诉讼权利显然得到了充分的尊重。

《行政诉讼法》第32条规定了代理诉讼的律师、当事人和其他诉讼代理人在行政诉讼中的查阅权和复制权，上述案例即展示了查阅权在行政诉讼实务中的重要意义。无论是查阅权还是复制权，都是关系到行政案件的裁判能否实现公平正义、经得住社会检验的诉讼权利。领导干部必须认识到行政诉讼中有关主体的诉讼权利的重要性，不仅不能为了一己之私而阻碍诉讼权利的行使，还应当为诉讼权利的依法行使提供切实有效的途径。此外，在查阅权、复制权的行使过程中，对于涉及国家秘密、商业秘密和个人隐私的内容，领导干部也要履行管理职责，做好保密工作。

‖ 重点法条 ‖

> 《行政诉讼法》第三十四条　被告对作出的行政行为负有举证责任，应当提供作出该行政行为的证据和所依据的规范性文件。
> 　　被告不提供或者无正当理由逾期提供证据，视为没有相应证据。但是，被诉行政行为涉及第三人合法权益，第三人提供证据的除外。

‖ 条文解读 ‖

本条是关于行政诉讼中被告举证责任的规定。在行政诉讼中，被告是作出行政行为的一方，理应对自己的行政行为负有举证责任，这也是由被告在行政过程中的强势地位决定的。本条明晰被告的举证责任，有利于行政诉讼公正地推进，故领导干部应予掌握。理解和适用本条内容应着重考虑以下两个方面：（1）关于被告举证责任的具体范围。首先，被告在行政诉讼中须提供作出该行政行为的证据。其次，被告应提供作出该行政行为所依据的规范性文件，这是因为被告在作出行政行为时必须严格遵循依法行政原则，要有明确的规范依据，即"法无授权不可为"。（2）领导干部需要注意的是，在行政诉讼中坚决不能故意拖延或拒绝提供证据，将本行政机关在行政诉讼中的举证负担转嫁到被诉行政行为涉及其合法权益的第三人之上，否则即有违行政机关保护公民、法人或者其他组织合法权益的初衷。此类转嫁行为一经查处，必然要受到法律的严厉制裁。

‖ 典型案例 ‖

2017年4月18日，A县国土资源局对马某、代某作出行政处罚。马某、代某向A县人民政府提起行政复议，A县人民政府作出了维持行政处罚的复议决定。马某、代某遂诉至法院要求撤销行政处罚及行政复议。在案件审理中，被告A县人民政府在法定期限内未提交证据，法院认为，根据《行政诉讼法》第34条之规定，对于被告A县人民政府未提交其履行行政复议职责过程中的相关受理、送达、实地调查、组织听证、讨论、审批等程序方面的证据的，应视为上述程序的缺失，复议程序违法。

▍案例解读▍

行政机关在作出行政行为时必须遵循依法行政原则，坚持依据法定程序开展调查、收集证据，在事实清楚、证据确实充分的基础上才能作出有关决定。党的十八大以来，习近平总书记反复强调要推进严格规范公正文明执法。领导干部应当认识到，只有行政执法工作做到严格规范公正文明，才能实现公平正义，提高行政机关的公信力。在行政诉讼中，被告对作出的行政行为负有举证责任，这是为了检验行政机关作出的行政行为是否建立在摆事实、讲证据的基础上。上述案例中，被告A县人民政府未提交履行法定职责的相关证据，即反映出领导干部对本行政机关的执法工作培训不力，使得本机关工作人员的证据意识淡薄。

《行政诉讼法》第34条规定了行政诉讼中被告的举证责任，被告应当提供作出行政行为的证据和所依据的规范性文件。上述案例中的被告在作出有关行政行为时未做到证据确凿，故要承担相应的不利后果。领导干部应当带头学习行政诉讼中被告举证责任的条文规定，增强证据意识，从而推动本行政机关执法水平的提升。

▍重点法条▍

> 《行政诉讼法》第三十五条　在诉讼过程中，被告及其诉讼代理人不得自行向原告、第三人和证人收集证据。

▍条文解读▍

本条是关于行政诉讼过程中被告自行收集证据的禁止性规定。本条内容直接规范被告在行政诉讼过程中收集证据的行为，是实现审判公正的必然要求，行政机关在涉诉时应当严格遵循该规定，领导干部应予掌握。理解和适用本条内容应着重考虑以下三个方面：（1）关于诉讼过程中禁止自行收集证据的主体范围。在行政诉讼中，被告作为当事人，可以委托一至二人作为诉讼代理人。故诉讼过程中，禁止自行收集证据的主体包含两类，即被告以及被告的诉讼代理人。(2)关于诉讼过程中禁止自行收集证据的对象范围。诉讼过程中，被告及其诉讼代理人禁止自行收集证据的对象包含三类，即原告、第三人和证人。(3)关于诉讼过程中禁止被告及其诉讼代理人自行收集证据的原因。一是行政程序要求行政机关"先取证、后裁决"，即行政行为的作出需要建立在证据确实充分的基础之上，这是依法行政原则的必然要求。二是被诉行政机关与原告、第三人和证人相比，处于强势地位，若是放任其在诉讼过程中自行向上述三类主体收集证据，则其很可能以非法手段填补证据，最终使得法院在行政诉讼审判中难以准确认定案件事实，作出公正裁判。

‖ 典型案例 ‖

张某、裴某因要求确认某市住房和城乡建设局设置围挡行为违法，向某县人民法院提起诉讼。案件审理中，对被告某市住房和城乡建设局向法院提交的在诉讼过程中所作的调查笔录这一证据，法院依法不予认可。法院认为，根据《国有土地上房屋征收与补偿条例》第27条第3款之规定：任何单位和个人不得采取暴力、威胁或者违反规定中断供水、供热、供气、供电和道路通行等非法方式迫使被征收人搬迁。禁止建设单位参与搬迁活动。本案中，被告在原告涉案房屋门前设置围挡的行为影响了原告的道路通行，明显不当，但因该行政行为不具有可撤销内容，应确认违法。

‖ 案例解读 ‖

行政行为的作出必须遵循行政程序的要求，严格落实"先取证、后裁决"的步骤。禁止被告及其诉讼代理人在行政诉讼过程中自行向原告、第三人和证人收集证据，即是为了通过行政审判检验被诉行政机关在行政过程中是否切实履行行政程序的要求。习近平总书记在多个场合强调，努力让人民群众在每一个司法案件中感受到公平正义。上述案例中，法院对被告在诉讼过程中所作的调查笔录这一证据不予采信，正是通过司法审查使被告机关认识到在行政管理过程中作出公正的执法决定的重要性。

《行政诉讼法》第35条规定了在诉讼过程中，禁止被告及其诉讼代理人自行向原告、第三人和证人收集证据。上述案例中，法院即依据该条文规定对被诉行政机关违法收集的证据予以排除。通过类似的案例，领导干部必须认识到合法取证的重要性，同时应当严格要求本行政机关工作人员在日常的行政过程中遵循"先取证、后裁决"的步骤，在证据确实充分的基础上再作出相应的行政行为，以从源头上杜绝被诉行政机关在诉讼过程中违法收集证据。

‖ 习近平法治思想指引 ‖

法治建设要为了人民、依靠人民、造福人民、保护人民。必须牢牢把握社会公平正义这一法治价值追求，努力让人民群众在每一项法律制度、每一个执法决定、每一宗司法案件中都感受到公平正义。

——《加强党对全面依法治国的领导》，载《求是》2019年第4期。

‖ 重点法条 ‖

> 《行政诉讼法》第三十六条　被告在作出行政行为时已经收集了证据，但因不可抗力等正当事由不能提供的，经人民法院准许，可以延期提供。
> 　　原告或者第三人提出了其在行政处理程序中没有提出的理由或者证据的，经人民法院准许，被告可以补充证据。

‖ 条文解读 ‖

本条是关于行政诉讼中被告延期提供证据及补充证据的规定。在行政诉讼中，对被告延期提供证据以及补充证据有着严格的限制，以确保行政案件的裁判实现公正。行政机关在诉讼中必须遵循相关的限制，依法按时提交或补充作出行政行为的相应证据，故对本条内容，领导干部应予掌握。理解和适用本条内容应着重考虑以下三个方面：（1）关于被告延期提供证据的前提条件。一是被告在作出行政行为时确已收集了证据。若被告实际上并没有相关证据，则申请延期提供并无意义。二是被告须因不可抗力等正当事由不能提供已经收集的证据。所谓不可抗力，即不能预见、不能避免且不能克服的客观情况，通常如自然灾害、社会突发事件等。三是被告延期提供证据，须经人民法院准许。（2）关于被告延期提供证据申请的要求。被告若欲延期提供证据，则要在收到起诉状副本之日起15日内以书面方式向人民法院提出延期提供证据的申请。（3）关于被告补充证据的必要条件。在行政诉讼中，被告通常是不能补充证据的，这是为了督促行政机关在日常行政过程中严格落实"先取证、后裁决"的行政程序性要求。被告若要补充证据，必须满足两个方面的条件。一是原告或者第三人提出了其在行政处理程序中没有提出的理由或者证据。二是须经人民法院准许。

典型案例

案例一

因认为林业局不履行法定职责，某县人民检察院依法向法院提起行政公益诉讼。法院于2020年7月向被告林业局送达了起诉状副本及应诉通知书，被告于2020年9月向法院提供证据已经超过法律规定的举证期限，且被告亦未按照《行政诉讼法》第36条的规定向法院申请延期举证，故对于被告无正当理由逾期提交的证据，法院不予组织质证。法院认为，被告收到公益诉讼人某县人民检察院发出的检察建议书后，未采取有效措施恢复某湿地公园的生态环境，国家和社会公共利益处于持续受侵害的状态。故公益诉讼人的诉讼请求，法院予以支持。

案例二

张某因不服某县公安局作出的治安管理行政处罚，向法院提起诉讼，法院依法立案并审理。法庭审理结束后，被告某县公安局经书面申请且法院准许，补证了呈请延长行政案件办案期限报告书及适用的相关法律、规章。被告补充举证的报告，系原告张某在法庭审理时提出新的主张而补充举证，该证据符合《行政诉讼法》第36条及行政诉讼证据三性，法院予以采信。法院认为，被告某县公安局对原告张某作出的行政处罚决定书证据确实、充分，适用法律正确，量罚适当，程序合法。

案例解读

习近平总书记多次强调要促进社会公平正义、增进人民福祉。司法制度是实现公平正义的重要制度，在行政诉讼中严格限制被诉行政机关延期提供证据以及补充证据，正是促进公正、维护诉讼参加人合法权益的制度安排。案例一中，法院对被告无正当理由逾期提交的证据不予组织质证；案例二中，对被告提供的符合补充证据规定的证据，法院予以采信。两个案例中的法院即切实遵循行政诉讼中被告提交证据的相关制度安排，严格依法审理。

《行政诉讼法》第36条规定行政诉讼被告逾期提供证据以及补充证据的前提条件，是为了督促行政机关在作出行政行为前审慎调查、收集证据，同时也是为了保障行政诉讼高效进行，及时救济有关公民、法人或者其他组织的合法权益。领导干部应掌握本条内容，在本行政机关涉诉时做好应诉准备工作，在诉讼过程中按照相关规定及时提交证据或补充证据。

‖ 习近平法治思想指引 ‖

不论处在什么发展水平上，制度都是社会公平正义的重要保证。我们要通过创新制度安排，努力克服人为因素造成的有违公平正义的现象，保证人民平等参与、平等发展权利。要把促进社会公平正义、增进人民福祉作为一面镜子，审视我们各方面体制机制和政策规定，哪里有不符合促进社会公平正义的问题，哪里就需要改革；哪个领域哪个环节问题突出，哪个领域哪个环节就是改革的重点。对由于制度安排不健全造成的有违公平正义的问题要抓紧解决，使我们的制度安排更好体现社会主义公平正义原则，更加有利于实现好、维护好、发展好最广大人民根本利益。

——《切实把思想统一到党的十八届三中全会精神上来》，载《求是》2014年第1期。

‖ 重点法条 ‖

《行政诉讼法》第三十七条　原告可以提供证明行政行为违法的证据。原告提供的证据不成立的，不免除被告的举证责任。

‖ 条文解读 ‖

本条是关于行政诉讼原告举证权利的规定。在行政诉讼中，原告享有举证证明被诉行政行为违法的权利,但该权利的行使结果并不影响被告对其作出的行政行为所负有的举证责任,故对本条内容,领导干部应予掌握。理解和适用本条内容应着重考虑以下两个方面:(1)本条规定确立的是原告的举证权利而非责任。在行政诉讼中,赋予原告提供证明被诉行政行为违法的证据的权利,是为了保障原告的合法权益在确实遭遇被诉行政行为侵害的情况下得到及时救济。(2)原告举证结果不影响被告对举证责任的负担。本条规定的是原告的举证权利,即便原告提供的证据不成立,被告的举证责任也不会因此而免除。原告行使该诉讼权利的结果并不会影响被告对举证责任的负担,被告在行政诉讼中,始终对其作出的行政行为负有举证责任,其应当如实地提供作出被诉行政行为的证据和所依据的规范性文件。

▌典型案例 ▌

某区人民检察院因某区某街道办事处不依法履行监管法定职责,依法向法院提起行政公益诉讼。法院经审理认为,《行政诉讼法》第37条规定:"原告可以提供证明行政行为违法的证据。原告提供的证据不成立的,不免除被告的举证责任。"根据该规定,公益诉讼起诉人某区人民检察院已经提供证据证明被告行为违法,即便其提供的证据不成立,亦不能免除被告提交证据证明其行为没有违法的举证责任。而本案中被告在法定期限内未提交相关证据。

▌案例解读 ▌

习近平总书记高度重视对人民群众合法权利的保障,多次强调对侵犯群众合法权利的行为必须严肃查处和坚决追责。在行政诉讼中,原告的举证权利不容侵犯。在本行政机关涉诉时,领导干部应当严厉禁止本机关工作人员阻碍行政诉讼原告行使举证的诉讼权利。上述案例中,公益诉讼起诉人某区人民检察院的举证权利得到了充分的保障,这是值得肯定的。

《行政诉讼法》第37条规定:"原告可以提供证明行政行为违法的证据。原告提供的证据不成立的,不免除被告的举证责任。"案例中,法院强调即便行政诉讼原告提供的证据不成立,亦不能免除被告提交证据证明其行为没有违法的举证责任。法院对举证权利的保障,是生动践行司法公正的体现。

领导干部要认识到行政诉讼中原告举证权利的重要性，在本行政机关涉诉时，模范带头尊重原告的诉讼权利。

▌习近平法治思想指引▐

要系统研究谋划和解决法治领域人民群众反映强烈的突出问题，依法公正对待人民群众的诉求，坚决杜绝因司法不公而造成伤害人民群众感情、损害人民群众权益的事情发生。对一切侵犯群众合法权利的行为，对一切在侵犯群众权益问题上漠然置之、不闻不问的现象，都必须依纪依法严肃查处、坚决追责。

——习近平：《坚定不移走中国人权发展道路 更好推动我国人权事业发展》，载《求是》2022年第12期。

▌重点法条▐

《行政诉讼法》第四十条　人民法院有权向有关行政机关以及其他组织、公民调取证据。但是，不得为证明行政行为的合法性调取被告作出行政行为时未收集的证据。

▌条文解读▐

本条是关于行政诉讼中人民法院调取证据的规定。人民法院在诉讼中调取证据的权力是保障行政诉讼高效进行的关键，领导干部不能在本行政机关涉诉时阻碍人民法院向本机关调取证据，而应当积极予以配合，故对本条内容，领导干部应予掌握。理解和适用本条内容应着重考虑以下两个方面：（1）向行政机关等调取证据是人民法院的法定权力。本条规定授予了人民法院在行政诉讼中"向有关行政机关以及其他组织、公民调取证据"的权力，是为了确保行政诉讼审判工作顺利开展，使法院能够查明真相、准确认定案件事实，从而避免造成冤假错案，切实维护当事人的合法权益。（2）人民法院调取证据的权力之行使亦有相应限制。人民法院在行政诉讼中调取证据的权力不受侵犯，但其行使也有相应的边界。人民法院"不得为证明行政行为的合法性调取被告作出行政行为时未收集的证据"，这就是对人民法院调取证据的权力之限制性规定。

典型案例

案例一

黄某因某县医疗保障服务中心拒绝按照医疗保险相关规定报销其系列医疗费用,向法院提起诉讼。案件审理中,被告辩称其经过调查,无法确定第三方责任及责任大小,需要人民法院在行政诉讼中追加第三人并予以查明核实。法院认为,《行政诉讼法》第40条规定:人民法院有权向有关行政机关以及其他组织、公民调取证据。但是,不得为证明行政行为的合法性调取被告作出行政行为时未收集的证据。本案中被告的辩解理由及申请法院追加第三人以便于查清责任的请求,与《行政诉讼法》第40条之规定相悖,故法院不予支持。

案例二

2016年7月15日,《A市B区人民政府关于对某园某户区改造项目涉及的国有土地上房屋予以征收的决定》指示对相关范围内的国有土地上房屋予以征收。葛某所有的房屋在征收范围内,故其遂与B区政府成立的临时机构桃园一坊棚改项目指挥部订立产权调换协议(住宅)。因认为B区人民政府不履行产权调换协议(住宅),葛某向法院提起诉讼。庭审后,依照《行政诉讼法》第40条规定,为进一步查明案件事实,法院向本案中第三人××公司调取了如下证据:《招商项目合作框架协议书》《桃园一坊棚改项目拆除改造合同书》《建设工程施工合同》《建设工程监理合同》。原告、被告等对法院调取的上述证据的真实性均予以认可。

案例解读

司法作为维护社会公平正义的最后一道防线,必须具有公正的灵魂,习近平总书记多次强调司法公正对社会公正的重要意义。司法人员信仰法律、坚守法治,是司法审判工作实现公平正义目标的必要条件。上述案例中,人民法院严格依照《行政诉讼法》第40条之规定开展相关的行政诉讼审判活动,领导干部应当充分掌握《行政诉讼法》第40条规定的内涵。

《行政诉讼法》第40条规定:"人民法院有权向有关行政机关以及其他组织、公民调取证据。但是,不得为证明行政行为的合法性调取被告作出行政行为时未收集的证据。"上述案例一中,被告欲利用法院查明第三方责任及责任大小，显然违背了本条的规定，法院不予支持是恰当的。案例二中，法院依据本条规定调取了系列证据，原告、被告及第三人均对证据的真实性予以认可，法院调取证据的行为是合法的，并未超出本条规定的边界。领导干部要意识到，本条规定的核心目的是保障司法公正，切不可妄图利用本条规定实现本机关在行政诉讼中的不良目的。

‖ 习近平法治思想指引 ‖

司法是社会公平正义的最后一道防线，司法人员必须信仰法律、坚守法治、端稳天平、握牢法槌、铁面无私、秉公司法。

——《加快建设社会主义法治国家》，
载《求是》2015年第1期。

‖ 重点法条 ‖

> 《行政诉讼法》第五十三条　公民、法人或者其他组织认为行政行为所依据的国务院部门和地方人民政府及其部门制定的规范性文件不合法，在对行政行为提起诉讼时，可以一并请求对该规范性文件进行审查。
>
> 前款规定的规范性文件不含规章。

‖ 条文解读 ‖

本条是关于行政规范性文件附带审查的规定。本条规定的出台即是为了通过对规范性文件的附带审查，遏制有关部门和地方滥发文件的乱象，督促行政机关严格依法行政，故对本条规定的内容，领导干部应予掌握。理解和适用本条内容应着重考虑以下两个方面：（1）关于本条规定中规范性文件的界定。行政规范性文件是行政法规、规章以外的行政机关发布的规范性文件，即国家行政机关为执行法律、法规和规章，对社会实施行政管理，依法定权限和法定程序发布的规范公民、法人和其他组织行为的具有普遍约束力的政令。（2）关于行政规范性文件附带审查的先决条件。公民、法人或者其他组织认为行政行为所依据的规范性文件不合法，即可在对行政行为提起诉讼时一并请求对该规范性文件进行审查。

典型案例

2020年12月24日，胡某向某区政府递交履行拆迁安置补偿法定职责申请书，某区政府将该申请书批转至指挥部办公室予以办理。2021年1月4日，指挥部办公室向胡某作出关于胡某申请书的回复，胡某对该回复不服，遂诉至法院。胡某请求对案涉《安置补偿优惠方案》一并进行合法性审查。法院则认为，《安置补偿优惠方案》系为加快城改进程，针对某区某城中村改造作出的优惠办法，具有时间、范围、对象等具体、特定的特征，并不具有普遍约束力，且不能扩大范围反复适用，并非法律规定的规范性文件，故原告胡某的该项诉讼请求无法律依据。

案例解读

习近平总书记高度重视对公权力的监督制约。领导干部作为"关键少数"，要模范带头秉公用权。在行政管理实践中，一些部门和地方乱发文件，既违反了依法行政的原则，也侵害了公民、法人或者其他组织的合法权益。这就是滥用公权力的体现，领导干部应当引导本机关自查自纠，审慎制发行政管理相关文件。上述案例涉及行政诉讼中规范性文件附带审查制度，是通过司法审查整治行政机关滥发文件的乱象的表现。

《行政诉讼法》第53条确立了行政规范性文件附带审查制度，为司法审查被诉行政行为依据的规范性文件提供了法律依据。上述案例中，由于原告提请附带审查的文件不满足本条的具体规定，故法院并未支持原告的一并审查请求。虽然法院未支持原告有关请求，但并不意味着本条规定没有实际效用。相反，本条规定为打击行政机关随意制发规范性文件的行为提供了强有力的支持。领导干部必须严格遵循依法用权的要求，在本机关制发规范性文件的过程中把好责任关。

习近平法治思想指引

要强化对公权力的监督制约，督促掌握公权力的部门、组织合理分解权力、科学配置权力、严格职责权限，完善权责清单制度，加快推进机构、职能、权限、程序、责任法定化。要盯紧公权力运行各个环节，完善及时发现问题的防范机制、精准纠正偏差的矫正机制，管好关键人、管到关键处、管住关键事、管在关键时,特别是要把一把手管住管好。

——《在新的起点上深化国家监察体制改革》,
载《求是》2019年第5期。

▌重点法条 ▌

> 《行政诉讼法》第五十七条 人民法院对起诉行政机关没有依法支付抚恤金、最低生活保障金和工伤、医疗社会保险金的案件,权利义务关系明确、不先予执行将严重影响原告生活的,可以根据原告的申请,裁定先予执行。
>
> 当事人对先予执行裁定不服的,可以申请复议一次。复议期间不停止裁定的执行。

▌条文解读 ▌

本条是关于行政诉讼先予执行的规定。行政诉讼中是否先予执行关系到原告的正常生活,同时也涉及被诉行政机关职责履行的问题,行政机关对有关事项必须认真对待、慎重处理。故对于本条内容,领导干部应予掌握。理解和适用本条内容应着重考虑以下两个方面:(1)关于行政诉讼先予执行的条件。行政诉讼中,法院作出先予执行的裁定需要满足两个先决条件。首先,先予执行的行政案件范围限于原告起诉行政机关没有依法支付抚恤金、最低生活保障金和工伤、医疗社会保险金等案件。其次,先予执行案件范围内的行政案件必须权利义务关系明确,并且若不先予执行,则将严重影响原告生活。(2)关于先予执行裁定的后续事项。法院作出先予执行裁定后,当事人对裁定不服的,可以申请复议一次。但是,复议期间不停止裁定的执行。

▌典型案例 ▌

赵某因不服某人力资源和社会保障局的社会保障行政行为,向法院提起诉讼。在诉讼过程中,赵某向法院申请某人力资源和社会保障局、某社会保险管理局先予执行,但法院作出不准许先予执行的裁定。赵某不服,遂提起复议申请。法院审查认为,本案中申请人赵某的诉讼请求为确认被告人社局不办理退休手续的行为违法,且双方对赵某的工龄计算有异议,因支付社会保险费需以办理退休手续为前提,现无法确定其具体的退休待遇金额,属权利义务不明确,故申请人赵某的先予执行申请不符合《行政诉讼法》第57条的规定。原不准许先予执行的裁定并无不当。

案例解读

习近平总书记高度重视人权的法治保障。生存是人权之基础,人民幸福生活即人权最重要的内容。行政诉讼先予执行制度着眼于行政诉讼原告的生活状况,正是法治保障人权的鲜明体现。上述案例中,原告赵某的先予执行申请没有得到法院支持,原因在于原告的申请不符合法定的条件,而不能误解为行政诉讼先予执行制度没有效用。领导干部仍要认真学习并掌握行政诉讼先予执行制度的相关规定。

《行政诉讼法》第57条规定了行政诉讼先予执行的适用规则。上述案例中,原告的先予执行申请不满足本条规定的系列条件,故法院并未支持。在行政诉讼中,若原告提出先予执行申请并得到法院裁定准许,被诉行政机关的领导干部则应当严格督导本机关积极配合,协助落实法院裁定的要求,保障原告的正常生活。

习近平法治思想指引

法治是人权最有效的保障。我们坚持法律面前人人平等,把尊重和保障人权贯穿立法、执法、司法、守法各个环节,加快完善体现权利公平、机会公平、规则公平的法律制度,保障公民人身权、财产权、人格权,保障公民参与民主选举、民主协商、民主决策、民主管理、民主监督等基本政治权利,保障公民经济、文化、社会、环境等各方面权利,不断提升人权法治化保障水平。

——习近平:《坚定不移走中国人权发展道路 更好推动我国人权事业发展》,载《求是》2022年第12期。

重点法条

《行政诉讼法》第五十八条 经人民法院传票传唤,原告无正当理由拒不到庭，或者未经法庭许可中途退庭的，可以按照撤诉处理；被告无正当理由拒不到庭，或者未经法庭许可中途退庭的，可以缺席判决。

条文解读

本条是关于行政诉讼庭审的规定。在本行政机关作为行政诉讼被告时，领导干部作为本机关负责人应当积极出庭应诉，遵守庭审的相关规则，助力法院的行政诉讼审判工作顺利开展。故对本条内容，领导干部应予掌握。理解和适用本条内容应着重考虑以下两个方面：（1）关于本条对原告一方的规定。原告经法院传票传唤，无正当理由拒不到庭，或者未经法庭许可中途退庭的，本条规定法院"可以按照撤诉处理"。（2）关于本条对被告一方的规定。被告经法院传票传唤，无正当理由拒不到庭，或者未经法庭许可中途退庭的，本条规定法院"可以缺席判决"。在被告出现上述情况时，法院可以按期开庭或者继续开庭审理，对到庭的当事人诉讼请求、双方的诉辩理由以及已经提交的证据及其他诉讼材料进行审理后，依法缺席判决。

典型案例

付某因认为某县人力资源和社会保障局不履行法定职责，于2023年1月向某县人民法院提起行政诉讼。法院立案后，依法向被告送达了起诉状副本及应诉通知书。法院依法组成合议庭，于2023年2月公开开庭审理了该案。原告付某到庭参加诉讼，被告某县人力资源和社会保障局经法院合法传唤无正当理由拒不到庭。法院认为，被告向原告付某作出的劳动保障监察不予受理决定书，对原告的权利产生直接影响，故该行为为可诉的行政行为。被告经法院合法传唤无正当理由拒不到庭，也未在法定期限内提供相应证据，应视为无证据证实其作出该行政行为的合法性，依法应予撤销。

案例解读

习近平总书记多次强调领导干部要做尊法学法守法用法的模范。在行政诉讼中，行政机关作为被告，要遵守行政案件开庭审理的相关规定，积极配合人民法院的审判工作。领导干部作为行政机关的负责人，应当出庭应诉，就本机关作出的被诉行政行为的具体情况进行如实说明。上述案例中，被告经法院传票传唤，无正当理由拒不到庭，法院只能依法缺席判决。

《行政诉讼法》第58条规定了行政诉讼被告经人民法院传票传唤，无正当理由拒不到庭，或者未经法庭许可中途退庭的后果。上述案例中的法院即适用了本条的规定。领导干部应当认真学习领会本条内容，在本行政机关作为行政诉讼被告时，做好应诉准备工作，严格遵守行政案件庭审规则，以保障行政诉讼审判工作高效进行。

‖ 习近平法治思想指引 ‖

领导干部具体行使党的执政权和国家立法权、行政权、监察权、司法权，是全面依法治国的关键。各级领导干部要坚决贯彻落实党中央关于全面依法治国的重大决策部署，带头尊崇法治、敬畏法律，了解法律、掌握法律，不断提高运用法治思维和法治方式深化改革、推动发展、化解矛盾、维护稳定、应对风险的能力，做尊法学法守法用法的模范。要把法治素养和依法履职情况纳入考核评价干部的重要内容，让尊法学法守法用法成为领导干部自觉行为和必备素质。

——习近平：《坚定不移走中国特色社会主义法治道路　为全面建设社会主义现代化国家提供有力法治保障》，载《求是》2021年第5期。

‖ 重点法条 ‖

《行政诉讼法》第五十九条　诉讼参与人或者其他人有下列行为之一的，人民法院可以根据情节轻重，予以训诫、责令具结悔过或者处一万元以下的罚款、十五日以下的拘留；构成犯罪的，依法追究刑事责任：

（一）有义务协助调查、执行的人，对人民法院的协助调查决定、协助执行通知书，无故推拖、拒绝或者妨碍调查、执行的；

（二）伪造、隐藏、毁灭证据或者提供虚假证明材料，妨碍人民法院审理案件的；

（三）指使、贿买、胁迫他人作伪证或者威胁、阻止证人作证的；

（四）隐藏、转移、变卖、毁损已被查封、扣押、冻结的财产的；

（五）以欺骗、胁迫等非法手段使原告撤诉的；

（六）以暴力、威胁或者其他方法阻碍人民法院工作人员执行职务，或者以哄闹、冲击法庭等方法扰乱人民法院工作秩序的；

（七）对人民法院审判人员或者其他工作人员、诉讼参与人、协助调查和执行的人员恐吓、侮辱、诽谤、诬陷、殴打、围攻或者打击报复的。

人民法院对有前款规定的行为之一的单位，可以对其主要负责人或者直接责任人员依照前款规定予以罚款、拘留；构成犯罪的，依法追究刑事责任。

罚款、拘留须经人民法院院长批准。当事人不服的，可以向上一级人民法院申请复议一次。复议期间不停止执行。

条文解读

本条是关于诉讼参与人或者其他人妨害行政诉讼行为的强制措施的规定。明确对妨害行政诉讼行为的强制措施的规定，能够更好地维护法庭秩序，有助于行政诉讼活动顺利进行；另外，本条规定了对当事人的救济措施，有利于保障当事人的合法权益，维护法律和人民法院的权威，领导干部应予掌握。

典型案例

案例一

2018年9月，在A宾馆与国家工商行政管理总局商标评审委员会、××有限公司的商标权撤销复审行政纠纷一案中，A宾馆在一审行政诉讼阶段提交的落款为2012年2月2日的监控设备购销合同，显示甲方为B宾馆。而A宾馆在复审阶段提交的与上述合同内容、落款完全相同的监控设备购销合同，其显示甲方为A宾馆，且有涂改痕迹。A宾馆对其篡改行为不予否认，其提供的证据属于伪造的虚假证据，妨害了行政诉讼。法院依据《行政诉讼法》第59条对A宾馆予以罚款。

案例二

2019年12月，原告王某不服被告某县人民政府土地行政登记的行政行为，向法院提起行政诉讼。在行政诉讼中，王某提交了村委证明等证明材料作为证据，虽然村委证明加盖了公章管理处印章，但经法院核实，该证明内容并非系该村委出具。在法院就该证明取得的过程向王某调查时,王某既没有作出详细合理的说明,也并未证实该证明的真实性,妨害了行政诉讼。法院根据《行政诉讼法》第59条对王某予以训诫。

案例解读

从案例一和案例二中可以看出,诉讼参与人在行政诉讼中妨害行政诉讼的具体行为主要是伪造证据、提供虚假证明材料,此行为妨害了行政诉讼的正常秩序。党的十八大以来,法治社会建设不断推进,法治力量深入人心,全民守法正在成为现实。习近平总书记强调,全面依法治国必须抓住领导干部这个"关键少数"。对领导干部而言,应发挥好带头模范作用,保护人民群众的信赖利益,以促进全民守法,维护行政诉讼秩序。

《行政诉讼法》第59条是人民法院对有妨害行政诉讼行为的人采取强制教育和制裁手段的依据。在案例一、案例二中,诉讼参与人均有伪造证据妨害行政诉讼的行为,可见诉讼参与人没有认识到诉讼秩序的重要性,对于《行政诉讼法》的法律条文认知还不清晰。领导干部应以身作则,促进诉讼参与人遵守法律,保证人民法院审判活动的顺利进行。

重点法条

《行政诉讼法》第六十六条　人民法院在审理行政案件中,认为行政机关的主管人员、直接责任人员违法违纪的,应当将有关材料移送监察机关、该行政机关或者其上一级行政机关;认为有犯罪行为的,应当将有关材料移送公安、检察机关。

人民法院对被告经传票传唤无正当理由拒不到庭,或者未经法庭许可中途退庭的,可以将被告拒不到庭或者中途退庭的情况予以公告,并可以向监察机关或者被告的上一级行政机关提出依法给予其主要负责人或者直接责任人员处分的司法建议。

条文解读

本条是关于行政机关主管人员、直接责任人员个人责任追究的规定。明确对行政机关主管人员、直接责任人员个人责任追究的规定有助于行政机关依法行政、维护法庭秩序、保障人民群众的合法权益，领导干部应予掌握。理解和适用本条内容应着重考虑以下三个方面：（1）人民法院可以向监察机关、被诉行政机关或者其上一级行政机关以及公安、检察机关移送材料。人民法院应当按照违法违纪行为或者犯罪行为的性质，将案件材料全部或者部分移送相应机关。（2）人民法院向其他国家机关移送材料应具备两个条件。首先，行政机关的主管人员、直接责任人员客观上可能存在违法违纪或者犯罪的行为。其次，人民法院根据案件审理中所形成的材料，认为行政机关的主管人员、直接责任人员的行为涉嫌违法违纪或者构成犯罪。值得注意的是，"认为"是人民法院对相关事实的主观判断，并不要求人民法院证明行政机关的主管人员、直接责任人员的行为已经违反政纪或者构成犯罪。（3）人民法院可以向监察机关或者被告的上一级行政机关提出司法建议。行政机关出庭应诉是行政机关依法履行其职责的重要内容，人民法院有必要根据具体情节和其他因素将无正当理由拒不到庭、未经法庭许可中途退庭的情况予以公告。

▍典型案例▍

2014年12月，某派出所对雷某作出200元罚款的行政处罚，雷某缴纳了罚款200元。2015年，该派出所重新作出对雷某处罚款200元的决定。雷某不服，提起行政诉讼，请求撤销该行政处罚。经查明，该派出所在对雷某作出行政处罚决定前，未告知雷某作出行政处罚的事实、理由及依据，也未告知雷某依法享有的权利。并且，该派出所签收开庭传票、出庭通知书后，以业主纠纷堵路为由，未能参加案件开庭。法院认为该派出所作出行政处罚违反了法定程序，拒不到庭的理由并非正当理由，依法判决撤销该派出所的治安行政处罚并责令派出所重新作出行政行为。

▍案例解读▍

党的十八大以来，党中央把全面依法治国纳入"四个全面"战略布局予以有力推进，对全面依法治国作出了一系列重大决策部署。而依法行政是依法治国的重要组成部分，全面推进依法治国，建设法治政府，必须全面推进依法行政。要全面推进依法行政，进一步推进法治政府建设，要求提高行政机关工作人员特别是领导干部依法行政的意识和能力。行政机关是实施法律法规的重要主体，领导干部带头尊法守法、严格执法的重要性不言自明。

在上述案例中，人民法院撤销了相应的行政机关违反法定程序作出的行政行为，明确了被诉行政机关应当到庭，体现了人民法院对于行政机关执法行为的监督。人民法院的监督有助于促进领导干部依法行政，进而增强政府整体依法行政的能力，保证党的决定能够得到切实落实，并且有助于保障人民群众的合法权益。

习近平法治思想指引

推进多层次多领域依法治理，提升社会治理法治化水平。发挥领导干部示范带头作用，努力使尊法学法守法用法在全社会蔚然成风。

——习近平：《高举中国特色社会主义伟大旗帜 为全面建设社会主义现代化国家而团结奋斗》，载《求是》2022 年第 21 期。

重点法条

《行政诉讼法》第七十条　行政行为有下列情形之一的，人民法院判决撤销或者部分撤销，并可以判决被告重新作出行政行为：

（一）主要证据不足的；

（二）适用法律、法规错误的；

（三）违反法定程序的；

（四）超越职权的；

（五）滥用职权的；

（六）明显不当的。

条文解读

本条是关于撤销判决和重作判决的规定。法院运用审判权撤销违法的行政行为，正是对原告权利最为直接和有效的保护。另外，撤销判决是法院制止违法行政行为最直接和最有效的手段，对监督行政机关依法行政具有重要意义，领导干部应予掌握。理解和适用本条内容应着重考虑以下六个方面：（1）人民法院撤销判决有三种具体形式，应当根据行政机关所作的行政行为的不同情形分别适用。其包括全部撤销、部分撤销和判决撤销并责令被告重新作出行政行为。（2）行政机关认定的事实，可以分为基本事实和次要事实。证明基本事实的证据应当是主要证据，证明次要事实的证据可以视为次要证据，只有主要证据不足才属于行政行为违法并应撤销的情况。（3）行政机关在法定职权范围内作出的行政行为应当与法律、法规一致，适用法律、法规错误，人民法院可以予以撤销。（4）行政机关作出行政行为的步骤、方式、形式、时限、顺序等都必须遵守法律的规定，违反法定程序，人民法院可以予以撤销。（5）行政机关不得违背法律原则、精神和目的作出行政行为，滥用职权，人民法院可以予以撤销。滥用职权必须达到一定程度，法院才能适用作出撤销判决。（6）行政机关或行政机关工作人员对行政相对人应当合理实施行政行为，应当符合公正要求，明显不当，人民法院可以予以撤销。只有行政机关的行政行为不合理、不公正达到明显的程度，人民法院才能予以干预。

典型案例

案例一

2017年6月，梁某在工地上猝死，其妻刘某以××公司为用人单位向A市人社局请求工伤认定，A市人社局认定梁某死亡属视同因工死亡。××公司不服，向A市政府申请行政复议。A市政府以A市人社局作出的视同工亡认定书认定事实不清、证据不足、适用依据错误、程序违法为由，予以撤销。刘某不服，遂提起行政诉讼，一审、二审均驳回了刘某的诉讼请求。刘某请求再审，最高人民法院认为A市人社局作出视同工亡认定书，符合法律规定。A市政府的行政复议决定认定事实不清，适用法律错误，应予撤销。

案例二

2017年7月，马某不服某区政府因拆迁房屋作出的补偿决定，提起诉讼，请求撤销补偿决定并判令某区政府重新作出合法的行政行为。一审法院驳回了其请求。马某不服，提起上诉，二审法院驳回上诉，维持原判。马某提起再审，最高人民法院认为马某就补偿决定提出的再审主张部分成立，某区政府作出补偿决定主要证据不足，一、二审判决认定事实错误，均应依法撤销。

案例解读

党的十八大以来，以习近平同志为核心的党中央高度重视行政执法体制改革，要求全面推进严格规范公正文明执法。严格执法是对行政机关及其公职人员提出的重要执法原则，要求行政机关及其公职人员严谨、严肃、严明、公正执法，应当在准确理解法律精神的基础上，严格规范地遵守法律，应当通过严格执法来维护法律权威、保障公民权利。在案例二中，某区政府作出补偿决定主要证据不足，足以说明其行政行为存在疏漏，领导干部应当予以重视，保证行政机关严格执法。

在上述案例中，行政机关所作的行政行为均符合撤销判决的具体情形。案例一中，行政机关适用法律错误；案例二中，行政机关主要证据不足。因此，最高人民法院予以撤销并责令被诉行政机关重新作出行政行为。行政机关在作出行政行为时不仅要严格遵守法律，也要符合法律原则、精神和目的。行政机关要做到严格执法，离不开各级领导干部的作用，各级领导干部要肩负起责任和使命，以身作则，起模范带头作用。

习近平法治思想指引

各级领导干部要坚决贯彻落实党中央关于全面依法治国的重大决策部署，带头尊崇法治、敬畏法律，了解法律、掌握法律，不断提高运用法治思维和法治方式深化改革、推动发展、化解矛盾、维护稳定、应对风险的能力，做尊法学法守法用法的模范。

——习近平：《坚定不移走中国特色社会主义法治道路 为全面建设社会主义现代化国家提供有力法治保障》，载《求是》2021年第5期。

重点法条

《行政诉讼法》第七十二条 人民法院经过审理，查明被告不履行法定职责的，判决被告在一定期限内履行。

条文解读

本条是关于人民法院责令被告履行职责的规定。本条体现了行政机关应尊重和积极履行行政判决，领导干部应予掌握。理解和适用本条内容应着重考虑以下三个方面：（1）适用履行判决，首先应当具备行政相对人提出申请或者行政机关依据法律规定主动履责的条件。（2）行政机关负有法定职责。行政机关负有法定职责是适用履行判决的前提，只有在法律上负有职责、义务的行政主体才有可能构成不履行法定职责。值得注意的是，这里的法定义务应作扩大解释，主要包括：法律法规明确规定的义务，特定行政机关所负有的义务，行政协议、行政允诺等合意行为约定的义务，因先行行为形成的义务，以及因对行政行为的信赖而形成的义务。（3）行政机关不履行法定职责。不履行法定职责是一种违法行为，法院应当责令行政机关履行法定职责或确认其违法。如果行政机关再履行法定职责已经没有任何实际意义，法院就应当作出确认不履行法定职责违法的判决。

典型案例

案例一

2021年5月，A县政府、A县自然资源局非法拆除地上附属物。高某向A县人社局邮寄政府信息公开申请书，申请A县人社局公开有关政府信息，A县人社局于当日签收，但其未在法定期限内给予原告书面答复，也未履行告知义务。高某不服，向法院提起行政诉讼。法院认为，信息公开是《政府信息公开条例》规定的政府的法定义务。原告向被告提出政府信息公开申请，被告具有依法答复的法定职责。因此，法院责令被告A县人社局在判决生效后的法定期限内对原告高某的申请事项作出处理。

案例二

2018年7月，××景观河遭遇洪涝灾害，景观河南北两侧护栏被冲毁。公益诉讼起诉人发现××景观河护栏长期缺损、损害社会公共利益后，向B住建局发出了诉前检察建议，督促其履职，但B住建局仍未依法履行职责。故公益诉讼起诉人提起行政公益诉讼，依据《某自治区河湖保护和管理条例》第2条第2款及《某市河道管理条例》第21条之规定，被告B住建局对××景观河护栏的缺损修复和养护具有不可推卸的职责。因此，法院确认被告 B 住建局对 ×× 景观河护栏缺损怠于履行修复职责的行为违法,并判令 B 住建局对 ×× 景观河缺损的护栏继续履行修复职责。

▍案例解读 ▍

党的十八大以来,"法定职责必须为"逐渐成为越来越多行政机关执法人员的共识。但是,随着反腐败工作的深入开展以及政府简政放权的推进,实践中出现了一些与"法定职责必须为"相违背的情况,"为官不为"就是典型的表现。行政机关必须采取积极的措施和行动依法履行其职责,不得放弃,不得推诿,不得转嫁他人,不得不履行。领导干部要履行好"一岗双责",做到明责、履责、尽责,必须承担起监督监管责任。

案例一中,A 县人社局在高某申请后未公开有关政府信息;案例二中,公益诉讼人向 B 住建局发出了诉前检察建议,督促其履职,但 B 住建局仍未依法履行职责。在实践中行政机关未履行其法定职责的情形屡见不鲜,领导干部应承担起监督监管责任,通过强化责任追究,监督制约行政权力,保障行政权力在法治轨道上运行。

▍重点法条 ▍

《行政诉讼法》第七十三条　人民法院经过审理,查明被告依法负有给付义务的,判决被告履行给付义务。

▍条文解读 ▍

本条是关于给付判决的判决方式及其适用情形的规定。在审判实践中,给付判决的运用已并非罕见,其适应了现代行政的发展和审判实践的需要,是国家尊重并保障人权的具体表现,体现了实质正义,领导干部应予掌握。理解和适用本条内容应着重考虑以下四个方面:(1)给付诉讼最重要的起诉条件是行政相对人拥有公法上的给付请求权,而这种公法上的给付请求权是否存在则应依相关的法律规定加以判断。其一,行政相对人基于某一行为或某种特殊的法律身份、地位而拥有公法上的给付请求权。其二,行政相对人由于行政机关所实施的某种行为使其合法权益被侵害而拥有公法上的给付请求权。(2) 给付判决是一种主判决形式。给付判决无须依赖人民法院作出其他判决形式，不用先以判决的形式确认被告给付义务的存在，再进行给付判决。(3) 一般认为，给付的对象是金钱、物品等法律上的物。实际上，给付的标的不仅包括物，也包括行为。(4) 根据《行政诉讼法》第60条的规定，给付判决在审判中的某些情形下可以适用调解原则。

典型案例

案例一

2010年12月，赵竹某与赵良某发生承包经营权纠纷，法院最终裁定赵竹某不得侵犯赵良某210亩土地的承包经营权。2010年至2011年，由赵良某领取退耕还林补助资金，2012年至2017年，政府却将每年的退耕还林补助资金支付给赵竹某。赵良某向相关部门提出解决退耕还林资金发放问题无果，遂提起行政诉讼。一审法院裁定A县政府不向赵良某发放资金行为违法，责令A县政府履行给付。A县政府不服，提起上诉，二审法院撤销了一审行政判决并驳回了赵良某的诉讼请求。赵良某不服，申请再审，再审法院认为二审法院判决驳回赵良某的诉讼请求，属于适用法律错误，依法应予纠正。因此，最终裁定A县政府给付赵良某2012年至2017年退耕还林补助资金，并支付利息。

案例二

2022年11月，党某驾驶小轿车发生车祸，经鉴定其为次要责任。党某所在单位向B县人社局提交了工伤申请，B县人社局认定为工伤。党某向B县社保中心提出支付工伤保险待遇申请，B县社保中心当即口头答复原告的申请不符合规定，拒绝支付。因此，党某提起行政诉讼。根据调查，B县社保中心具有行政区域内的工伤保险待遇核定支付的法定职责，法院认为B县社保中心应当履行法定职责，及时给付工伤保险待遇。因此，法院判决B县社保中心给付党某工伤保险待遇医疗费。

案例解读

尊重和保障人权是中国共产党人的不懈追求。党的十八大以来，以习近平同志为核心的党中央坚持把尊重和保障人权作为治国理政的一项重要工作，推动我国人权事业取得历史性成就。我国始终坚持以生存权、发展权为首要的基本人权，坚持依法保障人权，《行政诉讼法》关于给付诉讼的规定，正是对公民生存权的保障，可见我国人权法治化保障水平不断提升。但是，我国人权法治化保障目前还存在不少短板，领导干部要主动担当作为，切实把国家人权行动计划落实好。

案例一中，在证据确实充分的情况下，A县政府对其给付义务依然予以否认，直到再审审结，赵良某的权利才真正得到保障。案例二中，同样在手续证明充分的情况下，B县社保中心拒绝支付党某的工伤保险待遇，其无奈提起诉讼。可见，部分行政机关没有切实做到尊重和保障人权，人民群众的合法权益没有得到保障。习近平总书记指出："对一切侵犯群众合法权利的行为，对一切在侵犯群众权益问题上漠然置之、不闻不问的现象，都必须依纪依法严肃查处、坚决追责。"因此，领导干部应该起好带头作用，履行监督职责，依法公正对待人民群众的诉求，维护人民群众的合法权益。

‖ 习近平法治思想指引 ‖

各级干部特别是领导干部要自觉学习马克思主义人权观、当代中国人权观，提高认识，增强自信，主动做好尊重和保障人权各项工作。各地区各部门各行业要增强尊重和保障人权意识，形成推动我国人权事业发展的合力。

——习近平：《坚定不移走中国人权发展道路 更好推动我国人权事业发展》，载《求是》2022年第12期。

‖ 重点法条 ‖

《行政诉讼法》第七十五条　行政行为有实施主体不具有行政主体资格或者没有依据等重大且明显违法情形，原告申请确认行政行为无效的，人民法院判决确认无效。

‖ 条文解读 ‖

本条是关于法院作出确认无效判决的规定。把确认无效判决明确纳入《行政诉讼法》的判决类型中，既是行政诉讼审判的实际需要，同时也促进了对人民群众合法权益的保障，推动了法治政府建设，领导干部应予掌握。理解和适用本条内容应着重考虑以下四个方面：（1）无效的行政行为，是具有重大且明显违法情形的行政行为，该行为自始无效。无效的行政行为包括行政行为的实施主体不具有行政主体资格以及行政机关作出的行政行为没有依据等类型。（2）"重大"一般是指行政行为的实施将给公民、法人或者其他组织的合法权益带来重大影响，而"明显"一般是指行政行为的违法性已经明显到任何有理智的人都能够作出判断的程度。（3）行政行为的实施主体不具有行政主体资格。例如，没有法律法规规章授权的行政机关内设机构、派出机构，在实践中以自己名义作出行政行为。（4）在实践中，行政行为没有依据的情况如行政行为没有适用法律规范，行政行为适用的是已经废止或者失去效力的法律规范，行政行为所适用的法律规范不适用于该行政行为所针对的特定行为或者事项。

典型案例

叶某与武某系夫妻关系，武某为A房屋的所有权人并且没有签订过转让房屋的合同。A房屋在某区征收房屋的范围内，2016年被征收。在征收调查期间，调查表中写明被征收人为叶某。在显示为2017年7月签订的协议书中，被征收人为叶某、马某，产权人为马某，约定叶某应回迁面积转入B户面积中。在某区房屋征收安置服务中心与第三人签订协议的过程中，其未要求叶某提交个人信息或房屋信息，也未向叶某调查是否有房屋转让情况。该协议写明被征收人为叶某、马某，但只有马某一人在协议上签字。叶某直至2020年才知晓该协议存在及协议的相关内容，并且马某表示其并未在该协议上签字。叶某认为该协议无效，向安置中心提出异议，但协商无果，遂提起行政诉讼。法院经过庭审质证，最终认定该协议无效。

案例解读

法治政府建设是全面依法治国的重点任务和主体工程。法治政府建设需要政府依法行政，遵循诚信原则。行政机关为实现行政管理目标应严格依据法律作出行政行为，践行承诺、诚信履责。对于行政机关作出的重大且明显的违法行为，领导干部应尽监督责任并时刻反省自身，确保行政机关在作出行政行为前勤勉尽责，杜绝疏漏，以确保行政行为客观公正，事实清楚，于法有据。

在上述案例中，行政机关在未经行政相对人同意的情况下，将与行政相对人签订的协议中的被征收人增加了第三人，在没有法律规范依据的情况下减损了行政相对人的权利，属于重大且明显的违法行政行为，人民法院依法确认行为无效，维护了行政相对人的正当权利。对此，领导干部应当引以为戒，对行政机关起到带头表率作用并对行政机关作出行政行为的方式、步骤、顺序和时限进行严格审查和监督，保障人民群众的信赖利益，维护政府公信力。

▎习近平法治思想指引 ▎

领导机关是国家治理体系中的重要机关，领导干部是党和国家事业发展的"关键少数"，对全党全社会都具有风向标作用。"君子之德风，小人之德草，草上之风必偃。"在上面要求人、在后面推动人，都不如在前面带动人管用。不忘初心、牢记使命，领导机关和领导干部必须做表率、打头阵。

——习近平：《在"不忘初心、牢记使命"主题教育总结大会上的讲话》，载《求是》2020年第13期。

▎重点法条 ▎

《行政诉讼法》第七十八条　被告不依法履行、未按照约定履行或者违法变更、解除本法第十二条第一款第十一项规定的协议的，人民法院判决被告承担继续履行、采取补救措施或者赔偿损失等责任。

被告变更、解除本法第十二条第一款第十一项规定的协议合法，但未依法给予补偿的，人民法院判决给予补偿。

▎条文解读 ▎

本条是关于行政协议履行判决及补偿判决的规定。把行政协议履行及补偿判决明确纳入《行政诉讼法》中，适当扩大了行政诉讼的受案范围，这是对社会发展需要的及时回应，不仅充分保障了行政相对人的合法权益，同时也保护了人民群众的信赖利益，领导干部应予掌握。理解和适用本条内容应着重考虑以下四个方面：（1）本条规定的协议是指《行政诉讼法》第12条第1款第11项中规定的政府特许经营协议、土地房屋征收补偿协议等协议。（2）本条规定的协议兼具公法和私法性质。这不仅要求行政机关设立、变更、终止行政协议时依照的法律除了行政法律、法规，还应当包括相应的民事法律；也要求人民法院在审理相关案件时，除了适用行政法律、法规，还应当适用不违反行政法的民事法律规范。（3）行政机关不依法履行、未按照约定履行或者违法变更、解除协议是适用本条的先决条件。（4）继续履行、采取补救措施、赔偿损失、补偿损失是行政机关依照本条规定应当承担的法律责任。其中，赔偿损失是指因行政机关不依法履行、未按照约定履行或者违法变更、解除协议，而由其赔偿行政相对人所遭受的财产损失。补偿损失是指因行政机关合法变更、解除协议，而由其赔偿行政相对人所遭受的财产损失。

典型案例

案例一

2015年9月，某区人民政府决定对包括王某房屋在内的棚户区实施房屋征收，并委托国有土地房屋征收补偿服务中心和某街道办事处承担征收和补偿工作。2017年11月，王某与某区城市更新局等部门及被委托征收实施单位签订补偿协议书。据了解，2020年底，区政府已明确由区财政局负责，将款项拨付给区征收补偿服务中心账户，用于支付被征收人王某，但该笔征收补偿款直至2022年8月仍未落实。王某提起行政诉讼，经过庭审质证，法院判决城市更新局继续履行。

案例二

2009年1月，某市人民政府与其他相关单位签订投资合作协议，约定投资合作建设某项目。2009年5月，该市人民政府对包括刘某房屋在内的等地确定了征地补偿标准。2011年3月，刘某签订了房屋拆迁过渡协议。之后，因为相关土地被收归国有，已经无法根据协议约定的安置地点进行安置，于是政府对协议单方进行了变更。刘某不服，提起行政诉讼，经查明，政府该变更行为并不违反法律规定，可以确认合法，但是政府仍应根据法律规定对刘某进行补偿。

案例解读

党的十八大以来，以习近平同志为核心的党中央高度重视守法诚信的法治政府建设。诚实守信是依法行政对行政机关及其行政活动的必然要求，也是行政机关及其工作人员的法律义务与责任。案例二中，虽然市人民政府单方变更协议的行为被确认合法，但其应当在领导干部的监督下全面及时履行协议变更后的安置补偿职责，确保安置补偿到位，以保护人民群众对行政机关的信赖利益。领导干部在行政机关履行行政协议时具有不可替代的作用，其应当自觉维护法律权威，自觉履行职责，以保证行政机关及其工作人员依法履行行政协议。

在案例一中，行政机关未依法支付行政协议中约定的补偿金，在可以履行的情况下，法院判决行政机关继续履行。在案例二中，行政机关在合法的情况下单方对行政协议进行了变更，损害了刘某的合法权益，法院判决对刘某进行补偿。为了践行诚信政府的要求，避免人民群众对行政机关丧失信任，领导干部应当明确依法用权是根本，权力监督是保障，带头守法、依法行政，为政令畅通、政民和谐奠定基础。

习近平法治思想指引

各级领导干部的信念、决心、行动，对全面推进依法治国具有十分重要的意义。领导干部要做尊法的模范，带头尊崇法治、敬畏法律；做学法的模范，带头了解法律、掌握法律；做守法的模范，带头遵纪守法、捍卫法治；做用法的模范，带头厉行法治、依法办事。

——《领导干部要做尊法学法守法用法的模范 带动全党全国共同全面推进依法治国》，载《人民日报》2015年2月3日，第1版。

重点法条

《行政诉讼法》第九十五条　公民、法人或者其他组织拒绝履行判决、裁定、调解书的，行政机关或者第三人可以向第一审人民法院申请强制执行，或者由行政机关依法强制执行。

▍条文解读 ▍

本条是关于申请强制执行和行政机关自行依法强制执行的规定。明确赋予第三人申请权，有助于减轻行政机关相关的工作压力，同时也有助于充分保障当事人的合法权益，领导干部应予掌握。理解和适用本条内容应着重考虑以下四个方面：（1）执行模式分为两种情形。当公民、法人或者其他组织拒绝履行判决、裁定、调解书时，行政机关或者第三人可以向第一审人民法院申请强制执行；当公民、法人或者其他组织拒绝履行判决、裁定、调解书时，由行政机关依法强制执行。（2）只有当公民、法人或者其他组织故意拒绝履行判决、裁定、调解书时，才能申请强制执行。值得注意的是，本条所述的拒绝履行是指在法定履行期限外，当事人公开表示不履行或者有条件履行但拖延履行。（3）申请强制执行的主体是行政机关或第三人。第三人是与被诉行政行为或者案件处理结果有利害关系的任何公民、法人或者其他组织，法律没有赋予第三人强制执行权，第三人只能申请强制执行。（4）强制执行的主体是人民法院或行政机关。

▍典型案例 ▍

2023年5月，某市应急局对某公司开展执法检查，发现某公司将厂区西面第一间厂房出租给固某公司，双方仅签订租赁协议，未签订安全生产管理协议，某公司未定期对承租单位进行安全检查，未对承租单位的安全生产工作进行统一协调管理。其行为违反了《中华人民共和国安全生产法》的相关规定。市应急局依据相关法律法规对该公司作出处以罚款的行政处罚。市应急局于同日将该处罚决定书向该公司直接送达，送达后该公司在法定期限内既未申请行政复议，也未提起行政诉讼，又不履行义务。市应急局依据相关规定，于2023年12月向该公司送达罚款催缴通知书，然而其在催告期限内，仍未自觉履行。市应急局遂向法院申请强制执行缴纳罚款。

案例解读

党的十八大以来，以习近平同志为核心的党中央坚持把全民普法和守法作为依法治国的长期基础性工作，深入开展法治宣传教育，引导广大群众自觉守法、遇事找法、解决问题靠法。领导干部带头学法、模范守法是树立法治意识的关键，应当坚持向全民普法、引导全民自觉守法。

在上述案例中，相关公司违反了相应的法律法规，并对行政机关作出的处罚决定拒不履行，可见，全民普法宣传和教育活动还有待加强。领导干部应以身作则，始终坚持学法用法、严格落实"谁执法谁普法"的普法责任制，要求行政执法人员在行政执法过程中，结合案情对行政相对人进行充分释法说理，使法治观念深入人心。

习近平法治思想指引

古人说，民"以吏为师"。领导干部尊不尊法、学不学法、守不守法、用不用法，人民群众看在眼里、记在心上，并且会在自己的行动中效法。领导干部尊法学法守法用法，老百姓就会去尊法学法守法用法。领导干部装腔作势、装模作样，当面是人、背后是鬼，老百姓就不可能信你那一套，正所谓"其身正，不令而行；其身不正，虽令不从"。

——中共中央文献研究室：《习近平关于全面依法治国论述摘编》，北京：中央文献出版社2015年版，第125-126页。

重点法条

《行政诉讼法》第九十六条　行政机关拒绝履行判决、裁定、调解书的，第一审人民法院可以采取下列措施：

（一）对应当归还的罚款或者应当给付的款额，通知银行从该行政机关的账户内划拨；

（二）在规定期限内不履行的，从期满之日起，对该行政机关负责人按日处五十元至一百元的罚款；

（三）将行政机关拒绝履行的情况予以公告；

（四）向监察机关或者该行政机关的上一级行政机关提出司法建议。

> 接受司法建议的机关,根据有关规定进行处理,并将处理情况告知人民法院;
>
> (五)拒不履行判决、裁定、调解书,社会影响恶劣的,可以对该行政机关直接负责的主管人员和其他直接责任人员予以拘留;情节严重,构成犯罪的,依法追究刑事责任。

条文解读

本条是关于人民法院对于行政机关拒绝履行的执行措施的规定。本条对于解决执行难的问题、切实保护行政相对人的合法权益、维护行政机关的公信力具有重要作用,领导干部应予掌握。理解和适用本条内容应着重考虑以下四个方面:(1)本条规定的执行机关以第一审人民法院为原则。第一审人民法院认为情况特殊,需要由第二审人民法院执行的,可以报请第二审人民法院执行;第二审人民法院可以决定由其执行,也可以决定由第一审人民法院执行。(2)本条的执行条件是行政机关拒绝履行判决、裁定、调解书。"拒绝履行"是指行政机关有能力履行而故意不履行义务。(3)本条对行政机关拒绝履行裁判的行为规定了五种强制措施,分别为划拨、罚款、公告、司法建议、拘留和追究刑事责任。值得注意的是,划拨仅能在两种情况下使用,一是对应当归还的罚款拒绝归还,二是对应当给付的款额拒绝支付。(4)拘留的对象是拒不履行判决、裁定、调解书的行政机关直接负责的主管人员和其他直接责任人员,而不是行政机关本身。

典型案例

2009年11月,某县住建局向某公司订购一套设备,约定设备移交后付清款项。某公司按照约定移交设备后,该住建局却未按约付清款项。在反复索要无果后,该公司于2012年提起诉讼,要求住建局支付设备款项。经审理,人民法院判决某县住建局支付款项。之后由于种种原因该款项未能执行到位,直到2021年该公司向法院申请恢复执行,法院向该住建局送达执行文书后,该住建局并不当回事,不愿意履行相关义务。法院遂采取相关措施,冻结了该住建局银行账号,并决定对该住建局罚款30万元。

‖ 案例解读 ‖

党的十八大以来，以习近平同志为核心的党中央高度重视法治政府建设，强调建立重大决策终身责任追究制度及责任倒查机制，对决策严重失误或者依法应该及时作出决策但久拖不决造成重大损失、恶劣影响的，严格追究行政首长、负有责任的其他领导人员和相关责任人员的法律责任。在上述案例中，行政机关对法院的生效裁定并不重视，迟迟没有决定履行其义务，可见行政机关领导干部及其工作人员没有严格依法行政。行政机关实行首长负责制，领导干部应依法正确、及时作出决策，依法确保履行法院的生效裁定，避免被追究责任，切实保障依法治国真正落实。

在上述案例中，行政机关拒绝履行人民法院的生效判决，在法院采取强制措施后，行政相对人的合法权益才真正得到保障。可见，行政机关依旧存在"执行难"的问题，行政机关不带头执行判决，会给司法权威造成严重危害，其产生的负面社会影响不可小觑。领导干部不仅应当强化上级对下级的监督，完善纠错问责机制；更应当带头守法，维护宪法和法律的权威。

‖ 习近平法治思想指引 ‖

各级领导干部在推进依法治国方面肩负着重要责任。现在，一些党员、干部仍然存在人治思想和长官意识，认为依法办事条条框框多、束缚手脚，凡事都要自己说了算，根本不知道有法律存在，大搞以言代法、以权压法。这种现象不改变，依法治国就难以真正落实。必须抓住领导干部这个"关键少数"，首先解决好思想观念问题，引导各级干部深刻认识到，维护宪法法律权威就是维护党和人民共同意志的权威，捍卫宪法法律尊严就是捍卫党和人民共同意志的尊严，保证宪法法律实施就是保证党和人民共同意志的实现。

——《加快建设社会主义法治国家》，
载《求是》2015年第1期。

第七章 《国家赔偿法》重点条文理解与适用

▌重点法条 ▌

《国家赔偿法》第三条 行政机关及其工作人员在行使行政职权时有下列侵犯人身权情形之一的，受害人有取得赔偿的权利：

（一）违法拘留或者违法采取限制公民人身自由的行政强制措施的；

（二）非法拘禁或者以其他方法非法剥夺公民人身自由的；

（三）以殴打、虐待等行为或者唆使、放纵他人以殴打、虐待等行为造成公民身体伤害或者死亡的；

（四）违法使用武器、警械造成公民身体伤害或者死亡的；

（五）造成公民身体伤害或者死亡的其他违法行为。

▌条文解读 ▌

本条是关于侵犯人身权的行政赔偿范围的规定。本条规定的侵犯人身权，主要是指侵犯公民人身自由权和公民生命健康权的情形。尊重和保障人权是中国特色社会主义道路的基本要求，也是法治中国建设的重要价值取向。我国《宪法》第33条规定："国家尊重和保障人权。"推进全面依法治国，根本目的是依法保障人民权益，人民权益是领导干部工作的重心。

▌典型案例▐

2001年8月23日，解某因犯盗窃罪入某省某监狱服刑。2011年4月30日7时许，民警巡查发现解某身体不适，随即安排二名服刑人员送解某至监内医院治疗。9时40分左右，医院下达病危通知书。后某监狱将解某送至某市第二人民医院救治。5月3日5时50分，解某经抢救无效死亡。某省高级人民法院赔偿委员会经审理认为，某监狱在解某生病救治过程中，怠于履行职责，未尽到及时转院救治的义务，与解某死亡之间存在一定联系，应当承担相应的赔偿责任。

▌案例解读▐

行政机关及其工作人员在行使行政职权的过程中，给公民、法人或者其他组织造成损害的，国家对此承担责任，并予以赔偿。人身权是权利主体基于其法律人格而享有的，是以其人格利益为客体的权利，党的十八大以来，在全面依法治国的背景下，人权保护的重要性更加凸显。《国家赔偿法》的规定对于领导干部是一个重要的警示，提醒他们任何超越法律界限的行为都将面临法律的制裁和公众的审视。同时，领导干部应认识到他们的职责不仅是执行行政任务，更重要的是维护公民的基本权利和福祉。

案例中，解某在服刑期间因疾病未获得及时有效治疗而死亡，某监狱的行为违反了《国家赔偿法》的相关规定，尤其是未能履行及时救治的义务，间接导致了解某的死亡，监狱及其工作人员在行使职权时未能保护被监管人的人身权利，最终导致身体伤害或死亡，也应当承担相应的赔偿责任。

▌重点法条▐

《国家赔偿法》第四条　行政机关及其工作人员在行使行政职权时有下列侵犯财产权情形之一的，受害人有取得赔偿的权利：

（一）违法实施罚款、吊销许可证和执照、责令停产停业、没收财物等行政处罚的；

（二）违法对财产采取查封、扣押、冻结等行政强制措施的；

（三）违法征收、征用财产的；

(四)造成财产损害的其他违法行为。

条文解读

本条是关于侵犯财产权的行政赔偿范围的规定。解决实践中利用公权力侵害私有产权,违法查封、扣押、冻结民营企业财产等突出问题具有重要意义,领导干部应予掌握。理解和适用本条内容应着重考虑以下几个方面:(1)本条所指行政处罚主要是财产法,指使相对人承担一定金钱给付或剥夺相对人财产或取消相对人获取某种资源的资格的处罚。"等"表示不穷尽列举,即凡是违法实施行政处罚造成财产损害的,相对人都有权获取国家赔偿。(2)违法对财产采取查封、扣押、冻结等行政强制措施主要包括四点。一是无权作出行政强制措施的机关对财产采取强制措施。二是相对人依法履行了法定义务,不存在应对其财产采取强制措施的法定情形。三是采取强制措施无法定依据。四是采取强制措施违反法定程序。(3)"其他违法行为"包括不履行法定职责行为,行政机关及其工作人员在履行行政职责过程中作出的事实上损害公民、法人或者其他组织人身权、财产权等合法权益的行为。

典型案例

案例一

某省公安厅在侦查一起涉黑犯罪案件时,发现与之牵连的××公司涉嫌毁损财务文件、非法占用农用地等,专案组扣押、调取了××公司100余册财务文件,并扣押了××公司2 000万元。此案经法院审理后,对公安机关扣押××公司的财物,没有作出认定和处理。随后,××公司申请某省公安厅解除扣押、返还财物并赔偿损失无果,于是向最高人民法院赔偿委员会提出申请。最高人民法院赔偿委员会认为,法院判决后,某省公安厅继续扣押××公司有关款项及财务账册,没有法律依据。决定某省公安厅向××公司返还侦查期间扣押、调取的该公司财务文件,返还侦查期间扣押的2 000万元,并支付相应的利息损失83万元。

案例二

2001年9月27日上午,王某借用他人3台农用小四轮拖拉机,用拖带的两轮拖斗运送 31 头生猪。路上，县交通局的工作人员以这 3 台车没交养路费为由，提出扣车。尽管王某声明车上装的货物不能停留，请求把生猪卸下后再扣车，县交通局的工作人员却置之不理，强行摘下拖斗后驾车离去，致使拖斗内的生猪因自然挤压和气候炎热中暑，共死亡 15 头，给王某造成直接经济损失 10 500 元、其他损失 1 799 元。

||| 案例解读 |||

在现代法治社会中，权力不是为个人私利服务的工具，而是用来维护社会秩序和公共利益的。领导干部必须严格依法行政，避免任何形式的权力滥用。领导干部在行使职权时必须严格遵守法律和政策，尤其在处理涉及公民财产的事务时，用权主体的决策和行动应当基于法律规定和公共利益，而非个人意志或利益。

本条款的核心在于，当公权力行为（如行政机关的扣押行为）超出合法范围或未遵循适当程序，从而侵害了公民的财产权时，受害者有权获得赔偿。无论是某省公安厅无法律依据继续扣押××公司财产的情形，还是县交通局工作人员导致王某损失的行为，都体现了公权力的不当行使。《国家赔偿法》第 4 条的实施，不仅体现了对公民财产权的保护，还反映了法律对于规范公权力行为的要求。这一法律条款强调，公权力必须在法律授权的范围内行使，并承担其不当行使导致的责任。通过这种机制，法律旨在防止公权力的滥用，并确保受害者能够得到公正合理的补偿，维护法治秩序和社会公正。

||| 习近平法治思想指引 |||

国家机关履行职责、行使职权必须清楚自身行为和活动的范围和界限。各级党和国家机关开展工作要考虑民法典规定，不能侵犯人民群众享有的合法民事权利，包括人身权利和财产权利。同时，有关政府机关、监察机关、司法机关要依法履行职能、行使职权，保护民事权利不受侵犯、促进民事关系和谐有序。

——习近平：《充分认识颁布实施民法典重大意义 依法更好保障人民合法权益》，载《求是》2020 年第 12 期。

重点法条

《国家赔偿法》第五条 属于下列情形之一的，国家不承担赔偿责任：
（一）行政机关工作人员与行使职权无关的个人行为；
（二）因公民、法人和其他组织自己的行为致使损害发生的；
（三）法律规定的其他情形。

条文解读

本条是关于行政侵权中免责情形的规定。国家不承担行政赔偿责任的情况也称为行政赔偿责任的例外、行政赔偿责任的限制或行政赔偿的免责事由。有权利就有救济，有损害就有赔偿，这是法律的一般原则。但是在一些特殊情况下，尽管有损害发生，赔偿却无必要，或者若给予赔偿则显失公平。机关工作人员具有双重身份，既是公务员，又是普通公民，以不同的身份从事的活动，在法律上性质不同，引起的法律后果也不同。只要是行政机关工作人员行使职权造成的损害，或者与行使职权有关的行为造成的损害，国家就应当承担赔偿责任。行政机关工作人员与行使职权无关的个人行为给公民、法人或者其他组织造成损害的，由该工作人员本人承担赔偿责任，国家不承担赔偿责任。

典型案例

2014年6月23日零时许，杨某报警称邓某将其位于某镇农业银行附近的烧烤摊掀了，要求出警。A区公安局民警李某和辅警张某接警后立即赶到现场，发现邓某在持刀追砍杨某，并看到邓某持刀向逃跑中被摔倒在地的杨某砍去，被杨某躲过。李某喝令邓某把刀放下，张某试着夺刀未成。李某鸣枪示警后，邓某持刀逼向李某和张某，李某遂开枪，将邓某击伤。2014年6月23日，A区公安局对邓某所持的刀进行认定，结论为管制刀具。2014年12月11日，经B市A区司法鉴定所鉴定，邓某的伤属十级伤残。B市A区公安局、B市公安局、B市高级人民法院赔偿委员会均驳回邓某的国家赔偿申请。

案例解读

领导干部都有"行使职权"的行为,也存在非职权行为,这些非职权行为有的是打人行为,有的是"受人之托"行为等,因此,对非职权行为的定性成为是否承担行政赔偿责任的关键。行政机关往往以非职权行为属于个人行为为由,认为行政机关依法不承担赔偿责任。行政赔偿责任的构成要件之一要求致害行为必须是行使公共权力的行为,因为行政赔偿责任是一种公权力行使的责任,侵权行为只有是职权或公务行为,才会引起责任。我国《国家赔偿法》也在总则第 2 条中规定国家机关及其工作人员"行使职权"的行为侵犯公民权利应承担赔偿责任。因此,区分领导干部的个人行为和职权行为,就要充分理解"行使职权"的实质含义。

案例中,李某作为警察,看见邓某正持刀追砍他人,应当依法履行职责制止其不法行为。邓某无故寻衅滋事,持刀追砍他人,其行为已严重危及他人生命安全。在警察到达现场后,邓某不但不听从警察命令,反而在听到鸣枪警告后持刀逼向警察,导致被警察开枪打伤。从当时的情况看,邓某的行为已危及人民警察的生命安全,故李某对邓某的开枪行为属于职权范围内且具有合法性,因此赔偿申请不予支持。

习近平法治思想指引

依法公正对待人民群众的诉求,坚决杜绝因司法不公而造成伤害人民群众感情、损害人民群众权益的事情发生。对一切侵犯群众合法权利的行为,对一切在侵犯群众权益问题上漠然置之、不闻不问的现象,都必须依纪依法严肃查处、坚决追责。

——习近平:《坚定不移走中国人权发展道路 更好推动我国人权事业发展》,载《求是》2022 年第 12 期。

重点法条

《国家赔偿法》第七条 行政机关及其工作人员行使行政职权侵犯公民、法人和其他组织的合法权益造成损害的,该行政机关为赔偿义务机关。

> 两个以上行政机关共同行使行政职权时侵犯公民、法人和其他组织的合法权益造成损害的，共同行使行政职权的行政机关为共同赔偿义务机关。
>
> 法律、法规授权的组织在行使授予的行政权力时侵犯公民、法人和其他组织的合法权益造成损害的，被授权的组织为赔偿义务机关。
>
> 受行政机关委托的组织或者个人在行使受委托的行政权力时侵犯公民、法人和其他组织的合法权益造成损害的，委托的行政机关为赔偿义务机关。
>
> 赔偿义务机关被撤销的，继续行使其职权的行政机关为赔偿义务机关；没有继续行使其职权的行政机关的，撤销该赔偿义务机关的行政机关为赔偿义务机关。

▎条文解读▎

本条是关于行政赔偿义务机关的规定。行政赔偿义务机关是指代表国家接受行政赔偿请求、参加行政赔偿诉讼、履行赔偿义务的机关。我国采取职权主义设立赔偿义务机关，即由违法行使职权的行政机关充当行政赔偿义务机关。在实践中，本条主要用于法院确认存在国家赔偿责任之后，确定需要承担该责任的为哪一具体国家机关，需要领导干部进行学习。

▎典型案例▎

案例一

某区人民政府于 1994 年 7 月 7 日向 ×× 公司颁发国有土地使用权证。2011 年 11 月 15 日，该区人民政府作出注销该证的行政行为。×× 公司在向该区人民政府提出恢复原证未果的情况下，于 2012 年 9 月 21 日依法提起诉讼，2018 年 3 月 20 日，提出国家赔偿请求，该区人民政府在规定的期限内没有作出决定。

一、二审依照《行政诉讼法》第 26 条第 6 款规定，认定被告不适格，裁定驳回 ×× 公司的起诉。最高人民法院认为本案中，×× 公司单独提起行政赔偿诉讼，该区人民政府虽因职权调整不再具有土地登记职责，但并未撤销，仍具有行政主体资格，应当为赔偿义务机关，为本案适格被告。

案例二

A县公安局于2008年5月19日以"王某非法上访，扰乱社会公共秩序"为由，作出公安行政处罚决定书，对王某作出拘留7天的行政处罚，并于2008年5月26日执行完毕。王某不服该处罚决定，向A县政府申请复议，某复决〔2008〕4号复议决定，维持了A县公安局的处罚决定，现该处罚决定已被A县人民法院〔2008〕某行初字第33-1号行政判决书确认违法。王某提起诉讼，请求撤销A县政府作出的某复决〔2008〕4号复议决定并要求其进行赔偿。

一审、二审、再审认为：王某应以A县公安局为赔偿义务机关申请赔偿，A县政府作出了维持处罚决定的复议决定，并未加重对王某的损害，因此，A县政府不是本案适格被告。

案例解读

国家是一个抽象的政治实体，为了行使公权力，必须通过设立若干国家机关来代替其意思表示。当各级国家机关或其工作人员代表国家行使公权力侵犯公民、法人或者其他组织合法权益时，原则上最终承担国家赔偿责任的主体应当为国家。受害者无法直接请求抽象的国家承担具体的赔偿义务，必须通过组成国家的各个具体的机关取得赔偿。这就是国家赔偿制度中的赔偿义务机关问题。我国《国家赔偿法》第2条第2款规定："本法规定的赔偿义务机关，应当依照本法及时履行赔偿义务。"但是行政机构往往结构庞大、部门林立、职权交叉、关系复杂，《国家赔偿法》第7条、第8条明确了不同情形下行政赔偿义务机关的确认。领导干部在面对涉及国家赔偿的问题时，应具备责任意识和法律知识，能够准确地识别赔偿义务机关，确保公民、法人和其他组织的合法权益得到有效的维护，不仅要理解和掌握相关法律条款，还需在实践中正确应用，促进公正和责任的落实。

以上案例强调了在《国家赔偿法》框架下，正确识别和认定承担行政行为损害责任的行政机关至关重要。这不仅关系到赔偿请求者能否获得适当的法律救济，也关系到维护法律责任制度的完整性和有效性，正确的赔偿义务机关认定保证了行政机关对其行为后果负责，同时确保受损方的合法权益得到妥善处理和有效维护。

重点法条

《国家赔偿法》第十三条　赔偿义务机关应当自收到申请之日起两个月内，作出是否赔偿的决定。赔偿义务机关作出赔偿决定，应当充分听取赔偿请求人的意见，并可以与赔偿请求人就赔偿方式、赔偿项目和赔偿数额依照本法第四章的规定进行协商。

赔偿义务机关决定赔偿的，应当制作赔偿决定书，并自作出决定之日起十日内送达赔偿请求人。

赔偿义务机关决定不予赔偿的，应当自作出决定之日起十日内书面通知赔偿请求人，并说明不予赔偿的理由。

条文解读

本条是关于赔偿委员会办理案件的程序。本条规定了与赔偿请求人进行协商、作出赔偿决定的形式以及送达、通知决定的内容，需要领导干部进行学习。理解与适用本条内容应着重考虑以下两个方面：（1）本条第1款规定，行政赔偿义务机关应当充分听取赔偿请求人的意见，并可以在法律规定的范围内与赔偿申请人就赔偿方式、赔偿项目和赔偿数额进行协商，但协商结果最终仍应以赔偿决定的方式作出。（2）本条第2款规定，行政赔偿义务机关决定赔偿的，应当制作赔偿决定书，并自作出决定之日起10日内送达赔偿请求人。本条款不仅强调要制作赔偿决定书，而且强调行政赔偿义务机关应当在法定期限内将赔偿决定书送达赔偿请求人，属于强制性的规定。

典型案例

案例一

2002年6月27日凌晨3时许，尹某位于A县县城东门外的"××礼花渔具门市部"发生盗窃，当确认有人行窃时，即打110向警方报案，前后两次打通了A县公安局"110指挥中心"并报告了案情，但A县公安局始终没有派人出警。最终，尹某被盗的物品为渔具、化妆品等货物，价值总计24 546.50元人民币。案发后，尹某向A县公安局提交了申诉材料，要求A县公安局惩处有关责任人，尽快破案，并赔偿其损失，符合法律规定的申请国家赔偿程序，A县公安局一直没有作出答复。A县公安局在《国家赔偿法》

规定的两个月的期间内没有任何意见答复尹某，尹某以 A 县公安局逾期不受理为由提起行政诉讼。

案例二

某市 ×× 地块土地于 2010 年被征收为国有土地。2014 年 10 月 11 日起，W 区政府组织联合执法队逐渐对 ×× 地块的建（构）筑物予以强制拆除。叶某在 ×× 地块的房屋于 2014 年 10 月 18 日被强制拆除，涉案宅基地没有土地使用证，被强制拆除房屋没有建设用地规划许可证、建设工程规划许可证等。叶某对 W 区政府强制拆除房屋行为不服，向法院提起行政诉讼。法院判决确认 W 区政府强制拆除建（构）筑物的行政行为违法。2019 年 12 月 5 日，叶某向 W 区政府提出行政赔偿申请，要求赔偿损失 2 285 794 元。

案例解读

赔偿义务机关在收到赔偿申请后，必须在规定时间内作出决定，并且在作出赔偿决定时应充分听取申请人的意见，可与之协商赔偿事宜。若决定赔偿，应当制作并送达赔偿决定书；若决定不予赔偿，需书面通知申请人并说明理由。这一条款保障了赔偿请求人的参与权和知情权，确保赔偿过程的透明性和合理性，同时强调领导干部用权必须遵循程序透明正义，决策过程中，应当注重程序的公开、公正，尊重并积极听取利害关系人的意见，防止公权力的肆意行使，背离法定的目的。

案例一中对公安局不作为的赔偿请求，以及案例二中叶某房屋被非法拆除后的赔偿请求，都未能得到及时和适当的处理，导致不必要的诉讼和纠纷。《国家赔偿法》第 13 条确保了在行政机关未按法定程序行事导致损害时，受害者可以通过法律途径获得补偿，这不仅是对受害者权益的保护，也是对行政机关权力行使的制约和监督。

重点法条

《国家赔偿法》第十五条　人民法院审理行政赔偿案件，赔偿请求人和赔偿义务机关对自己提出的主张，应当提供证据。

赔偿义务机关采取行政拘留或者限制人身自由的强制措施期间，被限制人身自由的人死亡或者丧失行为能力的，赔偿义务机关的行为与被限制人身自由的人的死亡或者丧失行为能力是否存在因果关系，赔偿义务机关应当提供证据。

条文解读

本条是关于行政赔偿案件举证责任的规定。举证责任是指当事人对自己所主张的事实提供证据证明的义务，并在不能提供证据时承担不利法律后果的一种法律责任。实践中，赔偿请求人和赔偿义务机关对于损害发生的原因各执一词，如没有关于举证的规定，法院难以认定。明确分配举证责任，有利于厘清权责关系，解决群众矛盾，需要领导干部进行学习。

典型案例

2005年3月1日，××公司与某村民委员会签订协议书，约定由××公司租用沙某土地51.302亩，实用49.431亩，租期暂定30年。同年起，××公司将涉案建筑物用作生产厂房，建筑面积约为53 000平方米。2016年7月、9月、10月，某镇人民政府分3次对××公司的涉案厂房进行强制拆除。××公司认为强拆行为导致其经济损失，起诉要求赔偿其厂房及机器设备等损失共计4 940万元，其中××公司主张财物损失合计700万元，但未提供毁损财物清单、价值等基本证据。一审中，根据《国家赔偿法》第15条规定，法院认为在案证据尚不足以证明强拆行为造成被埋的生产设备、档案资料等损失700万元，故对赔偿请求不予支持。

案例解读

举证责任在行政赔偿诉讼的审判实践中具有重要价值，关系到案件事实处于真伪不明状态时法院如何裁判，关系到双方当事人都不能举证证明时由哪一方当事人承担不利的诉讼后果。领导干部需要认识到，决策和行动时必须谨慎，公权力的行使在任何情况下都需依法依规，确保用权经得起法律的检验。

上述案例中，××公司未能提供足够证据支持其财物损失主张，承担了不利的法律后果，凸显了"谁主张，谁举证"的证明责任。这种举证责任的分配旨在确保法院能够在充分、客观的事实基础上作出公正的裁决，同时也促使行政赔偿过程更加透明和公正。

习近平法治思想指引

要推进严格执法，理顺执法体制，完善行政执法程序，全面落实行政执法责任制。要支持司法机关依法独立行使职权，健全司法权力分工负责、相互配合、相互制约的制度安排。要加大全民普法力度，培育全社会办事依法、遇事找法、解决问题用法、化解矛盾靠法的法治环境。

——《加强党对全面依法治国的领导》，载《求是》2019年第4期。

重点法条

《国家赔偿法》第十七条　行使侦查、检察、审判职权的机关以及看守所、监狱管理机关及其工作人员在行使职权时有下列侵犯人身权情形之一的，受害人有取得赔偿的权利：

（一）违反刑事诉讼法的规定对公民采取拘留措施的，或者依照刑事诉讼法规定的条件和程序对公民采取拘留措施，但是拘留时间超过刑事诉讼法规定的时限，其后决定撤销案件、不起诉或者判决宣告无罪终止追究刑事责任的；

（二）对公民采取逮捕措施后，决定撤销案件、不起诉或者判决宣告无罪终止追究刑事责任的；

（三）依照审判监督程序再审改判无罪，原判刑罚已经执行的；

（四）刑讯逼供或者以殴打、虐待等行为或者唆使、放纵他人以殴打、虐待等行为造成公民身体伤害或者死亡的；

（五）违法使用武器、警械造成公民身体伤害或者死亡的。

条文解读

本条是关于侵犯人身权的刑事赔偿范围的规定。在实践中，本条是公民的人身权在刑事方面受到国家机关侵害后请求国家赔偿的依据，同样也规定了国家机关在刑事方面造成人身权损害时国家赔偿的范围，需要领导干部进行学习。理解与适用本条内容应着重考虑以下几个方面：（1）刑事拘留与逮捕相关的赔偿。刑事拘留赔偿包括两种情形。第一种情形是"违反刑事诉讼法的规定对公民采取拘留措施的"，《中华人民共和国刑事诉讼法》（以下简称《刑事诉讼法》）第82条规定了可以对现行犯或者重大嫌疑分子先行拘留的七种情形。第二种情形是虽然"依照刑事诉讼法规定的条件和程序对公民采取拘留措施，但是拘留时间超过刑事诉讼法规定的时限，其后决定撤销案件、不起诉或者判决宣告无罪终止追究刑事责任的"。（2）只有被执行的刑罚才能请求国家赔偿。根据《最高人民法院关于人民法院执行〈中华人民共和国国家赔偿法〉几个问题的解释》，人民法院判处管制、有期徒刑缓刑、剥夺政治权利等刑罚的人被依法改判无罪的，国家不承担赔偿责任，但是，赔偿请求人在判决生效前被羁押的，依法有权取得赔偿。（3）应当在刑事诉讼程序终结后提出赔偿请求。但是，根据《最高人民法院关于适用〈中华人民共和国国家赔偿法〉若干问题的解释（一）》，"赔偿请求人有证据证明其与尚未终结的刑事案件无关的"以及"刑事案件被害人依据刑事诉讼法第一百九十八条的规定，以财产未返还或者认为返还的财产受到损害而要求赔偿的"除外。

‖ 典型案例 ‖

赵某于2008年伙同他人抢劫、故意杀人，后被A省某法院判处20年有期徒刑，刑期至2028年。在2011年6月10日，他被确诊艾滋病抗体阳性。2014年12月26日，赵某向某监狱提出国家赔偿申请。2015年2月1日，该监狱作出不予刑事赔偿决定。2015年3月23日，复议机关A省监狱管理局作出刑事赔偿复议决定，决定该监狱不承担国家赔偿责任，驳回赵某的赔偿请求。赵某不服，向A省高级人民法院赔偿委员会申请作出赔偿决定，该院赔偿委员会于2016年4月27日作出不予国家赔偿决定。赵某仍不服，向最高人民法院赔偿委员会申诉。

‖ 案例解读 ‖

党领导人民制定和实施法律，最根本的目的是维护人民利益、反映人民意愿、保障人民权益、增进人民福祉。在刑事案件中，看似微小的违法决定或者错误判决却会对当事人造成难以挽回的物质和精神损害。

上述案例中，法院将监狱监管不当导致赵某感染艾滋病的行为解释为"刑讯逼供或者以殴打、虐待等行为"中的一种，体现了《国家赔偿法》保障赔偿请求人权利的实质。领导干部不仅要在法院具体规定的事项例如逮捕、拘留等行为上谨慎使用权力，同时也要对一切可能造成公民人身权、财产权损害的事项保持敏感度，尤其是刑事案件中，法律对这一点有更高的要求。

‖ 习近平法治思想指引 ‖

要坚持党的领导、人民当家作主、依法治国有机统一，健全人民当家作主的制度体系。要把以人民为中心的发展思想贯穿立法、执法、司法、守法各个环节，加快完善体现权利公平、机会公平、规则公平的法律制度，保障公民人身权、财产权、人格权和基本政治权利不受侵犯，保障公民经济、文化、社会等各方面权利得到落实，确保法律面前人人平等。

——中共中央党史和文献研究院：《习近平关于尊重和保障人权论述摘编》，北京：中央文献出版社2021年版，第150页。

‖ 重点法条 ‖

《国家赔偿法》第十八条　行使侦查、检察、审判职权的机关以及看守所、监狱管理机关及其工作人员在行使职权时有下列侵犯财产权情形之一的，受害人有取得赔偿的权利：

（一）违法对财产采取查封、扣押、冻结、追缴等措施的；

（二）依照审判监督程序再审改判无罪，原判罚金、没收财产已经执行的。

‖ 条文解读 ‖

本条是关于侵犯财产权的刑事赔偿范围的规定。本条在实践中主要是公民的财产权在刑事方面受到国家机关侵害后请求国家赔偿的依据，同样也是国家机关在进行刑事方面财产权损害国家赔偿时的依据，需要领导干部进行学习。理解与适用本条内容应着重考虑以下几个方面：(1) 需要结合《刑事诉讼法》第 102 条、第 141 条、第 142 条、第 143 条、第 144 条、第 145 条，《刑法》第 64 条，《最高人民法院关于适用〈中华人民共和国刑事诉讼法〉的解释》、《人民检察院刑事诉讼规则》以及《公安机关办理刑事案件程序规定》中对于查封、扣押、冻结、追缴等措施的条件以及程序规定来适用本条文。(2) 根据《最高人民法院、最高人民检察院关于办理刑事赔偿案件适用法律若干问题的解释》第 3 条的规定，对财产采取查封、扣押、冻结、追缴等措施后，有下列情形之一，且办案机关未依法解除查封、扣押、冻结等措施或者返还财产的，属于《国家赔偿法》第 18 条规定的侵犯财产权。(3) 根据《最高人民法院赔偿委员会关于违法查封且未尽保管义务造成损害人民法院应当承担国家赔偿责任的批复》的规定，对于人民法院违法查封且未尽保管义务造成的损害，人民法院应当承担国家赔偿责任。

▌典型案例▌

1998 年 3 月 2 日，A 省 B 市人民检察院指控黄某等人犯绑架罪、非法拘禁罪，向 B 市中级人民法院（以下简称 B 中院）提起公诉。B 中院于 1998 年 11 月 6 日及 2000 年 4 月 11 日两次作出有罪判决。经 A 省高级人民法院两次裁定发回重审，B 中院于 2002 年 8 月 22 日作出刑事附带民事判决，认定黄某犯绑架罪，判处死刑，缓期二年执行，犯非法拘禁罪，判处有期徒刑三年，合并决定执行死刑，缓期二年执行。2006 年 11 月 25 日，A 省高级人民法院作出刑事附带民事裁定，驳回上诉，维持原判。因被告人及其亲属申诉，A 省高级人民法院经审查后提起再审。2015 年 5 月 29 日，A 省高级人民法院作出刑事附带民事判决，认定黄某不构成绑架罪。

在国家赔偿案件办理过程中，A 省高级人民法院与赔偿请求人黄某就其提出的国家赔偿申请事项多次进行协商，双方依法达成赔偿协议。A 省高级人民法院决定支付黄某人身自由赔偿金 1 283 384.52 元，精神损害抚慰金 580 000 元，共计 1 863 384.52 元，并在侵权行为影响的范围内为黄某消除影响，恢复名誉。

案例解读

必须坚持人民当家作主。党领导人民制定和实施法律，最根本的目的是维护人民利益、反映人民意愿、保障人民权益、增进人民福祉。

上述案例是关于数罪并罚中个罪被改判无罪的国家赔偿案件。案例中，A省高级人民法院的刑事附带民事判决，维持原审关于非法拘禁罪部分的判决，撤销原审关于绑架罪部分的判决。依《国家赔偿法》第17条第3项规定，理解为是针对具体个罪而言的，黄某绑架罪被撤销，应当认定为属于再审改判无罪。因监禁期限超出再审判决确定的刑期，黄某对超期监禁部分有取得国家赔偿的权利，这体现了《国家赔偿法》对赔偿请求人权利的保障。基于此，领导干部不仅要在法院具体规定的事项如逮捕、拘留等行为上谨慎使用权力，同时也要在一切可能造成公民人身、财产权利损害的事项上保持敏感度，尤其是在刑事案件中，法律对这一点有更高的要求。

习近平法治思想指引

司法责任制综合配套改革是司法体制改革的重要内容，事关司法公正高效权威。要抓好改革任务落地见效，真正"让审理者裁判、由裁判者负责"，提高司法公信力，努力让人民群众在每一个司法案件中感受到公平正义。

——《推进全面依法治国，发挥法治在国家治理体系和治理能力现代化中的积极作用》，载《求是》2020年第22期。

重点法条

《国家赔偿法》第十九条　属于下列情形之一的，国家不承担赔偿责任：

（一）因公民自己故意作虚伪供述，或者伪造其他有罪证据被羁押或者被判处刑罚的；

（二）依照刑法第十七条、第十八条规定不负刑事责任的人被羁押的；

（三）依照刑事诉讼法第十五条、第一百七十三条第二款、第二百七十三条第二款、第二百七十九条规定不追究刑事责任的人被羁押的；

（四）行使侦查、检察、审判职权的机关以及看守所、监狱管理机关的工作人员与行使职权无关的个人行为；

（五）因公民自伤、自残等故意行为致使损害发生的；

（六）法律规定的其他情形。

条文解读

本条是关于刑事赔偿免责情形的规定。本条自1994年《国家赔偿法》颁布以来就沿用至今，在2010年和2012年的修正过程中因为《刑法》和《刑事诉讼法》的条文变动而有所修改。本条规定了公民不能要求国家赔偿的范围，同样也是国家机关在诉讼中主张不进行刑事方面赔偿的主要依据，需要领导干部进行学习。理解与适用本条内容应着重考虑以下三个方面：（1）依据《刑法》的规定，不负刑事责任的人包括四种。一是未满12周岁的人；二是已满12周岁不满14周岁的人，但犯故意杀人、故意伤害罪，致人死亡或者以特别残忍手段致人重伤造成严重残疾，情节恶劣，经最高人民检察院核准追诉的，应当负刑事责任；三是已满14周岁不满16周岁的人，但犯故意杀人、故意伤害致人重伤或者死亡、强奸、抢劫、贩卖毒品、放火、爆炸、投放危险物质罪的，应当负刑事责任；四是精神病人在不能辨认或者不能控制自己行为的时候造成危害结果，经法定程序鉴定确认的，不负刑事责任。（2）根据《刑事诉讼法》的规定，不负刑事责任的情形包括五种。一是"情节显著轻微、危害不大，不认为是犯罪的"；二是"犯罪已过追诉时效期限的"；三是"经特赦令免除刑罚的"；四是"依照刑法告诉才处理的犯罪，没有告诉或者撤回告诉的"；五是"犯罪嫌疑人、被告人死亡的"。（3）国家对受取保候审、保外就医、假释的人不承担赔偿责任。因为在取保候审、保外就医、假释的过程中，当事人虽然受到一定的人身限制，但实际上未被羁押，国家对此不承担赔偿责任。

典型案例

案例一

王某因涉嫌抽逃出资于2011年7月9日被刑事拘留，同年8月16日被批准逮捕，2014年9月12日被取保候审。A省B市中级人民法院于2013年12月19日，判决王某犯抽逃出资罪，判处有期徒刑四年，并处罚金25

万元。王某不服上诉后，A 省高级人民法院于 2014 年 9 月 24 日作出判决，认为法律规定发生变化，自 2014 年 3 月 1 日起，王某担任法定代表人的公司已不属于注册资本实缴登记制的公司，根据全国人民代表大会常务委员会《关于〈中华人民共和国刑法〉第一百五十八条、第一百五十九条的解释》的规定，判决王某无罪。王某据此于 2015 年 3 月 25 日向 B 市中级人民法院申请国家赔偿被驳回。王某不服，向 A 省高级人民法院赔偿委员会申请作出赔偿决定。

案例二

2013 年 4 月 5 日，蒙某因涉嫌盗窃罪被某市公安局某分局刑事拘留，同月 28 日，被某区人民检察院批准逮捕。2014 年 1 月 9 日，某区人民检察院以事实不清、证据不足为由，决定对蒙某不起诉。2014 年 2 月 8 日，蒙某以无罪逮捕被错误关押为由，向某区人民检察院提出国家赔偿申请。某区人民检察院认为，蒙某在审查批捕阶段作了虚假供述，属于《国家赔偿法》第 19 条规定的情形，决定不予赔偿。蒙某向某市人民检察院提出复议。2014 年 6 月 13 日，某市人民检察院作出复议决定，认为公安机关提取证据存在瑕疵，在此期间蒙某所作的有罪供述应予排除，不应认定为其故意作虚假供述，蒙某请求赔偿的事项属于《国家赔偿法》规定的赔偿范围；决定撤销某区人民检察院刑事赔偿决定书，某区人民检察院支付蒙某人身自由赔偿金 55 992.51 元。

▎案例解读 ▎

在我国，国家利益反映广大人民的共同需求，是人民利益的集中表现。人民利益只有上升、集中到国家利益，运用国家的工具，才能得到真正的维护。《国家赔偿法》第 19 条正是通过规定国家赔偿的免责情形来保护国家利益，从而更好地保护全体人民的利益。

在案例一中，法院对具体情况进行了区分。法律修改前，法律规定赔偿请求人的行为构成犯罪，对其羁押属于法定免责情形，国家对此不承担赔偿责任；法律修改后，赔偿请求人的行为依法已不构成犯罪，仍对赔偿请求人采取羁押措施，构成非法羁押，赔偿义务机关应予以赔偿。在案例二中，法院认为只有查明行为人主观上确实出于故意，并作出了与客观真相相反的供述，才能依法认定为故意作虚伪供述。法院根据实际情况对案件的不同事实作出了合理判决。领导干部在行使权力时也应实事求是，不仅要保护人民利益，也要保护国家利益，努力做到国家利益与人民利益相统一。

习近平法治思想指引

增强党自我净化能力，根本靠强化党的自我监督和群众监督。要加强对权力运行的制约和监督，让人民监督权力，让权力在阳光下运行，把权力关进制度的笼子。

——习近平：《决胜全面建成小康社会 夺取新时代中国特色社会主义伟大胜利》，载《人民日报》2017年10月28日，第1版。

重点法条

《国家赔偿法》第二十一条 行使侦查、检察、审判职权的机关以及看守所、监狱管理机关及其工作人员在行使职权时侵犯公民、法人和其他组织的合法权益造成损害的，该机关为赔偿义务机关。

对公民采取拘留措施，依照本法的规定应当给予国家赔偿的，作出拘留决定的机关为赔偿义务机关。

对公民采取逮捕措施后决定撤销案件、不起诉或者判决宣告无罪的，作出逮捕决定的机关为赔偿义务机关。

再审改判无罪的，作出原生效判决的人民法院为赔偿义务机关。二审改判无罪，以及二审发回重审后作无罪处理的，作出一审有罪判决的人民法院为赔偿义务机关。

条文解读

本条是关于刑事赔偿义务机关的规定。在实践中，法院确认存在国家赔偿责任之后，需要确定承担该责任的为哪一具体国家机关，领导干部需要学习本条内容。理解与适用本条内容应着重考虑以下两个方面：（1）根据法律规定，有权在侦查犯罪过程中作出刑事拘留决定的机关是公安机关、国家安全机关和人民检察院，有权作出逮捕决定的机关只有人民检察院和人民法院。(2) 第 4 款中"作无罪处理"包括三种情形。一是原审人民法院改判无罪并已发生法律效力的，二是重审期间人民法院作出不起诉决定的，三是人民检察院在重审期间撤回起诉超过 30 日或人民法院决定按撤诉处理超过 30 日未作出不起诉决定的。

‖ 典型案例 ‖

2009 年 10 月 7 日，顾某因涉嫌诈骗罪被 A 县公安局刑事拘留，同年 11 月 6 日被 A 县检察院逮捕。2010 年 1 月 25 日，A 县检察院向 A 县法院提起公诉，A 县法院于同年 6 月 3 日以顾某犯诈骗罪在法定刑以下判处刑罚，并向当事人送达了该判决。根据《刑法》规定，A 县法院的判决应当报最高人民法院核准才生效。在向上级法院报批核准时，某市中级人民法院裁定核准同意 A 县法院的判决。2010 年 11 月 1 日，某省高级人民法院裁定原裁定以及判决，发回 A 县法院重新审理。2010 年 12 月 29 日，A 县法院经重新审理，认定顾某犯诈骗罪在法定刑以下，判处有期徒刑 3 年，缓刑 3 年，罚金 30 000 元。某市中级人民法院于 2011 年 1 月 20 日裁定核准同意，并上报至最高法院核准。最高法院撤销原判决并发回 A 县法院重新审判。重新审判时，A 县检察院决定撤回起诉。顾某不服提出上诉，认为公诉机关的撤诉理由不充分，要求改判无罪。2012 年 4 月 27 日，A 县检察院向 A 县公安局发出检察建议书，建议 A 县公安局对案件作撤案处理。其间，顾某共被关押 470 天。为此，顾某向某市中级人民法院赔偿委员会申请国家赔偿。

‖ 案例解读 ‖

《国家赔偿法》第 21 条明确了各级国家机关仅对自己行为所造成的损失承担国家赔偿责任。应该明确各机关在决策、执行、监督各环节的权责和工作方式，正确处理机关之间的关系，坚持权责法定、权责透明、协调运转、有效制衡的工作机制。

在上述案例中，A 县检察院与 A 县法院在证据不清、事实不明的情况下就提起公诉，作出判决，导致多次上报，多次发回重审，以检察院撤诉、公安局撤案结尾，使当事人在无罪的情况下被关押了 470 天。这不仅提醒领导干部在使用权力履行职责时要全面了解事实情况，也提醒我们合理的监督程序能有效纠正权力行使中的错误，更好地保护人民群众的利益。

‖ 习近平法治思想指引 ‖

要强化对公权力的监督制约，督促掌握公权力的部门、组织合理分解权力、科学配置权力、严格职责权限，完善权责清单制度，加快推进机构、职能、权限、程序、责任法定化。

——《在新的起点上深化国家监察体制改革》，
载《求是》2019 年第 5 期。

‖ 重点法条 ‖

> 《国家赔偿法》第二十五条　复议机关应当自收到申请之日起两个月内作出决定。
> 赔偿请求人不服复议决定的，可以在收到复议决定之日起三十日内向复议机关所在地的同级人民法院赔偿委员会申请作出赔偿决定；复议机关逾期不作决定的，赔偿请求人可以自期限届满之日起三十日内向复议机关所在地的同级人民法院赔偿委员会申请作出赔偿决定。

‖ 条文解读 ‖

本条是关于刑事赔偿复议的处理和对复议决定的救济的规定。在实践中本条主要是用于帮助领导干部确定刑事赔偿复议的程序以及涉及的流程与期限，可以结合《国家赔偿法》第 23 条和第 24 条共同理解适用。理解与适用本条内容应着重考虑以下两个方面：（1）复议的相关程序。赔偿请求人提出赔偿请求之后，赔偿义务机关应当自收到申请之日起 2 个月内，作出是否赔偿的决定。赔偿义务机关决定不予赔偿的，应当自作出决定之日起 10 日内书面通知赔偿请求人，并说明不予赔偿的理由。赔偿义务机关在规定期限内未作出是否赔偿的决定，赔偿请求人可以自期限届满之日起 30 日内向赔偿义务机关的上一级机关申请复议。（2）根据《行政复议法》，县级以上地方各级人民政府管辖的行政复议案件包括：一是对本级人民政府工作部门作出的行政行为不服的，二是对下一级人民政府作出的行政行为不服的，三是对本级人民政府依法设立的派出机关作出的行政行为不服的，四是对本级人民政府或者其工作部门管理的法律、法规、规章授权的组织作出的行政行为不服的。

▌典型案例▌

案例一

2009年7月10日，犯罪嫌疑人周某因涉嫌诈骗被依法刑事拘留。同年7月16日，周某在列车上趁三名民警不备逃走。17日14时周某的尸体被发现，经鉴定，周某系生前坠车而死。2009年8月8日，公安分局与当事人家属即赔偿请求人签订了补偿协议书。2010年4月12日，赔偿请求人反悔。三名干警的家属与赔偿请求人又签订承诺书，并约定补偿金40万元。2011年9月17日，赔偿请求人向某市公安局法制处申请刑事赔偿复议申请书，并于9月20日签收。2011年12月15日，赔偿请求人以公安分局逾期未作决定、某市公安局逾期未作复议决定、三名干警玩忽职守、严重失职、监管不力为由，向法院申请作出国家赔偿决定。

案例二

2016年5月16日，A公安分局因举报决定对刘某涉嫌强奸一案立案侦查。2016年5月17日，公安局对刘某采取刑事拘留强制措施，后延长拘留期限至5月24日。5月31日，A区人民检察院作出不批准逮捕决定书，决定对刘某不批准逮捕。5月31日，刘某被释放并变更强制措施为取保候审。2017年5月24日，A公安分局对刘某解除取保候审。2020年10月23日，刘某的委托代理人向B市公安局申请国家赔偿。W公安分局决定对赔偿请求人杨某不予赔偿。杨某不服，向B市公安局申请复议，B市公安局则维持了原决定。刘某以A公安分局违法刑事拘留，逾期不作出刑事赔偿决定，B市公安局逾期不履行职责、不作出复议决定为由起诉。

▌案例解读▌

在实践中，我国正在落实行政复议体制改革方案，优化行政复议资源配置，推进相关法律法规修订工作，发挥行政复议公正高效、便民为民的制度优势和化解行政争议的主渠道作用。虽然《国家赔偿法》未明确规定复议是请求刑事国家赔偿的必经程序，但是刑事赔偿复议将会逐渐发挥解决国家与赔偿请求人之间纠纷的主渠道作用，领导干部应予以重视。

在案例一中，当地公安分局逾期未作决定，某市公安局逾期未作复议决定，给当事人追求国家赔偿造成了阻碍。在案例二中，当事人对公安分局违法刑事拘留以及 B 市公安局逾期不作出复议决定不满，因此向法院起诉。这启示领导干部，应该发挥行政复议主渠道作用，在复议阶段就通过与赔偿请求人协商、签订协议来实质性解决纠纷，以此促进司法资源得到更合理的配置。

▌▌▌ 习近平法治思想指引 ▌▌▌

要用严明的纪律维护制度，增强纪律约束力和制度执行力。要完善全覆盖的制度执行监督机制，强化日常督察和专项检查。

——《一以贯之全面从严治党强化对权力运行的制约和监督　为决胜全面建成小康社会决战脱贫攻坚提供坚强保障》，载《人民日报》2020 年 1 月 14 日，第 1 版。

▌▌▌ 重点法条 ▌▌▌

> 《国家赔偿法》第三十一条　赔偿义务机关赔偿后，应当向有下列情形之一的工作人员追偿部分或者全部赔偿费用：
> （一）有本法第十七条第四项、第五项规定情形的；
> （二）在处理案件中有贪污受贿，徇私舞弊，枉法裁判行为的。
> 对有前款规定情形的责任人员，有关机关应当依法给予处分；构成犯罪的，应当依法追究刑事责任。

▌▌▌ 条文解读 ▌▌▌

本条是关于刑事赔偿追偿制度的规定。刑事赔偿中的追偿，是指赔偿义务机关在代表国家承担刑事赔偿责任后，再要求因故意或者重大过失侵害公民、法人或者其他组织合法权益的人员偿还国家已经赔偿的部分或者全部赔偿金。刑事赔偿追偿制度对于约束国家公职人员、实现社会公平正义有着重要意义，领导干部应予掌握。

▍典型案例 ▍

1996年4月9日,某毛纺厂女厕发生强奸杀人案。5月23日,某中院开庭,认定呼某犯流氓罪、故意杀人罪,判处死刑。6月5日,某高级人民法院二审维持原判,核准死刑。6月10日,呼某被执行枪决。2005年10月,该案真凶赵某落网,2014年11月,呼某案进入再审程序。12月15日,呼某被判无罪。后来,某高级人民法院依法作出国家赔偿决定,向呼某的家属赔偿205余万元。同期,某公检法等部门启动呼某案追责调查程序,对该案中负有责任的27人进行了追责,一人因涉嫌职务犯罪被追究刑事责任,其余26人被分别予以党内警告、严重警告、行政记过、行政记大过处分。

▍案例解读 ▍

党的二十大报告强调,"加快建设公正高效权威的社会主义司法制度,努力让人民群众在每一个司法案件中感受到公平正义"。在以往的国家赔偿案件中,负有责任的公职人员常常不会直接受到法律制裁,因此可能会滥用权力,在法律面前抱有侥幸心理。《国家赔偿法》第31条建立了我国的刑事赔偿追偿制度,揭开了违法乱纪分子的保护壳,树立了法律的威严。

上述的典型案例,便是该制度在实践中的体现。呼某案在国家赔偿之后,有关机关依法对涉案工作人员进行追责,给予相应处分,对构成犯罪的依法追究刑事责任,不但要给社会公平正义,而且起到了整顿教育公务员系统的作用,做到了"法网恢恢,疏而不漏"。领导干部在日常工作中更是要提高法治意识,学习法律知识,做到尊法守法。

▍习近平法治思想指引 ▍

各级领导干部在推进依法治国方面肩负着重要责任。现在,一些党员、干部仍然存在人治思想和长官意识,认为依法办事条条框框多、束缚手脚,凡事都要自己说了算,根本不知道有法律存在,大搞以言代法、以权压法。这种现象不改变,依法治国就难以真正落实。

——《加快建设社会主义法治国家》,
载《求是》2015年第1期。

重点法条

《国家赔偿法》第三十三条　侵犯公民人身自由的，每日赔偿金按照国家上年度职工日平均工资计算。

条文解读

本条是对侵犯人身自由的国家赔偿标准的规定。通过学习这一标准，领导干部可以更加明确地了解执法行为的规范和要求，从而更加规范地行使职权，避免不规范行为导致的国家赔偿问题。理解和适用本条内容应着重考虑以下两个方面：（1）考虑到固定标准的赔偿难以适应我国经济的高速发展，对侵犯公民人身自由的赔偿采用随机标准，而不是规定一个最高赔偿限额或固定的标准，在具体适用时需参考国家上年度职工日平均工资。（2）侵犯公民人身自由，客观上属于无法恢复原状和返还其已经失去的那部分自由，只能支付赔偿金，没有其他的赔偿方式。

典型案例

任某因涉嫌犯罪于1996年4月被某检察院刑事拘留，同月29日被批准逮捕。某法院作出刑事判决，认为检察机关证据不足，宣告任某无罪。任某原单位一次性补发任某基本工资、奖金补贴、效益工资共计20 526.21元。1998年1月13日，任某申请国家赔偿。因不服刑事赔偿复议决定，任某向某中级法院赔偿委员会申请作出赔偿决定。该中级法院赔偿委员会经审理，决定撤销某检察院赔偿决定和某省人民检察院某分院刑事赔偿复议决定关于不予赔偿部分，维持关于"应当在任某原单位和现单位公开赔礼道歉、恢复名誉、消除影响"部分，某检察院支付任某被错误羁押赔偿金3 878.5元。

案例解读

习近平总书记指出："我们提出要努力让人民群众在每一个司法案件中都感受到公平正义，所有司法机关都要紧紧围绕这个目标来改进工作，重点解决影响司法公正和制约司法能力的深层次问题。"国家赔偿制度是法治建设的重要组成部分，是衡量一个国家法治水平的重要标尺。对侵犯人身自由的行为进行国家赔偿，表明了国家对法律的尊重和遵守，彰显了法治精神，有助于促进整个社会的法治建设进程。给予受害公民国家赔偿，能够改善受害公民对政府的印象，提升政府的公信力和形象。政府通过实际行动证明其对法治和公正的坚守，增强了公民对政府的信任和支持。

领导干部应当了解国家赔偿的相关规定，明确国家赔偿的责任担当，以更好地保障公民的合法权益。上述案例中，人民法院关于赔偿的决定不仅要求向受害人赔礼道歉、恢复名誉、消除影响，也对受害者主张的财产赔偿请求给予了肯定。给予受害人国家赔偿，有助于受害人尽快恢复正常的生活和工作状态，减小因侵权行为带来的负面影响。

‖ 习近平法治思想指引 ‖

任何组织或者个人都必须在宪法和法律范围内活动，任何公民、社会组织和国家机关都要以宪法和法律为行为准则，依照宪法和法律行使权利或权力、履行义务或职责。

——《依法治国依法执政依法行政共同推进 法治国家法治政府法治社会一体建设》，载《人民日报》2013年2月25日，第1版。

‖ 重点法条 ‖

> 《国家赔偿法》第三十四条 侵犯公民生命健康权的，赔偿金按照下列规定计算：
>
> （一）造成身体伤害的，应当支付医疗费、护理费，以及赔偿因误工减少的收入。减少的收入每日的赔偿金按照国家上年度职工日平均工资计算，最高额为国家上年度职工年平均工资的五倍；
>
> （二）造成部分或者全部丧失劳动能力的，应当支付医疗费、护理费、残疾生活辅助具费、康复费等因残疾而增加的必要支出和继续治疗所必需的费用，以及残疾赔偿金。残疾赔偿金根据丧失劳动能力的程度，按照国家规定的伤残等级确定，最高不超过国家上年度职工年平均工资的二十倍。造成全部丧失劳动能力的，对其扶养的无劳动能力的人，还应当支付生活费；
>
> （三）造成死亡的，应当支付死亡赔偿金、丧葬费，总额为国家上年

度职工年平均工资的二十倍。对死者生前扶养的无劳动能力的人，还应当支付生活费。

前款第二项、第三项规定的生活费的发放标准，参照当地最低生活保障标准执行。被扶养的人是未成年人的，生活费给付至十八周岁止；其他无劳动能力的人，生活费给付至死亡时止。

▌条文解读▌

本条是对侵犯公民生命健康权的赔偿标准的规定。行政机关对生命健康权受到侵害的相对人进行赔偿，既是法律义务，也是维护社会长治久安的必然要求，领导干部应予掌握。理解和适用本条内容应着重考虑以下三个方面：(1) 造成身体伤害需要赔偿误工费，标准按照国家上年度职工日平均工资计算，最高额为国家上年度职工年平均工资的 5 倍。一般身体伤害，指尚未造成残疾的伤害。医疗费，指受害人身体受到损害后为恢复健康而进行治疗所支出的费用。误工减少的收入，指受害人因受伤后不能工作而损失的收入。误工日期的确定以医院开具的休假日期为依据，没有休假证明自行休假的，不作误工日计算。(2) 在造成相对人全部丧失劳动能力的情形下，对其扶养的无劳动能力的人，还应当支付生活费。生活费是对其所扶养的无劳动能力的人支付的维持生活的费用。被扶养的人是未成年人的，生活费给付至 18 周岁；其他无劳动能力的人，生活费给付至死亡。(3) 造成公民死亡的，应当支付死亡赔偿金、丧葬费，总额为国家上年度职工年平均工资的 20 倍。死亡赔偿金与残疾赔偿金不同，死亡赔偿金是给付受害人亲属的，而残疾赔偿金是给付受害人的。

▌典型案例▌

郭某华因犯强奸罪于 2012 年 6 月 28 日被送交某监狱服刑。2013 年 10 月 24 日晚，郭某华出现呕吐和晕厥症状，被送至某医院，并被诊断为肺部感染、肾功能不全和酸碱失衡等病因导致感染性休克，建议转 ICU 治疗。监狱警官建议先观察，暂不转 ICU 治疗。25 日凌晨，郭某华经抢救无效死亡。2014 年 12 月 2 日，郭某华亲属郭某先等人向该监狱提出赔偿申请。因赔偿义务机关、复议机关均逾期未作出赔偿决定，郭某先等人遂向某省高级人民法院赔偿委员会申请作出赔偿决定。审理期间，赔偿请求人与赔偿义务机关达成和解并撤回国家赔偿申请，该院赔偿委员会依法予以准许。

▌案例解读▌

做好国家赔偿审判工作是公正司法、司法为民的重要体现。对受害者及其家属予以适当的赔偿，可以化解因侵害行为产生的不满，消除其与国家机关的矛盾，可以实现社会公平正义，有效维护社会长治久安，强化人民群众对政府工作的支持和认同。领导干部应清楚认识到，必须依法行使职权，否则将面临严重的法律后果。

在案例中，人民法院赔偿委员会依法受理赔偿请求人的申请并作出赔偿决定，让其亲属得到抚慰，也给社会树立了司法为民、有错必纠的良好形象。

▌重点法条▌

《国家赔偿法》第三十五条　有本法第三条或者第十七条规定情形之一，致人精神损害的，应当在侵权行为影响的范围内，为受害人消除影响，恢复名誉，赔礼道歉；造成严重后果的，应当支付相应的精神损害抚慰金。

▌条文解读▌

本条是对精神损害赔偿的国家赔偿标准的规定。当公民人格权益受到公权力侵害时，其本人和家属的精神也会受到相应的损害，要从根本上弥补受害人因精神痛苦所产生的损失，为受害人提供心理抚慰，就必须给予适当的精神损害赔偿，领导干部对精神损害赔偿标准应予掌握。

▌典型案例▌

朱某因涉嫌合同诈骗罪，于 2005 年 7 月被刑事拘留，同年 8 月被取保候审。次年 5 月，某省人民检察院批准逮捕朱某。2008 年 9 月 11 日，某市中级人民法院以指控依据不足为由，判决宣告朱某无罪。2011 年 3 月 15 日，朱某申请国家赔偿。最高人民法院赔偿委员会认为，朱某被宣告无罪后，某省人民检察院已决定向朱某以口头方式赔礼道歉，为朱某消除影响、恢复名誉，该项决定应予维持。朱某被羁押875天，正常的家庭生活和公司经营因此受到影响，应认定精神损害后果严重。对朱某主张的精神损害抚慰金，根据某省精神损害抚慰金的赔偿标准，结合赔偿协商协调情况以及当地平均生活水平等情况，确定为50 000元。

案例解读

习近平总书记指出：推进全面依法治国，根本目的是依法保障人民权益。坚持人民主体地位，必须坚持法治为了人民、依靠人民、造福人民、保护人民。要保证人民在党的领导下，依照法律规定，通过各种途径和形式管理国家事务，管理经济和文化事业，管理社会事务。要把体现人民利益、反映人民愿望、维护人民权益、增进人民福祉落实到依法治国全过程，使法律及其实施充分体现人民意志。领导干部在行使职权时，必须高度重视公民的精神权益，对可能造成的精神损害负起责任，确保在侵权行为发生时能够依法妥善处理。

与物质损害相比，精神损害往往难以用金钱衡量，但其对受害人的影响却是深远的。精神损害赔偿是国家赔偿制度的重要组成部分，它完善了赔偿制度，使得赔偿不局限于物质损害的赔偿，还扩展到了精神损害的赔偿。这有助于更全面、更充分地保护公民的合法权益。精神损害赔偿体现了国家对公民个体权利的尊重和保护，展现了我国实事求是、有错必纠的原则，彰显了国家尊重事实、尊重法律的精神，也表明了我国以实际行动践行法治理念、保障人权和促进公平正义的决心，上述案例的再审纠正，为我国的司法实践树立了一个标杆。

习近平法治思想指引

要深化法治领域改革，围绕让人民群众在每一项法律制度、每一个执法决定、每一宗司法案件中都感受到公平正义这个目标，深化司法体制综合配套改革，加快建设公正高效权威的社会主义司法制度。

——《坚定不移走中国特色社会主义法治道路 更好推进中国特色社会主义法治体系建设》，载《人民日报》2021年12月8日，第1版。

⫶ 重点法条 ⫶

《国家赔偿法》第三十六条 侵犯公民、法人和其他组织的财产权造成损害的，按照下列规定处理：

（一）处罚款、罚金、追缴、没收财产或者违法征收、征用财产的，返还财产；

（二）查封、扣押、冻结财产的，解除对财产的查封、扣押、冻结，造成财产损坏或者灭失的，依照本条第三项、第四项的规定赔偿；

（三）应当返还的财产损坏的，能够恢复原状的恢复原状，不能恢复原状的，按照损害程度给付相应的赔偿金；

（四）应当返还的财产灭失的，给付相应的赔偿金；

（五）财产已经拍卖或者变卖的，给付拍卖或者变卖所得的价款；变卖的价款明显低于财产价值的，应当支付相应的赔偿金；

（六）吊销许可证和执照、责令停产停业的，赔偿停产停业期间必要的经常性费用开支；

（七）返还执行的罚款或者罚金、追缴或者没收的金钱，解除冻结的存款或者汇款的，应当支付银行同期存款利息；

（八）对财产权造成其他损害的，按照直接损失给予赔偿。

⫶ 条文解读 ⫶

本条是对财产权的国家赔偿标准的规定。通过学习国家赔偿标准，领导干部可以更好地理解法律的要求和意义，提高自身的法治素养，因此，领导干部对精神损害赔偿标准应予掌握。理解和适用本条内容应着重考虑以下四个方面：(1)国家赔偿仅限于因国家机关及其工作人员的违法行为所造成的受害人的直接损失，一般不包括间接损失。(2)财产已经拍卖或者变卖的，给付拍卖或者变卖所得的价款，变卖的价款明显低于财产价值的，应当支付相应的赔偿金。(3)经常性费用开支，是指法人、其他组织和个体工商户为维系停产停业期间运营所需的基本开支，包括留守工工资、必须缴纳的税费、水电费、房屋场地租金、设备租金、设备折旧费等必要的经常性费用。(4)返还财产的前提是财产能够返还，这要求财务不是种类物而是特定物，且没有灭失或被善意第三人合法取得。否则，只能予以相应的财产赔偿。

▌典型案例▐

案例一

魏某原系××公司董事长兼总经理,犯挪用资金罪。侦查中,某市人民检察院收取了退交的 20 万元赃款,另扣押了××公司资金共计 161.2 万元并将上述扣押款项上缴至某市财政局。××公司、魏某向某市人民检察院申请国家赔偿。后因某省人民检察院逾期不作复议决定,××公司、魏某向某省高级人民法院申请作出赔偿决定。某省高级人民法院赔偿委员会认为,××公司案件的受害人,所涉 20 万元资金属于该公司的合法财产,应当及时返还,检察机关扣押××公司的资金 161.2 万元,系错误扣押、追缴案外人财产,遂决定:由某市人民检察院返还××公司扣押资金 181.2 万元及利息 180 250.48 元。

案例二

H 公司被某县人民法院实施强制执行。执行人员在 H 公司仓库拟查封库存的洋河大曲酒,批发部主任主张库存的洋河大曲酒为私人寄存但未能提供证据,执行人员遂采取了扣押措施。其后,H 公司出具被扣押的洋河大曲酒不是该公司所有的证明。1995 年 2 月 21 日,某县人民法院将先前扣押的洋河大曲酒返还并支付搬运费和损坏赔偿。1995 年 3 月 28 日,秦某等人向某县人民法院申请国家赔偿,因不服不予赔偿决定,向某市中级人民法院申请作出赔偿决定,法院审理认为,某县人民法院系错误扣押,应予纠正。赔偿请求人要求的差价损失于法无据,不予支持,遂决定:解除对洋河大曲酒的扣押,并返还给赔偿请求人,驳回其他赔偿请求。

▌案例解读▐

习近平总书记指出,依法治国是坚持和发展中国特色社会主义的本质要求和重要保障,是实现国家治理体系和治理能力现代化的必然要求。领导干部在用权时,必须严格依法行事,避免对公民、法人和其他组织的合法财产权造成不当侵犯,确保法律的有效施行。

案例一中,某市人民检察院错误地扣押了××公司及其董事长魏某的资金，后经某省高级人民法院判决，检察院被要求返还扣押资金及支付利息，体现了《国家赔偿法》对受害方合法权益的保护。案例二中，某县人民法院对洋河大曲酒错误扣押，虽最终返还了扣押物并支付了部分费用，但对于差价损失的赔偿请求因法律依据不足而被驳回，进一步强调了在国家赔偿过程中，赔偿范围和条件是国家赔偿的关键。

重点法条

《国家赔偿法》第三十九条　赔偿请求人请求国家赔偿的时效为两年，自其知道或者应当知道国家机关及其工作人员行使职权时的行为侵犯其人身权、财产权之日起计算，但被羁押等限制人身自由期间不计算在内。在申请行政复议或者提起行政诉讼时一并提出赔偿请求的，适用行政复议法、行政诉讼法有关时效的规定。

赔偿请求人在赔偿请求时效的最后六个月内，因不可抗力或者其他障碍不能行使请求权的，时效中止。从中止时效的原因消除之日起，赔偿请求时效期间继续计算。

条文解读

本条是关于申请赔偿的时效的规定。国家赔偿时效制度是国家法律制度的重要组成部分，通过建立有效的时效制度，可以保障法律制度的权威性和稳定性，确保国家机关依法行使职权，防止权力滥用和违法乱纪行为的发生，领导干部应予以掌握。

典型案例

案例一

陈某、刘某因涉嫌非法买卖、运输枪支，于1996年6月20日被逮捕。某省高级人民法院审理认为，陈某、刘某以单位名义非法销售枪支的行为，属单位行为，根据当时法律，不应对二人定罪处罚。1998年8月19日，二审判决宣告陈某、刘某无罪。二人无罪释放后申请国家赔偿。某市中级人民法院至1999年6月尚未作出决定，其间市检察院未对赔偿请求予以认同，但赔偿请求人既未向上级检察机关申请复议，也没有依法向复议机关所在地的同级人民法院赔偿委员会申请赔偿，至1999年6月23日才向某省高级人民法院申请作出赔偿决定。赔委会认可二人申请，决定某市中级人民法院支付二人各11 967.36元，某市人民检察院支付二人各11 967.36元。

案例二

2009年5月，A县政府征收A县某镇某社区红某片区土地建大牲畜交易市场，陆某、韦某的5.22亩自留地在被征收范围内。被告将土地征收完毕后交由××公司开发。陆某、韦某认为是被告A县政府雇用装载机强行施工，强制铲除了其自留地上种植的滇朴等树木，侵犯其合法权益，给其造成损失，请求给予赔偿，向某中级人民法院提起行政赔偿诉讼。诉讼过程中被告辩称原告的起诉已过国家赔偿诉讼时效。法院认为原告并无证据证明开发商××公司的施工行为是受被告A县政府的指使，强制挖掘原告被征收的土地并非被告A县政府实施，驳回原告陆某、韦某的起诉。

案例解读

领导干部在处理赔偿请求时，不仅要关注赔偿的合理性和公正性，还要注意赔偿请求的时效性。同时，该法条还提供了时效中止的规定，为不可抗力或其他障碍影响赔偿请求时提供了考量，强调了在特殊情况下对赔偿请求人的特殊保护。习近平总书记指出，"进一步提高执法能力，进一步增强人民群众安全感和满意度，进一步提高政法工作亲和力和公信力，努力让人民群众在每一个司法案件中都能感受到公平正义"。国家赔偿的时效制度可以有效地保障公民、法人和其他组织的合法权益，防止因时间的流逝而导致证据缺失或难以查明事实，从而更好地保障权利人的合法权益。

上述两个案例涉及了国家赔偿的时效制度。时效制度利用人类趋利避害的本能，通过设定对权利或义务主体有利或不利的法律效果，鞭策、督促权利或义务主体尽快地行使权利、履行义务。从上述案例可以看出，时效制度可以促使相关权利人尽快行使权利，避免因时间的推移而增加证据收集和事实查明的难度。通过对赔偿时效的抗辩，双方进一步明确了权利义务，促使司法机关及其工作人员在行使职权时更加审慎，遵守法律规定和程序，防止因疏忽或不当行为导致国家赔偿的情况发生。

习近平法治思想指引

要坚持党对政法工作的绝对领导,从党的百年奋斗史中汲取智慧和力量,弘扬伟大建党精神,提升防范化解重大风险的能力,完善执法司法政策措施,全面深化政法改革,巩固深化政法队伍教育整顿成果,切实履行好维护国家安全、社会安定、人民安宁的重大责任,让人民群众切实感受到公平正义就在身边。

——《切实履行好维护国家安全社会安定人民安宁的重大责任 让人民群众切实感受到公平正义就在身边》,载《人民日报》2022年1月16日,第1版。

图书在版编目（CIP）数据

行政法重点条文理解与适用 / 喻少如主编 . -- 北京：中国人民大学出版社，2025.1. --（领导干部应知应会党内法规和国家法律丛书 / 付子堂，林维总主编）.
ISBN 978-7-300-33346-5

I. D922.105

中国国家版本馆 CIP 数据核字第 2024N5D231 号

领导干部应知应会党内法规和国家法律丛书

总主编　付子堂　林　维

行政法重点条文理解与适用

主　编　喻少如

Xingzhengfa Zhongdian Tiaowen Lijie yu Shiyong

出版发行	中国人民大学出版社		
社　　址	北京中关村大街31号	邮政编码	100080
电　　话	010-62511242（总编室）	010-62511770（质管部）	
	010-82501766（邮购部）	010-62514148（门市部）	
	010-62515195（发行公司）	010-62515275（盗版举报）	
网　　址	http://www.crup.com.cn		
经　　销	新华书店		
印　　刷	天津中印联印务有限公司		
开　　本	720 mm×1000 mm　1/16	版　次	2025年1月第1版
印　　张	20.5 插页1	印　次	2025年1月第1次印刷
字　　数	333 000	定　价	78.00元

版权所有　　侵权必究　　印装差错　　负责调换